U0079466

FINDING THE INNER M
尋找內在的真我
我的修行奇遇
翔丰——著

推薦序

修行之路是越沉越香

香文化，早在秦漢時期就被廣泛應用於生活中，王公貴族已使用沉香薰衣再上朝，選吉慶之日用沉香以沐體迎神。沉香能靜以修身，有助於陶冶情操、去除雜念，與中華傳統文化之哲理相當契合，能有清淨、恬淡、內省、修行之異曲同工之妙。

翔手師傅與我在北京結緣，感受到翔手師傅的謙和與健談，在多次相聚的活動當中，給予人與人之間的舒服感及聚人氣之磁場，如沉香一般是香味淳厚，能散發出幽幽清香，有層次且留香持久。熱於助人的翔手師傅，以佛學的修為融入易學的內斂；以道法自然的態度輔以玄學的生活化，幫助身邊朋友解惑與改善居家格局氣場。

記得在一次相聚的時刻，翔手師傅遠從台灣帶了本禪坐的書，親自簽名與蓋印之贈書後，我才慢慢瞭解，寫書與行善是翔丰師傅的心志所向。從這本新書的修行次第中，看到翔丰師傅的修行過程，不是一帆風順的，也是跌跌撞撞之後，才走出自己的修行之道。亦如沉香也是歷經滄桑與淬鍊後，才能散發幽香，提供靜心養神之修行、修身、修心，其關鍵在於養心，這才能稱之為道。

推薦翔丰師傅這本修行的新書，修行之路是時間考驗；修身之法是內斂圓融；修心之源是厚德載物；關鍵的養心之道則是韜光養晦，人生的層次能由定入靜、由靜入思、由思開悟、能悟則一切皆通，祝福人生的修行如沉香一般是越沉越香，處處充滿著香德益彰的芬芳。

北京　孫山（北京沉香協會會長）

修行如科學研究，一切要實事求是

我是一個做科學研究的人，一切實事求是，一件事實或是一個道理都是必須經過不斷地論證，才能下結果的定論。與翔手兄認識是在一次相當偶然的聚會中，他送我一本他關於天珠的著作，從此啟發了我以科學的角度來和自然界能量物質的產生與凝聚，有了極大的興趣，做深入的研究與探討。

去年底，我在翔手兄的鼓勵下，我把研究結果寫成書，書名為《把健康帶著走-正能量奈米保健陶瓷》，以科學的角度來談能量，並分享我研發的正能量保健陶瓷。翔手兄也在書中幫我寫了三篇：談能量磁場的感應訓練、能量磁場與七輪脈的互動與累積能量磁場之兩項學習，以他淵博的知識和多年來的實證實修，協助我對於能量磁場的加深認識和追求。

在翔手兄的這本修行書裡，最令我同感的是翔手兄提供給讀者的一個思維：「修行之路，端看您自己想要過怎樣的生活，凡事掌握在您手中，您自己才是修行的真正主人」。的確，修行應該是不拘場所、形式、時間，來修正心念，才能讓自己充滿正能量，也能將正能量去分享給他人，這正是目前紊亂的社會所缺乏的。

感念目前社會上有太多的負能量，正在慢慢侵蝕我們的思維，是非與善惡變得混沌不清，社會價值觀被歪曲，推薦這本修行好書，讓大家都能隨時隨地修行，如同做科學研究，一切要實事求是，檢視修行思維並修正心念，使自己天天充滿正能量，以便能分享和影響身邊的人事物，以及能導正迷信觀念與不如法的錯誤修行。

花蓮　謝文富（美國奈米材料學博士）

人生的每一場修行，都在累積智慧

建閣跟翔手的結緣始於三年多前的一場祈福儀式中，緣分的俱足而拉近我與翔手的距離，我來自台東而翔手來自竹北，我們交會在這繁華的台北大都會中，這場因緣可以說是前世播下的善因，今世結成善果而來相會。

記得當年的祈福儀式之後，翔手親自簽名贈送一本開運書，得知翔手通悉風水、能量、禪坐之修行，而修行這條道路是不容易走的，翔手能從一位資訊工程師慢慢走入修身養性之學習，從佛法、道業與密宗之不間斷修行，散播行善的種子給予有緣的朋友，導以正知、正念的思維，這是我們可以借鏡與效法之處。

人生的道路，每一段都是修行，每一場修行都在累積智慧。我們可以透過智慧的昇華，給予自己及身邊朋友正向能量，處處充滿新希望。建閣推薦居士的這本好書，讓有緣朋友都能保持快樂的心境、喜悅的態度，面對未來的每一場善緣。

台東　陳建閣（第九、第十屆台東市長）

修行要順隨著時代趨勢

現今全球建築、設計、行銷的產業，不斷地在轉型與邁向智慧化發展。面臨全球化競爭的浪潮下，發揮專業的創新與創意，建立以大帶小、結合眾多設計菁英人才，組成跨界整合之科技行銷團隊，方能掌握全球市場商機，以達到企業永續發展之經營目標。修行之路亦是如此，沒有經過真修實證的努力，以及不斷地修正學習方向並朝向創新永續的目標，只會是停滯不前的修行，要順隨著時代趨勢而修行，以目前這個世代而言，苦修是不能頓然開悟、苦行是不能明心見性、苦練是不能喜悅自在的。

我參閱翔丰居士這本修行書，內容提到修行的開端、過程、轉換與修正，分享著修行人應有的正知、正念態度，讓我們明白如何看清自我，透過學習、培養、沉澱、互動的執行力，在繁華的大都會中快樂修行，所萌生的善因緣種子，才是現代人可以喜悅成長與樂於親近的善法門。

修行與經營企業，都是需要創新的思維，這才是成長的泉源，與追求的全方位永續發展。經營企業要用前瞻的眼光，以設計（有形）、文化（無形）、創意（思維）的內涵發揮創意家的精神；修行也必須革命性的躍進，以禪坐（有形）、能量（無形）、佛學（思維）的內化而散發出修行者的喜悅心，並不需要躲進深山中，去苦練、苦行與苦修，如此的快樂修行才能永續發展。

推薦翔丰居士這本修行好書，期待書中的修行分享，能讓工作忙碌的各位讀者們，靜下心來看一看修行的過程，並不是要深山苦行，而是邊工作也能邊快樂修行，以創新與創意的思維，修回快樂的心並找回喜悅的笑容。

台北　張國傑（建築設計行銷　董事長）

修行的過程，要不斷學習與成長

我與翔丰認識已有很多年了，當初的一場江西祈福之旅，短短幾天的相聚，而與翔丰有著極深的緣分。回到台北之後，翔丰成為公司的專屬顧問，協助公司的祈福、課程講座、格局指導及開運儀式，在每週的開運課程之後，公司同仁們都能充滿正向的好能量。

在這本書當中，看到翔丰以平實的修行方式，一步一腳印地走向佛道雙修，能以平常心及喜悅心在這紅塵世間與好朋友互動，分享自己的修行因緣與學習軌跡，用不一樣的科技人思維，透過潛移默化而埋下善心的種子，讓我們這些有緣的好朋友，能善心法喜並福運吉祥。

翔丰居士與我們的每一刻相聚當中，他不曾引導我們信哪個宗教？或哪個法門？他只希望我們能保有善良的初心及惜福心，在公司、家庭與朋友之間，都能夠以感恩心互動，天天都是新希望，年年都會充滿好運勢。泊鈞推薦翔丰的這本新書，能讓有緣分之讀者們當成生活中的一面鏡子，修行不能離群索居，而是要在塵世大熔爐中，過程中要不斷學習與成長，勇於面對自我，挑戰未來。

台北　廖泊鈞（亞太區　執行長）

自序：修回快樂的這顆心

我是一個再平凡不過的人，從一位懵懂無知的資訊工程師，歷經三次車禍的啟蒙，融入佛教、道教、玄學、密宗的洗禮後，一路上跌跌撞撞的，選擇走入佛道雙修的自我磨練，沒有宮廟的包袱，也沒有道場的影響，緣分俱足的安排下，探訪元辰地圖的前世今生，了知前世願力與因緣，進而引領兩岸的有緣朋友，一探其前世今生的喜怒哀樂，得知前世的有情，竟是今生的羈絆，更是來世善業與果報的依循，回顧多年來修行的歡笑與淚水，面對修行與願力的因緣，分享我的真人真事之歷經，給有緣分的各位讀者，還有想要修行的朋友們及尚未進入修行大門的您，分享給您修正並歸納後的正知、正見、正念之歡喜修行之路。

修行之路，要修什麼？要修不安的心、修不穩的本性、修易怒的脾氣、修頑固的態度，最主要是修回快樂的這顆心。而禪坐的目的是什麼？則是要調伏貪念、調伏瞋怒、調伏癡心、調伏我慢、調伏懷疑，其最主要的還是要調出發自內在的快樂心！

修行過程，讓我們能認清自我，學習謙卑心、培養同理心、懂得感恩心、發揮惜福心，在世間修行才會萌生出快樂的種子。我們面對陰陽兩界之互動，則是需要相互尊重與學習，探索前世種的因，體會今生得的果，以預見來世善果之軌跡，正如善種子播出善因緣，離苦得樂，每走一步便能更靠近彼岸，何樂而不為呢？

本書是筆者快樂的奇遇分享，從一個平凡人，受到因緣的指引，走進修行與陰陽兩界的考驗，修正並找尋出不一樣的修行模式，藉由兩岸有緣朋友互動的歡喜學習，轉化成精簡的口訣與學習步驟，呈現給正在修行的有緣讀者，讓您檢視修行過程中的點點滴滴，營造出快樂的修行入門，以不一樣的思維，帶給你沒聽過的修行喜悅，分享我的修行奇遇之路，會讓您有意想不到的修行收穫！

翔丰　於竹北景泰然　戊戌年

目錄

導讀：

這本書是筆者年少時，結緣了三顆舍利子的因緣後，發生了三次相同地點車禍的點醒，進而由道教的指引，走向佛教的印心及皈依，前二十年的自我學習與蛻變過程，記錄修行歷程的點點滴滴，拜師過程的修行次第，從能量、風水、禪修的成長及內化，分享給有緣的讀者，可借鏡筆者的學習過程與思維，當成您修行過程中的步伐調整。

接下來的後十年修行之精進分享，持之以恆的風水祈福，以及引導前世今生的探訪，精進學習中的覺醒歷程，讓筆者修行的思維深化，正向般若不斷紮根，心念慢慢走向無罣礙的平常心，體會到修行應該是快樂的，禪坐過程必須是喜悅的，修行的歷程中要認清自我，放下我慢，清楚明白我們為何而修行，修行的目的在哪？如何在修行中做自己，沒有宮廟與道場的包袱，也能修行自在，讓自己成為修行過程的主人。

第一回：修行之路的啟蒙

自從發生三次車禍，啟蒙翔手走入修行的因緣，由道教的引導至佛教，經過印心的過程，啟動了筆者的修行之旅，唸經打坐的自在修行，學習能量、風水、禪修的訓練與靜心，初次體會元辰宮的前世今生過程，瞭解今生的使命與任務後，透過禪坐的靈動化解身體酸痛之九則真實小故事，呈現給初踏入修行的您。

奇遇一、九華佛境指引　奇遇二、三次車禍啟蒙　奇遇三、唸經打坐日子
奇遇四、藏傳天珠結緣　奇遇五、背著石頭苦行　奇遇六、淨心訓練開端
奇遇七、元辰宮初體驗　奇遇八、化解酸痛訓體　奇遇九、蓮花臺小女孩

第二回：修行過程的因緣

經過多年來的打坐與靜心，第一次的靈動後，筆者體驗到形隨意、意隨氣的動作，規律性的氣脈運行，使得全身的氣脈都很順暢，在修行過程的徬徨路上，筆者用自身修行的經驗，分享給有緣讀者們，如何是真正入定淨心的感受，能用法喜不求的隨緣思維，一步一腳印地，走上修行的喜悅與快樂，會靈的感受與觀元辰的了知願力，體悟修行的目的與為何修行？透過修行的次第與考驗的思考模式，分享在這九則真實小故事中，呈現給已在修行之中的您。

奇遇十、修行路佛法僧　奇遇十一、真正入定淨心　奇遇十二、主宰神佛照會
奇遇十三、法喜不求隨緣　奇遇十四、感受會靈喜悅　奇遇十五、前世覺知之旅

奇遇十六、觀元辰天地庫　奇遇十七、更上層樓考驗　奇遇十八、普渡眾生因緣

第三回：修行當下的精進

在忙碌工商社會中，打坐修行的朋友，已是越來越多了，筆者分享輕鬆簡易的入定心法，簡單易懂的練習步驟，分別是「禪心、正念、觀止」三種入定心法，能讓修行的初學者，有著循序漸進的輕鬆入門，按部就班地練習會有所精進。再分享打坐名詞讓初入門者，能自在學習與提升，提供掌心能量的新解釋、自我保護的簡易平安手法、自我保健的能量施予、自我相宅的藏風聚氣、自我命格的五行分析，能保護修行的您與有緣朋友，並讓修行過程的您，依照此章節的學習，可以達到健康平順又無罣礙的身心靈。

精進一、輕鬆學習禪心　精進二、快樂進入正念　精進三、喜悅融入觀止

精進四、釋義打坐名詞　精進五、新解掌心能量　精進六、平安自我保護

精進七、健康自我保健　精進八、居家自我相宅　精進九、命格自我分析

第四回：修行探前世今生

這些最深層的潛意識記憶，透過引導之後所釋放出來影像，能顯示累世隱藏在內心深處

的願力，修行的過程中，有緣能去探訪一次前世今生，了知修行的因緣與前世與今生的恩怨情債，將前世的願力化為今生的使命，不再成為來世的羈絆。

第五回：修行思維的延伸

歸納出十八個修行奇遇故事之二十六則反思問題，用問答的輕鬆方式及延伸小語的提醒，告訴修行中的有緣讀者，如何能破除迷霧地覺醒，再以平常心的學習去慢慢精進，讓身心靈的磨練能更上一層樓，以及提醒修行路之精進過程要低調與謙虛，最後是累世的願力會催促修行者，快快地覺醒與認知自身的使命，筆者用過來人的經歷，分享修行思維與學習態度，讓正在修行的您有所依循與借鏡。

第六回：修行心境的開悟

分享筆者的修行因緣，是結緣了茶莊的主人的「三顆舍利子」，進而依佛教的儀軌次第去修行，如今經過二十六年之後，再度回到舍利因緣之北京再續前緣，從三次車禍啟蒙了修行，再自台灣結緣到北京，開啟兩岸的快樂修行，並連結前世今生探索的喜悅緣分，修行的過程當中，當然是有喜有樂有悲有苦，這修行心情的學習與轉換故事，分享給正在修行路上開悟的您。

開悟一、舍利因緣再續　開悟二、修行心境轉換　開悟三、開經因緣分享

開悟四、供奉舍利儀軌　開悟五、修行自如自在　開悟六、心靈開悟思維

開悟七、正法如實起修　開悟八、融入佛道雙修　開悟九、禪修靈修介紹

第七回：修行考驗的圓滿

當您走上修行之路，會有逢「三、六、九」之考驗，修行到第三年的時候，會示現有一小考，考驗其道心是否會退轉；走到第六年的時候，會隱現有一中考，再走到第九年的時候，會浮現有一個大考，這些考驗可都是耐人尋味的，能否輕鬆自在地過關，考驗著我們修行者，平時是否有心如止水、如如不動之修持與省思。

圓滿一、兩次圓滿考驗　圓滿二、喜獲喜鵲引渡　圓滿三、聽經開啟智慧

圓滿四、兩尊觀音因緣

第八回：修行奇遇妙結緣

當筆者歷經多年的修行與精進之後，從前世今生的願力中，找到兩岸有緣朋友的奇遇故事，從田子坊的初結緣到真香坊妙奇遇，結識了七位有緣的貴人朋友；再由臻太極之傳奇故事中，到普洱茶女鳳凰的互動裡，結了五位有緣的貴人朋友；然而泰山會老君堂之故事中，受到重重的考驗；而在遇善緣贈良言的故事中，進行舍利子祈福的過程中，結識了四位有緣的貴人朋友，以及來世再續師徒緣的一位北京智慧奇人，分享兩岸有情的奇遇妙結緣，有喜、有悲、有歡笑、有淚水⋯⋯，真人真事的重現修行過程中，人情味最濃最溫馨的六段結緣妙奇遇。

結緣一、田子坊初結緣　結緣二、真香坊妙奇遇　結緣三、臻太極之傳奇

結緣四、普洱茶女鳳凰　結緣五、泰山會老君堂　結緣六、遇善緣贈良言

緣起：奇遇的起點

自小期許將來要成為一位科學家（小時候的志願，大家應該都是這麼夢想的），隨著年齡的增長，從學校畢業之後踏入職場，順利任職資訊公司，擔任小小的資訊工程師，一天一天的過去，接觸了大大小小的資訊工程與專案，從起案到執行、再走到結案與驗收，如此平凡又單純的日子，直到我接觸修行與前世今生之探索後，開啟了意想不到的奇遇與不一樣的修行旅程。

先回溯一九八八年的初夏，翔丰還是一名19歲的工科學生，固定每週的星期三、星期五晚上，要去一家普洱茶莊擔任電腦家庭教師，教導小朋友電腦的初階操作，因緣際會與茶莊的主人培養深厚的友誼。茶莊的主人，是一位佛緣極深的虔誠拜佛者，時常邀請佛學高僧及法師到普洱茶莊講法，機緣巧合之下，一位高僧結緣了數顆白舍利子給茶莊的主人，正巧結緣的當天翔丰正在教導小朋友使用電腦，當課程結束後，茶莊的主人非常熱忱地分享「三顆舍利子」給翔丰，受寵若驚的我，很法喜地結緣到傳說中的白舍利子，雖然只有米粒大小的舍利子，當時的我還真不知那是什麼呀！

就在結緣白舍利子之後，也開啟了翔丰不一樣的修行際遇，接二連三發生了三次車禍，在這三次車禍的過程中，都是有驚無險，車壞人平安，身上僅僅是受到小擦傷而已。有趣的是這三次車禍，幾乎都是「相同地點、相同方式、同樣的早晨」，還因為機車摔得夠嚴重而借停放在相同的一處騎樓下，停在一棟「屋簷兩邊翹起來，像遮風蔽雨的大傘」之建築物下。

三次車禍的啟蒙因緣，回憶起因是結緣「白舍利子」後才發生，冥冥之中正是啟動翔手的修行奇遇，並連結前世今生探索的喜悅緣分。

結緣白舍利子之因緣（翔丰拍攝）

第一回

修行之路的啟蒙

第一回：修行之路的啟蒙

萬萬沒想到，發生三次車禍，竟是啟蒙翔手走入修行的因緣，機車借停放在相同的一處騎樓下，竟然那處騎樓是那一棟「屋簷兩邊翹起來，像遮風蔽雨的大傘」之建築物，座落於新北市板橋的廟宇「大佛寺」，這是啟動翔手踏入修行因緣的第一個人生轉捩點。

當踏進入大佛寺後，浮現眼前是好大一尊的金身「觀音佛祖」，內心的感動猶然而生，全身激起一陣陣的感動，彷佛是回到了母親的懷抱一般！跪拜在觀音佛祖面前，我的內心原本是沉重又心酸的感受，頓時轉化成輕鬆、喜悅、法喜的心情，我從口袋取出瑤池金母給我的檀香木佛珠，在大佛寺中的佛祖香爐中遶過三十六圈，然後戴於左手上，將佛祖的心與我的心緊緊地串在一起。

這三場車禍的啟蒙，是翔手結緣三顆白舍利子後，所引發一連串的因緣與修行奇遇之路！

【奇遇二】九華佛境指引

因緣是這樣開始的……，就在翔手剛踏入社會當職場新鮮人時，面對離開學校生涯的全新的挑戰，與社會現實面的衝擊下，初生之犢總是有著不畏虎的熱忱與衝勁，在學校老師的指引推薦下，進入台日商合資的公司上班，當個小小的工程師，熱血滿腔的我每天勤奮的工作，卯盡全力地付出，沒想到於不滿兩年的歲月裡，竟讓我的身體健康掛上警訊，像老人般地腰椎痠痛與無法伸直久站，當時的我心想完了⋯，才二十歲出頭的少年，腰椎竟退化又有痠、麻、痛之症狀，下半生還有未來嗎？

尋找有名氣的推拿師去推拿、放血、拔罐、針灸、貼膏藥，也去林口長庚進行X光與核磁共振，都查不出是何原因，就是有著莫名的痠痛與腰椎刺痛感，只能一日度過一日，反覆地去推拿、吃藥、貼膏藥，一直疼痛到工作上也都提不起勁，也倦勤於工作職場的上班，這時才驚覺是身體影響心理的問題，已經讓我痛到無法認真工作的地步，我不得不辭去前途看好的工作，在家安心休養與休息一陣子。

怎知，在家也是無法安穩，任我再如何休息與調養，總是會在夜半時分，腰椎痠痛到醒來，而無法安心入睡，這樣的身體讓父母也擔心，我也不知如何是好？因為這種問題是大小醫院、中西醫、民間偏方都是束手無策，查不出原因且照X光其脊椎也無任何異樣，心中不斷地盤問：「真是上天要捉弄我嗎？」

直到我的母親見情況不對了，就提議帶我去三重的一處「九華佛境」，是供奉道教的無極瑤池金母之道場，此道場是我母親多年來去朝香與禮拜供養的地點。而因為我們學資訊與電腦之年輕人，除了只講求邏輯與科學外，還會帶一點鐵齒的成份，故生平不近神佛的我，一開始還是會半信半疑，若不是因為身體的異常及查不出的痠痛疾病，也不可能會主動到道教的宮廟來求神問事。

記得當天約晚上七點多時，我與母親坐計程車前往九華佛境，到那兒後走上三樓便聞到陣陣的濃郁香火煙味，那種檀香煙薰的氣味直到現今我都難已忘懷。進門後熱心的師姐們指引我與母親換上舒服的室內拖鞋，一眼望去整個室內不大，屬於居家型的小宮廟，但是屋內擠滿了虔誠的師兄、師姐及信眾，清一色的金黃色道袍有坐在椅子上的，也有席地而坐的，每個人都是慈眉善目，言語輕柔且都盡量壓低音量地說話，深怕影響到旁人的靜坐與淨心，這讓我對道教宮廟那種滿嘴檳榔與衣冠不整之印象，大大地改觀。

我與母親找一處位置坐著等待，生平第一次進宮廟來求神問事，內心不免怦怦跳，我都緊張到可以聽到自己心跳聲，等到大約是到晚上快八點時，我聽到大家一陣小騷動，隱約聽到台語聲：「接駕．接駕．快接駕！」原來這是該處宮廟所供奉的「瑤池金母」降駕了，降在有著白袍衣著的周師姐身上，讓原本講話很正常的周師姐頓時轉變了一個人，聲音變得很纖細，且當時手持令旗，一身純白道袍繡著彩色鸞鳳圖騰，由內殿走到大門陽台處，以優雅的蓮花步交措地踩著曼妙的步伐。接著眾師兄姐口喊：「迎接 瑤池金母」上鑾椅就坐，那一股威風的氣勢加上空氣中夾帶淡淡的花香味，真是讓我有感到不可思議的震撼。

接著一位一位有報名問事的信眾，依序循著「桌頭」的唱名，逐一入內問事。我看到每位入內的信眾，都是低著頭彎著腰，恭恭敬敬地入內，有的出來後滿臉笑容，有的出來後滿臉淚水，這種悲喜交集的人生百態，讓我也是印象深刻，真不知我進入後會是如何的結果？是既期待也又緊張地等待著唱名，希望能快點叫到我，讓我盡早得知問身體狀況之結果。而時間一點一滴地過去了，直到約快十點半左右才輪到我，當叫到我時內心震了一下，不知是緊張還是壓力，腦海中是一片空白，還真有點茫茫然。

由我母親陪伴我進入問事大廳，看著由瑤池金母降駕的周師姐，端坐在鳳鑾椅上，面帶笑容且很有精神又和藹地看著我，其另一位筆生即是「桌頭」，恭敬地站在供桌旁，拿著紙筆準備記下我所問事的內容，以及待會兒瑤池金母回覆我的說明，那股威風的嚴肅氣氛，又夾帶著淡淡的花香味，不是那種陰森森又毛骨悚然的感受，頓時我的心防完全卸下來，真想將我一年多來所受到腰椎痠痛的折磨，全部告訴母娘，希望母娘能大發慈悲地救救我的腰椎。

一句話，就這樣簡短的一句話，是點醒我！還是對我的當頭棒喝？當我母親陪我入問事大廳，向母娘稟報我的腰椎疼痛兩年多來，怎麼醫生看都看不好，休息與調養也都沒有好轉現象後，我們看著慈祥的母娘由原本閉眼聆聽我的訴說後，微微張開眼後，開口用那纖細的聲音，說出了一句台語話：「你不是這裡的人，你是佛祖那邊的人，你要去找佛祖，才能真正解決你的問題！」然後由佛堂處取出一串檀香木的珠子手鍊，轉交給我的手上，要我去找到佛寺中有佛祖的地方，在佛祖的香爐前繞三十六圈，然後戴在左手處即可，說完後揮揮手要我離開。

走出問事大廳後，我的心中一直嘀咕著，哪裡有佛寺呀？我活到現在對佛寺一直是一知半解，怎知哪兒會有合適的佛寺與佛祖，讓我去將檀香木的珠子手鍊過三十六圈。就在此時一位熱心又好奇的師兄湊過來問母娘怎麼說，我的母親就將母娘的話，再轉述一遍，然後此位師兄也是茫茫然，一時間也想不到何處的佛寺比較合適，就在此時眾信徒中有一人發出聲音（我也不知是哪一位？）說道：「去大佛寺呀！板橋那兒有一間大佛寺，就在文化路上有間佛寺，去看看裡面的佛祖是否合適？」當下的我與母親就心中燃起希望，決定於週日要親訪大佛寺去走一走。

※、反思：

1. 回想當時才二十出頭歲的我，工作還未滿兩年就有腰椎痠、麻、痛之症狀，這是什麼樣的前兆？
2. 透過醫院的精密儀器，竟然查不出為何病症，這是上天所捉弄？還是真的為身體老化的現象？
3. 到九華佛境的母娘宮廟，親眼見證瑤池金母降駕的現象，與空氣中飄著淡淡花香味，這是很難解釋的？
4. 降駕的瑤池金母是「道教」的代表，經過我問事後，則要我去找「佛教」，當時是讓我很想不透的？
5. 經由某位不知名的師兄師姐口中，提醒板橋的「大佛寺」，有著母娘所述說的「佛祖」，這真的是我的緣分嗎？

※、正念：

1. 進入修行之初，大部分會有前兆，不用懷疑，就順其自然地看事件如何演出吧！
2. 道教與佛教，都是勸人向善的，先修行哪種教義，不用煩惱，上天自會有安排！
3. 緣分的啟蒙，會不經意的出現，不執著不鐵齒，因緣到了，用平常心去面對喔！

【奇遇二】
三次車禍啟蒙

面對科學很難以解釋之異象，居然讓我親眼所見與所聞，其坊間傳說的乩身降駕，活生生地上演在我眼前，伴隨著母娘降駕而來的淡淡花香味，絕對不是檀香味與香火、金紙、蠟燭味所能產生的，且濃濃檀香的煙薰仍然是一直在薰，完全沒有停下來，還能聞到淡淡花香味，這真是我無法理解的。然而當瑤池金母的降駕，大家都看到其九華佛境的周師姐，整個人完全變得不一樣，其動作、儀態、聲調、眼神、口氣，都轉變成另外一個人，還更有趣的事，明明我是在「道教」求神辦事，而母娘還指引我去尋找「佛教」的佛祖，才能解決我目前的問題與困擾。

話說回來，翔手尋求道教的母娘救治我的腰椎，然而九華佛境的慈悲母娘卻指引我到佛寺找佛祖，這一百八十度的大逆轉，到現在的我都還一直在腦海中思索，為何我的緣分會是由道教起的「頭」而在佛教才能找到我的「根」？這樣的因緣與際遇，是否造就我現在的無罣礙心的思維嗎？

終於期待的週日到來了，我與母親同樣是搭著計程車前往板橋，要去不知名的師兄師姐所提議的「大佛寺」去走一走，看看裡面是否真的有母娘所說的「佛祖」，能讓我將檀香木的佛珠手鍊在中爐過三十六圈，想著想著計程車開過環河快速道路，轉彎入「華江橋」時，我的腦海中閃出幾道光影與畫面，讓我勾起三段不愉快且有驚無險的車禍經驗，就是我在兩年多前的板橋求學期間，每天早上都必須經過車水馬龍的華江橋，那時候的華江橋尚未整修，還是屬於老舊且橋面坑坑洞洞的狀況，我回想起來還真覺得上天有在保佑……。

事情是這樣發生的，我因為求學要節省通勤的往返時間，而選擇騎 50C.C. 的機車上下學，每當早晨七點多時，都是車滿為患且空氣污濁，影響到騎車者的視線與安全，就在我上學通勤一年多左右的時間後，有一次因為騎下華江橋時要閃避一個大坑洞，當時車速應該也是蠻慢的呀，結果還是摔倒而車子連人向前滑行好長一段路，在摔倒的剎那間，我只知道我整個人因輪胎撞到坑洞的反彈力道，整個人給彈飛了起來，當下則是腦筋一片空白，然後就落地與擦著地面滑行了（犁田）。回神後，我獨自一人爬起來，見到褲子的膝蓋與手肘處的衣服都磨破了，手腳也都磨破皮，還好流血不多，也沒有造成身體的不適，當我將車子牽起來時，怎麼發也發不動，我就用牽的方式，一直向前牽走，試圖尋找機車行要修一下車，其一大早的機出行也都還沒有開張，我一直牽一直找，最後因為擔心上課來不及，就將機車牽到文化路的一處騎樓下，先行擺著，就招了計程車，先去上學了，這就是我的「第一次車禍」。

記取第一次車禍的教訓，讓我對騎車的動作就更加小心與注意，每當經過「華江橋」時，我都還會是故意放慢速度與前車保持一段距離，這如此小心與謹慎的情況下，我還是再度發生「第二次車禍」，就是離第一次車禍的時間約半年後，那天的清晨陽光很刺眼，我沒有加戴墨鏡，就在要下華江橋時，我的前輪整著卡死，讓我整著人像空中飛人般地飛出去，又是像第一次的感覺一樣，腦海中一片空白就像錄影帶被停格一般，完全沒有知覺、感官、也不害怕，就在暖暖的陽光下應聲倒地，也是向前磨著地面滑行，滑行一段路後，我還能順利站起來，身上就是褲子破洞與些微的磨破皮，同樣是身體沒有大礙，真是不幸中的大幸，也沒有被其他過往的車子輾過或撞到，只是牽起來的車子，依然是發不動，我也是邊牽邊要找修車行，最後一樣也是擔心上課會來不及，就將機車也是牽到文化路的一處騎樓下，先行擺著，就攔了計程車，先趕去上學了，這也就是我的「第二次車禍」。

大家都會說事不過三，而偏偏就是無巧不成書，活生生的第三次車禍，還是發生在我的身上，同樣是在車水馬龍的「華江橋」處，再度上演相同的戲碼。因為當天是學校的期末考，考完後就不用到學校了，只要等到領畢業證書再回校即可，我真覺得上天一定都時時刻刻地在觀察我，不然連我走華江橋的最後一天，都不放過我，還是讓我發生第三次的車禍。當時的我依然是騎車很慢很慢，兩次車禍的教訓，讓我不得不學乖些，小心再小心呀！

怎知當我騎車經過相同地點的下華江橋處，還是一個恍神，整個人連車又是都飛了出去，究竟有撞到大坑洞還是大石頭，我已經不知道了，反正就是再一次車禍，只是這一次受的傷有比較重一些，穿的牛仔褲竟然也能磨破，且膝蓋則是撞到煞車的把手，而戳了一個很深的洞，流血有比較多一些，所幸身體一樣沒有大礙，還能將機車牽起，然後一跛一跛地向前走，這一次我已知道那麼早會沒有修車行了，也不去費心尋找機車店，就依然是將車子牽到前兩次借停車之「文化路的一處騎樓下」，順手攔了計程車，要準備趕去學校與考期末考時，我有抬頭看一看這一地點，內心想著：「我還真有緣，連續三次車禍都是借停同樣的騎樓下」，然後瞄一眼此處的屋簷，想著真是特殊呀！屋簷兩邊翹起來好似一座遮風蔽雨的大傘。

腦海中……回想到這裡，我與母親所搭乘的計程車，已不知不覺地通過華江橋，來到九華佛境的眾師兄師姐口中的地點，位於板橋文化路上的「大佛寺」。當計程車司機停好車時，我從車窗往外望去，真不敢相信我的眼睛，那熟悉的「騎樓下」與「屋簷兩邊翹起來像遮風蔽雨的大傘」，不正是這一年多以來發生次車禍的「借停地點」呀！上天如此巧妙地安排，竟然是用三次車禍的奇遇，來指引翔手的修行之路嗎？

※、反思：

1. 面對科學無法解釋的現象，為其坊間傳說的乩身降駕，要不是我親眼所見，我是不會相信的？
2. 難道累積一年來的腰椎疼痛，只要去找到有供奉「佛祖」的佛寺就能痊癒嗎？
3. 「第一次車禍」可說是不小心；「第二次車禍」或許是技術不好；可是「第三次車禍」又是相同地點，該如何來解釋？
4. 歷經三次車禍的過程，有驚無險，車壞人平安，僅受到小傷，是上天刻意的安排嗎？
5. 三次車禍的奇遇，皆是「相同方式」、「同樣是清晨」、「相同借停的騎樓下」，連求學的最後一天都還發生，是一種暗示還是巧合，或是點醒我該好好注意這棟「屋簷兩邊翹起來像遮風蔽雨的大傘」的建築物？

※、正念：

1. 坊間的乩身降駕，是外靈附身所為；修行則是修好我們的這一顆心，好好地認清自己！

2. 累積長年來的腰椎疼痛，可以靠打坐、呼吸吐納、伸展運動及放鬆壓力，慢慢自我痊癒！

3. 三次車禍的奇遇，是提醒要修行了，要利用修行來找回歡喜心與良善的這顆心！

【奇遇三】
唸經打坐日子

直到計程車司機將車停好後，我真的不太敢相信自己的眼睛，透過車窗所映入我眼簾的景象，竟然是我一年多前所「借停車的騎樓」，也是那棟「屋簷兩邊翹起來，像遮風蔽雨的大傘」之建築物，這一切的巧合猶如電影情節才會看到的巧妙安排，內心震撼的程度，真的不輸聯考放榜的那一刻驚喜，連做夢也想不到眼前的「佛寺」竟是一年多前以來，歷經三次的車禍驚險、三次的點醒、三次的因緣，是催促著我要進來參拜佛祖嗎？

下了計程車，我與母親望了望該建築物的匾額，在正門的上方有寫著很大的字，寺名為「大佛寺」，我的母親輕鬆地說著：「到了！終於到了！應該就是這一間佛寺沒錯。」我站在佛寺的左側門前，雙腿已經發麻發漲，內心的百感交集，告訴了我這是緣分還是巧合，竟然是兩年多以來前，我每天上學必經之路，天天經過的地方，也是我發生車禍時，讓我借停機車的地點，為何當時的我一點感覺都沒有？

我用力地提起已經不能控制的雙腳，當我跨入佛寺的左側門之門檻後，隨之聞到的是陣陣的桂花香，還有隱約傳來誦經的聲音，那寺內的一切景象，自我眼中映入腦海再傳入心中時，一股莫名的悸動與心酸，一湧而出地讓我淚流滿面，讓一種感覺與悸動就像是「回家的感覺」！在這同時我還隱約從誦經中聽到了「孩子！歡迎你回家來」。

已經悲傷得無法制止的我，一直不敢放聲大哭，只在一旁哽咽地抽搐著，而我的母親見我如此異常，便趕忙將我拉到牆邊，拿出手帕與衛生紙，要我將淚拭乾，不要在大庭廣眾之下，丟人現眼呀！過了一會兒我的內心稍微平息感動後，便開始跟隨母親去點香要禮拜寺內的菩薩與佛祖。全寺極為簡僕與莊嚴，一共是有三層樓，共需九炷香的禮佛與參拜，點燃香的同時，我仍是在內心想著，我的「佛祖」是哪一尊呀！哪一尊是我今生有緣的菩薩，在這茫茫人海當中，是宿命的牽絆？還是上天使命的安排？牽引我來此？

隨著母親熟悉的步伐，先是一樓的正門用香對外朝拜，然後是拜寺內的龍王，緊接著是上二樓向「觀音佛祖」禮拜，也是拿香朝內禮拜，此時見到好大一尊金身的觀音佛祖，內心的悸動突然再度猶然而生，將香插到中爐後，我不自主地看著觀音佛祖，雙膝自然地跪於供桌前的小紅氈椅上，我自然地行「三拜九叩首的跪拜大禮」，感謝佛祖一直在照顧我，讓我三次的華江橋車禍，都免於生命危險的不幸，還能指引我將機車停於佛寺大門前的騎樓空地，真的是好感恩。

跪拜觀音佛祖之後，我的內心原本是沉重又心酸的感受，頓時轉化成輕鬆、喜悅、感恩的心，我從口袋取出九華佛境的母娘給我之檀香木佛珠手鍊，在觀音佛祖的香爐過三十六圈，然後戴於左手上，將佛祖的心與我的心緊緊串在一起，接著我再度跪於供桌前的小紅氈椅上，雙手合掌於胸前，用內心告訴佛祖說：「佛祖！您的苦心我瞭解，今天我戴上您所賜予的佛珠手鍊，今後我會………」當我內心默許想法之後，一股暖暖的氣流映入我的心窩，頓時的我很舒服地閉上雙眼，感受那暖暖心窩的熱氣流，這難道就是佛教中所提到的「印心」嗎？

緊接著我與母親，將手邊的香一一去禮拜其他各香爐，其佛寺的三樓尚有「地藏王菩薩、三寶佛、四大金剛」的菩薩，結束所有的禮佛程序後，我好奇地走到二樓牆邊的一處放「結緣經書」處，在翻閱當中我看到兩本紅色的經書，讓我捨不得放下，這兩本經書分別有正反兩面，一共是四部經文，為「金剛經、藥師經、普門品、阿彌陀佛經」，我很歡喜心與自在地拿到觀音佛祖的面前，用雙手捧於前額告訴佛祖，我將回家拜讀此四本經書，請佛祖成全，然後我在功德箱處，捐了點錢，開開心心地拜別觀音佛祖回家了。

因為找到了「佛寺」見到了「佛祖」之後，也戴上了繞香爐三十六圈的佛珠，其內心總是覺得缺少了些指示與方向。於是隔了幾天後，我再度與母親又前往一趟「九華佛境」，要去請示瑤池金母，我接下來要如何做？才能讓我的腰椎慢慢恢復與好轉。等到了母娘降駕之後，同樣是依報名順序才能入內問事，輪到我之後，我在問事大廳內見到母娘和藹的笑容，輕聲細語的告訴我：「見到了佛祖，戴上了佛珠，你就是她的弟子，往後要一心向佛，且每逢初一與十五要茹素，還有是吃早齋與不吃牛肉，對你會很好與有幫助的，至於腰椎的問題沒有那麼快，你要每天勤打坐，自然會慢慢好轉的。」然後隨手請一旁的筆生，取出母娘的令旗，就在我背後的腰椎處比劃了幾下，能讓我業力的跟隨減輕一點，接下來的造化，就靠我自己的努力與天天唸經及打坐呀！

※、反思：

1. 歷經三次的車禍、三次的點醒、三次的因緣，這些真的是要催促著我盡快進來佛寺參拜觀音佛祖嗎？
2. 我每天上學必經之路，居然會對「大佛寺」視而不見，可見上天指引我來禮佛，真是用心良苦？
3. 一踏入佛寺後，那股莫名的悸動與心酸，讓我淚流滿面，這種感覺像是「回家的感覺」，到如今我一直忘不了。

4. 那股暖暖流入心窩的氣流，就是「印心」嗎？是觀音佛祖給我的見面禮嗎？

5. 腰椎的痠痛問題，真是業力的跟隨嗎？我往後的造化，只靠努力唸經及勤勞地打坐，就可以嗎？

※、正念：

1. 進入宮廟或是寺院，可以合掌並恭敬又誠心地參拜，沒事要祈求的話，是不需要燒香的！
2. 印心，是仙佛菩薩給我們的感應，要用平常心且隨緣的態度，感恩並感謝有如此的感受！
3. 唸經及打坐，是修行人的功課，誠心一唸及靜心一坐，不用在乎多久，一會兒都是緣分！

大佛寺之佛寺（翔丰台灣板橋拍攝）

【奇遇四】

再度印心慈悲

藉由降駕在周師姐身上的母娘之口，說出：「我一戴上佛珠，就是佛祖的弟子，還要我每逢初一與十五要茹素，以及吃早齋與不吃牛肉，也必須每天勤打坐、勤唸經」，正因為該九華佛境的母娘乩身周師姐，也沒有隨我去大佛寺，居然也能知道我的經歷與過程，真是不可思議！不只如此，母娘還說：「佛祖透過母娘之口，要我好好修行，以便將來可以行善佈施，幫助屬於觀音體系的有緣弟子」。在簡短的請示問事之後，當時的我雖然還是半知半懂之狀況，不過還是很開心的感謝瑤池金母的指引，也更感恩觀音佛祖對我的用心良苦。

回家之後，我真的乖乖的開始戒口，戒掉我喜愛之滑嫩可口的「牛肉」，也開始力行吃「早齋」，每當「初一與十五」也是我吃全齋的日子，日子一天一天的過去，因為曾經飽受腰椎疼痛之苦，已不再敢鐵齒，一切都遵照著指示，該唸經時我就拿起大佛寺請回的兩本佛經來唸；當該打坐時，我也是學習九華佛境的師兄師姐一般，盤腿打坐，只是我腰椎尚未好轉，無法久坐，打坐個五分鐘已經是很勉強的了。

就這樣的唸經與打坐、打坐與唸經，再加上平時的我也會薰檀香與聽佛歌，開始了靜心之路。說也神奇，漸漸地我的打坐可以越坐越久，唸經文也可以越來越順口，其薰檀香的香爐也是一個個的增加，且佛歌及佛樂也是越收集越多，不知不覺我將注意力轉移到這些靜心之事上，忘卻了腰椎的痠、痛、麻，身體的復元程度與腰椎的好轉，真讓我始料未及，我也沒有再去看西醫與吃藥，只會去貼貼膏藥與撒隆巴斯，讓我真的很開心，原來將「注意力轉移」也是身體療癒的一種良方。

於是我恢復到職場正常上班，每天戴著觀音佛祖賜給我的佛珠，很歡喜心地工作及與同事互動，但是我一點也沒有忘記「早齋、初一與十五茹素、不吃牛肉」的諾言及身體力行，其每天上班前我也會提早起床，先薰一薰檀香，然後打開經書，唸上一遍之後才去上班，而下班回家之後，我也是會播放佛歌與佛樂，讓家中充滿法喜與祥和的氛圍，漸漸地我除了身體的康復之外，在職場上的表現也是受到長官的提拔及同事的愛戴，幾年之後以二十四歲的資歷，當上資訊公司的經理一職，帶領了十一位同事在工作崗位上認真打拼。

就在我當上經理一職，我為了感恩觀音佛祖的照顧與冥冥之中護持，特地去玉石店家，買一塊青翠透白的小玉石，是「仙桃造型」的玉石，相當討喜與醒目，我就結在佛祖賜給我的檀香木佛珠上，每天在薰檀香時也都會順帶薰一薰檀香木佛珠與玉石仙桃，經過一段時間，我的檀香木佛珠由黃木色轉為黑褐色，好似一顆顆黑金剛丸串在左手腕上，搭配越來越翠綠的玉石仙桃，讓我真的很感恩與喜悅。

所以，我深信心誠則靈，發善心與慈悲心去做去佈施，以不求回報的心態，凡事都會讓您心想事成的。我還記得有一天的晚上，我夢到「觀音佛祖」來看我，但不是「大佛寺的觀音佛祖」，是全身很華麗且腳踏蓮花，手持楊柳的觀音佛祖，一直對著我微笑，忽然間我左手的仙桃玉石會一閃一滅的亮光，而我抬頭看觀音佛祖時，其佛祖的額頭之觀音痣也是一閃一滅的，頻率的亮滅居然與手鍊上的玉石一樣，好感動也好驚喜。沒多久我高興得醒過來，趕緊跑去我家的神龕處看一看，居然也不是神龕上的觀音菩薩像。

經過了幾年後，我家牆上的神龕要改成落地佛桌時，在無意中的抽屜清理時，發現一卷軸，打開一看正是我夢中的觀音佛祖，真的是巧合還是機緣，又一次與觀音佛祖的「印心」讓我驚嘆不已。當下的我看著卷軸中的觀音佛祖，心裡想著：「如果我有能力買一間屬於自己的房子，一定將您供奉起來」，果真於若干年後我組成小家庭，也於因緣際會之下選購位於淡水關渡的房子，雖是六年多的二手屋，但是周圍空氣好視野佳，且遠望「觀音山、淡水河」一切都是好美好愜意。我也是實現承諾將卷軸中的觀音佛祖，用畫框裱褙起來，掛在客廳供養與每天受我的禮佛與薰檀香，其感應更是非常令我意外，我於內湖上班的資訊公司，一路升到「協理」的職位，管理整個資訊中心的機房，這一切一切的過程與際遇，除了我是一步一腳印地去努力外，應該還是有佛祖在護持與庇佑著，才能讓我的職場之路一帆風順。

※、反思：

1. 佛祖藉由母娘之口，要我吃早齋、初一與十五茹素、不吃牛肉，真的一點都不難，這也是一種方便法門。

2. 我透過唸經與打坐與薰檀香，也聽佛歌佛樂，僅僅於腰椎處貼膏藥而已，真的讓我腰椎慢慢地好轉，這難道就是要點醒我的過程嗎？

3. 信奉觀音佛祖，力行戒口與信守承諾，是可以讓職場一帆風順的，這點我一路走來，始終相信著！

4. 觀音佛祖透過我佛珠上的玉石仙桃，以夢境來告訴我卷軸中的觀音佛祖，是需要被供奉起來的，這一件與佛祖的印心過程，讓我永生難忘。

5. 身體療癒的一種良方，是可以藉由「注意力轉移」及身體力行「打坐、唸經」來進行，功效如何，應該是見仁見智的，每個人的體質不同，適合的方法也不一樣，除了方便法門外，遵照醫師的指示也是重要的一環，不可輕易聽信偏方而耽誤醫療的黃金時期。

※、正念：

1. 吃早齋、初一與十五茹素，真的一點都不難，這是修行人的第一個門檻呀！
2. 經常能常唸經文與打坐5~15分鐘，初一與十五薰個檀香，平時聽聽佛歌，很佛心的呀！
3. 身體療癒的一種良方，是良好睡眠品質、快樂的心情、減輕壓力與煩惱，自然身心愉快呀！

【奇遇五】

藏傳天珠結緣

在翔丰的修行奇遇中，有幾次比較大的心境轉換與學習，首先要算是「天珠」的結緣，這是我進入「氣場」領域的開始。

就在我擔任資訊公司的協理職務時，在一次巧妙安排之下，我出差到高雄執行重要的專案，那是一場為期十二天的結案作業，因為面對的客戶是銀行，其壓力與責任都是很重的，當時的我是暫住高雄六合夜市旁的小旅館飯店，該旅館因為有重新裝潢過所以還算乾淨。但畢竟還是當地的老旅館，且因我的體質尚屬敏感，故有三次的靈異接觸，讓我不得不自我保護與尋求護身器具，至於三次的靈異故事，有機會再與讀者朋友分享。

說到翔丰要尋求護身玉石，第一個想到的是「避邪用的項鍊」，我就利用週六的休息空檔，走一趟位於高雄的十如玉市，看能不能找到一條合適的隨身項鍊，配戴在身上防身與辟邪之用。就在我搭計程車前往時，一到玉市的入口，感覺到黑壓壓的一片，也是感受不舒服，可能是龍蛇混雜，以致氣場不純淨，才會讓我有不舒服的感受。不過無所謂，因我有尋找避邪用的項鍊之任務，就顧不了那麼多，反正也是大白天的，應該影響不大，或許逛完後再出還曬一曬太陽就好囉！

就在我進入燈光不太明亮的玉市中間逛時，五顏六色的玉石與各式各樣的寶石，整把整把地展示在桌面，在我眼中越華麗的色澤與奇型怪狀的玉石，我越看不上眼，一點興趣都沒有，逛著逛著！忽然於黑壓壓的玉市中，我看到一位身著白衣的女子，優雅地低頭串珠子，頓時目光的焦點竟聚在此位白衣的女子身上，內心的我當下浮出一個感受，好似「白衣觀音」呀！

沒錯！當時的白衣女子，就是啟蒙我「氣場」領域的黃老師。記得當時黃老師原本坐在攤位上串珠子，一看到我接近便優雅地站起來，問我一句：「有沒有看到喜歡的珠子，需要我幫你介紹嗎？」而我也隨口說：「我想配項鍊，簡單方便就好！」說完後，我的手機響起來，因為玉市內很吵，我便走到邊邊接電話，一講就講了十分鐘左右，講完後我竟忘記串項鍊之事，就繼續到其攤位參觀與欣賞，也就是繞呀繞著，又逛回剛剛穿珠子的地方，這真是有緣，還是冥冥之中的安排。

當我逛回剛剛串珠子的攤位時，這位黃老師就問我，我幫你規劃並串好的項鍊，你看看有喜歡嗎？哇！我好驚訝，才二、三十分鐘的時間，就串出一條珠子項鍊，且鍊子主墜還是金剛杵的造型，很典雅又不失莊嚴，我真的好喜歡。黃老師就說：「我是看著你的感覺，便串出來的天珠項鍊。」真的聽了之後我好感動，素昧平生的黃老師，能需要看我一眼後，便知道我的想法與需求，也能串出我喜歡的古樸款式，真是不簡單。

當天回旅館飯店後，我洗澡後就將此「天珠項鍊」戴著睡覺，竟也有趣，當天晚上我一覺到天亮，睡得特別香甜，醒來之後內心感恩黃老師幫我我搭配的項鍊，並也想將配戴天珠的項鍊的祈福好意念，分享給我的家人，故循著前一天黃老師給我的名片地址，來到黃老師所開設的藏傳天珠店，為我家人搭配合適的項鍊，黃老師很親切也很有耐心地一一介紹與說明天珠功用，總共花了三個多小時來為我全家串天珠，讓我又一次的感動及敬佩黃老師的熱忱與專業。

回到台北後，我將天珠項鍊一一分享給我的家人，沒想到大家都愛不釋手，且天天配戴著，讓天珠的平安祈福與避邪好意念，護持著我們全家。在台北的我心內一直告訴自己，下次有機會下高雄出差一定要再去拜訪黃老師，好好地感謝她，為我們全家付出這麼多，讓天珠的善緣可以廣傳下去。

※、反思：

1. 「道教、佛教、藏傳」，這三不同宗教領域，我一直都以平常心來看待，取其優點學習，發揚光大。
2. 出差到高雄執行重要的專案，雖是工作但也是緣分的牽引，讓我有機會接觸到「氣場」感應。
3. 啟蒙我的黃老師，真的是白衣觀音的化身呀！我感受到這都是緣分，是觀音佛祖在冥冥之中的安排。
4. 將金剛杵的天珠，串成天珠的項鍊，真的是能達到避邪、平安、開好運的祈福意念，讓我在旅館內能安心睡好眠。
5. 黃老師的熱忱與耐心，讓我非常感動，未來我會將此份善緣，分享給需要的朋友。

※、正念：

1. 修行的次第是先「佛教、道教、藏傳、玄學」，慢慢進入不同宗教領域，才能學以致用！
2. 接觸到「氣場」感應，也是修行的一門功課，先接觸、再感應、最後是聚氣，這都是因緣！
3. 修行之人，一定要維持熱忱與耐心，才能結到好善緣，分享給有緣的朋友！

【奇遇六】

背著石頭苦行

我永遠記得黃老師的熱忱、真心、專業與耐心，讓我在人生的道路上，有所傳承與學習的目標，也帶領我進入「氣場」感應的應用領域，使我人生方向與智慧得以開啟，也是打開我的能量感應之一扇大門。

就因為我們全家都很喜愛天珠所帶來的祈福意義，而使得我有動力向黃老師學習「天珠意義、圖騰功用、氣場辨識、天珠串法、淨化方式、消災祈福、持咒淨心」的種種好意念及好傳承，我雖然沒有皈依任何上師與喇嘛或是仁波切，但是我對藏傳天珠的啟發性及祈福佈施，一直是謹記於心中。

就在這個善緣及因緣的動力驅使下，我學習了天珠的種種應用，希望天珠的好氣場，能幫助更多有緣的親朋好友，便開始我「苦行者」的分享及「廣結善緣」的身體力行。因為當時能佩戴一條好天珠，一直是崇高又遙不可及的夢想，都覺得擁有一顆好天珠是前世的福報及燒好香而來的觀念，而這觀念讓翔手給徹底打破，且將天珠的應用與佈施、搭配、祈福，都走平民化路線，不再只是王公貴族才能擁有的呀！

就這樣「一步一腳印」身體力行地去做，我從黃老師那兒結緣到的天珠，取得老師的同意與認同後，再去佈施給需要「平安、祈福、開運、調氣場、避邪、聚氣」之好朋友及親人，僅用成本價加上串珠工本費，讓需要的朋友結緣，使天珠的普及性慢慢拓展開來，以平常心就能擁有好天珠的好意念，深值朋友心中，且由翔手規劃的每一串天珠作品都是量身訂做，依照配戴者的氣場與想法需求，而去規劃及串珠，讓每位有緣人都配戴得起，也都能愛不釋手。

就這樣，我不斷地到處結緣，也有經過朋友口碑而推薦的，有自基隆、台北、三重、蘆洲、土城、鶯歌、林口、桃園、湖口、新竹、竹北、竹東、三灣、頭份、苗栗、台中、美國舊金山、香港、上海、北京，都有我曾服務過的朋友，每一次的天珠服務與互動，都是用結善緣的心態及思維，讓每位有緣分接觸天珠的朋友，都能滿意天珠的串珠，瞭解天珠的意義，也能傳達天珠帶給人們「行善、佈施、祈福、助人、喜悅」之好意念，進而將正念與正思維，感染給身邊的好朋友及家人，讓有情的社會更多福報及自在心。

想一想，天珠的結緣已過了第六個年頭，我的結緣任務也已慢慢終止了，我知道我還有更重要的任務及使命要去做，天珠的傳承只是一個開端，那種每逢週六「背著石頭的苦行者」，已慢慢卸下重擔，進而在轉換不同佈施跑道與行善方向，要從黃老師身上所學習到的「人生大道理」，轉化成另一股向上的力量，結合經由觀音佛祖及菩薩所啟發的智慧，繼續分享給需要我的好朋友，讓消業障、除病氣、解渡迷津的深層應用，用更無私的心與更自在的意念，廣傳給人間有情的好朋友。

※、反思：

1. 進入「氣場」的應用領域，真的令我智慧得以開啟，也打開我的能量、輪脈、感應之分享善念。
2. 喜愛天珠就必須知道「天珠意義、圖騰功用、氣場辨識、天珠串法、淨化方式、消災祈福、持咒淨心」的種種好意念。
3. 讓天珠的普及與平價化，使得大家能以平常心來擁有好天珠，是我結緣天珠時的主要思維。
4. 將正念與正思維，感染給身邊的好朋友及家人，讓有情的社會更有福報及自在心。

5. 天珠的結緣已慢慢終止，而我佈施行善及廣結善緣的心，是不會改變的，是否能更精進地自我學習成長，並轉化成無形的消業障、除病氣、解渡迷津之深層應用？

※、正念：

1. 學習「氣場」的領域，透過修行之後，能夠打開「能量、輪脈、感應」的應用！
2. 天珠與水晶，都會各自具備不一樣的氣場，修行的過程，能夠多體會多感應！
3. 修行的轉化，應用能量可以消除無形的業障、除病氣、解渡迷津之深層問題！

【奇遇七】

淨心訓練開端

天珠的結緣過程，翔丰遇到各式各樣的朋友，也有從事各行各業的菁英，有當董事長、總經理、總裁、執行長、副總、軍官、老師、住持、宮主、居士、經理、專員、家庭主婦……等，一路走來與每一個朋友的互動，都是我的學習與成長，雖然充滿喜悅與自在心，但總是覺得少了些什麼，一直有個瓶頸存在。

因為在平時的空檔，我會自己打坐、唸佛號，就是一點也沒有精進與成長，就算想多一些幫助朋友進行深層問題處理，也不知如何開始與進行，這也是困擾著我，因為我沒有一位指導老師，告訴我開啟未來要走的方向，正當此一問題在我心中不停打轉時，一個契機出現了。

在一個機緣之下，我為父親的多年病情困擾時，經由朋友介紹前往一位江老師家，請益父親的病情過程，老師無意間發現我會「打呵」之體質，進一步詢問我後，決定上香查清楚，希望能將一切問題釐清，該修行的就進入修行領域，如是誤會一場，則回歸自然當個平凡人就好，心不要有任何罣礙才是。

回家後，我一樣是一早醒來會去自己打坐、唸經，與平時的作息沒有多大改變。記得當天是6：33的時候，一股莫名的力量牽引著，驅使我走到家中的佛堂前，盤腿打坐，我閉眼調息時，收手放於盤腿的雙膝上，自然地呈「如意指」的指法，漸漸地我的手顫抖一下，雙手竟自然地結成「觀音指」，然後會緩緩地自行舉起，兩手有各自的動作與招式，是左右不一致的，因為我身體無法自控，但我的意識仍是清楚的，感覺到雙手的動作類似一套拳路之形法，或也可說是一套功法，是發自內心之「意隨氣走」的動作與形法，是一套柔中帶勁的功法，等我清醒後，也不記得此動作之形與招式呀！

當我的雙手自覺地運行些許時間後，使得我全身的筋絡與氣脈都活絡起來，再經過一段時間的形隨意、意隨氣的功法後，我心中好奇地詢問著：「請問?來者是哪尊仙佛菩薩，前來訓練弟子?」沒多久……腦海中浮現出「觀音佛祖」景象，我在心裡問著：「佛祖！是您嗎?」接著我無法自控的身體，自然地點了三次頭，令我驚訝不已！

然後我再詢問：「請教 觀音佛祖，今天您來教導弟子何事?」經過沒多久，我隱約感受到說：「我來讓你『眼明靈清』！」是用台語述說著，也就是打開我的佛眼，要讓我的天靈更清明些。隨即，我的雙手又自覺地以觀音指法，任意但是又呈規律性的形隨氣走，接著「左手不動」而右手先是在我的額頭與雙眼間，隔空地上上下下、左右來回地以觀音指劃動幾次後，便在我胸前處，隔空類似寫字般地像是畫一道符，然後移往雙眼處，以無形又隔空的方式貼在我的雙眼上，感受很強烈，不久後我又自然地打呵，排了一口氣後，全身發麻，但身體的氣脈很順暢，我內心很明白。

過一會兒後，我右手的觀音指又移到天靈處（即，額頭以上之有長頭髮處），來回地轉圈動作，也是前後、左右地劃了幾次，然後雙手依然持觀音指，一同會合於胸前定住不動，我心中又與佛祖請問：「我晚上會去江老師家奉香，感謝您的教導與感應。」接著我又感應到佛祖說：「那你再帶兩包香，前去老師家放著，給其他有緣人使用。」不久，一陣氣場自心中湧出，我又第二次打呵，我的雙手自覺地移回盤腿的雙膝處，似乎已完成整個「靈體帶動」的訓練。

此時，我的雙手已能自主控制了，我感緊合掌，在心中默唸：「感謝 觀音佛祖，直接感應、教導，感恩不盡！」然後的我的雙眼就能張開了，我看看家中時鐘，已經7：02分了，我便進行下坐程序，再合掌向前方諸先佛菩薩感謝，與轉身向後方的主公與護法神，行禮感恩它們的護持，完成一早的打坐與淨心訓練。

※、反思：

1. 今天我的打坐過程，意識是清醒的，就是會自然而然地被帶動，是一種訓練嗎？
2. 雙手持觀音指約半小時之久，結束後，一點也不痠，很奇特。
3. 內心與佛祖溝通，是我的自言自語，還是真有其一回事。
4. 與佛祖溝通與討論之互動，是很清晰而明的，不像是夢境。
5. 這真的是佛祖給我的靈體訓練嗎？還是禪坐睡著的夢境？我不得而知？
6. 我未來的任務與使命為何？當時的我還是不知？
7. 當我雙手持觀音指，意隨氣走時，每當雙手隔空交會時，總感覺得有一股磁場在運行與牽引著。
8. 下坐之後，我去洗臉時，照鏡子發現其眉心之處，有泛著紅光與脹脹的氣場感受。

※、名詞：

打呵：就是另一頻率的磁場靠近，或是有另一氣場與身體接觸的反應現象，那一剎那會全身發麻，暈眩之感，也時還會有耳鳴發生。

修持：佛教修心；道教修法；密宗是持咒修平安。

靈體訓練：會以「如意指、觀音指」之結印指法，於打坐或禪定時，自覺地轉移身體控制權，讓你的身體無法自控，其身體會意隨形、形隨氣地將雙手舉起與動作，且雙手之動作時雙眼是閉起的，就是不會碰撞到，其雙手隔空交會之時，隱約還會感到雙手的磁場與氣脈之牽引與麻脹之感。

※、正念：

1. 在打坐過程，意識是清醒的，其身體會自然地被帶動，這是靈動，也是修行的一門功課！
2. 進入修行之後，打坐過程，其內心會與仙佛菩薩溝通，這是正常的，要平常心看待！
3. 在打坐過程，會意隨氣走時，雙手隔空比劃，其眉心會聚氣，容易泛著紅光與脹脹的！

【奇遇八】

元辰宮初體驗

在前一天整個「靈體帶動」訓練過程，翔手的雙手自覺地運行些許時間後，使得全身的筋絡與氣脈都活絡起來，這種形隨意、意隨氣的雙手律動，是我以前的打坐時不曾有過的經驗，且會自主隔空地上上下下、左右來回地以觀音指劃動，又如寫字般地在雙眼處隔空劃動，讓我的感受很強烈，還會自然地打呵，全身發麻，這種身體的氣脈運行是很舒暢呀！

歷經昨天早上的靈動後，晚上我睡得很深層，一點也沒有做夢的印象，突然一早醒來時，我以為上班要遲到了，上完廁所後，看看時鐘才6：30分，我喝口茶，然後又不自覺地興起打坐的念頭，不思索地坐於佛桌前，開始我的打坐之第二次靈體的奇妙體驗。

剛開始坐於佛堂前，我盤腿之後持「如意指」，先讓自己靜下心來。才過不久後我的內心浮現「前世今生」的畫面，一會兒，我的雙手竟自覺地改持「觀音指」，然後自主比劃著各種動作與招式、功法，在演練與律動著，緊接著腦海中浮現著：一層層雲的景象，雲上有一牌樓，寫著「南天門」，我看到我領旨（看不到我領的旨令內容）準備投胎下凡，接著我從雲上直墜而下，進入了娘胎，再來是出生了，還看到我長著滿臉黑黑腮鬍的臉，其片片段段是小時候成長的過程，這都是平常我不曾看過與想過的畫面。

接著從腦海中還浮現出「上小學的事、國中、高中、大專……」的種種趣事與過程，以致我在板橋華江橋頭摔車的景象，都一一浮現，像演電影般的一幕幕都會呈現出來，也浮現出社會工作後一直到我去「大佛寺」結緣觀音佛祖的景象，這一切都歷歷在目，也在我的腦海中顯像大佛寺的「觀世音菩薩、釋迦摩尼佛、地藏王菩薩」，就連我打坐之佛堂的「金剛經」與「阿彌陀佛經」都是由大佛寺請來供奉的。再來是浮現我下高雄學習「藏傳天珠」的過程，與黃老師結緣與互動的景象，都是很清晰的影像，一幕幕引導給我看，最後再出現「南無一切一切頂禮佛」的感應，與設立佛堂的一切過程。

到此為止，腦海已不在有影像，漸漸退去回憶，其思緒與意識也慢慢恢復了。沒多久又是一陣氣場而來，我再度閉目的黑暗中，看到了「綠光」我直覺感受到綠屬東方，是「東方護法神」回來了，因為昨天晚上去江老師家時，有兩陣暈眩與全身發麻，閉目時，便看到「紅光、白光」，其江老師說，這是兩尊護法神將歸位了，才沒多久，又另一陣氣場靠近，我不自主地「打呵」後，看到「黑光」，我也知道這是「北方護法神」也回來了，所以我心想「東、西、南、北」四方護法神歸位了，應該僅剩「黃光中方護法神」囉！

靈機一動，我心中默念，請其他護法神協助去找回「中方護法神」，能在最近全員到齊，達到功德圓滿，好執行我應盡的任務。最後，我合掌並感謝「諸仙佛菩薩」及「眾護法神」之直接感應、教導，也感謝護法神將的護持，下坐後，一看時鐘是7：12分。

※、反思：

1. 為何今天的我依然能於6：30準時起床，沒有靠鬧鐘，是護法神叫醒我嗎？
2. 打坐過程，意識是到前世今生之一切，是靈體帶動？還是我自己的的回憶所顯像的？
3. 護法神之回到我身邊，是真的歸位？還是我自己的幻想？我真的不知？
4. 閉眼感受到一陣陣氣場而「打呵」，已是十來年常出現的事了，我還不足以為奇！但是閉眼的打呵時，會出現「紅光、白光、綠光……」，真不知要如何解釋？
5. 如真是有護法神將歸位，那僅剩的「黃光」護法神也會歸位嗎？

※、名詞：

南天門：據我所知，可能是帶天命的人，領旨下凡之投胎處。

大佛寺：位於板橋的文化路上，靠近江子翠捷運站。

前世今生：藉由冥想或引導方式，瞭解本身前世的身分與今生的連結，又稱為「元辰宮、進花園、元辰地圖」探索。

護法神將：打坐的過程，會有護法神將保護與協助，其護法神也有果位及佛光顯示。

如：東方護法神將，是顯現出「綠光」。
西方護法神將，是顯現出「白光」。
南方護法神將，是顯現出「紅光」。
北方護法神將，是顯現出「黑光」。
中方護法神將，是顯現出「黃光」。

元辰宮：有緣進行元辰宮的過程，也就是連接今生與前世的一種探索。透過每個人都有的「元神」對應到自我的潛意識，進而拜訪今世與前世的人、事、物，以突破時間與空間的束縛，回溯到以前熟知的感受與場景，瞭解前世因果所帶來的訊息，此書中翔手稱為「元辰地圖」探訪。

※、正念：

1. 修行之人，只要有固定的打坐後，生理時鐘會自動喚醒，何時該醒來？何時該休息？都會固定的！
2. 腦海中出現的潛意識畫面，能連結到到前世今生之一切，是修行之後的呈現！
3. 護法神將之歸位，應視每位修行人的因緣而定，每一位修行人的緣分不一樣，呈現的護法神也不相同！

【奇遇九】
化解痠痛訓體

歷經昨天早上之「東、西、南、北」四方護法神將歸位後，目前僅剩「中方護法神將」的歸來呀！我滿心期待，其他四位護法神將會如約定去尋找回中方護法神將，讓五路護法神將能全員到齊，達到功德圓滿！但是說真的，我還是會有一點點的懷疑，真的會有護法神將歸位？還是我自己的幻想？我真的不知？因為目前為止，這都是科學無法解釋的現象。

在今天的一大早，夢中莫名地一句話：「該起來囉！」起床時已是6：50分了，我先上一下廁所後喝口茶水，然後又不自覺地走到佛桌前，自然地盤腿打坐，開始我打坐之第三天奇妙體驗。

上坐之後，我回想昨晚到江老師家，先向「觀音佛祖」奉香，然後向江老師學習與請益，聊到約20分後，突然一陣氣場先是讓我雙手之手心發麻，然後我頓時腦海一陣空白，我在黑暗中看到「黃光」出現在我的腦海中，我心想是「中護法神」回來了、歸位了。其「東、西、

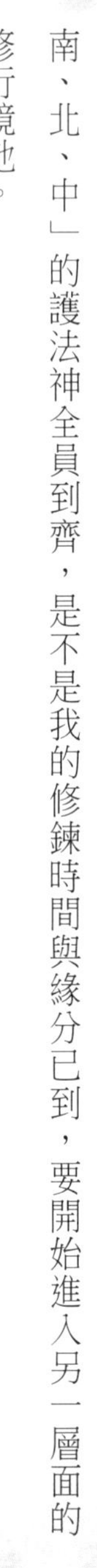

南、北、中」的護法神全員到齊，是不是我的修鍊時間與緣分已到，要開始進入另一層面的修行境地。

才剛想完後，我雙手結「如意指」於大腿上，閉眼後心想：「今天，佛祖要教導我什麼呢？」說也奇怪，我突然間「打呵」然後雙手改持「觀音指」，感覺是佛祖在帶動我做招式與功法，原本我的肚子有些痛，我還擔心打坐到一半，若想上廁所怎麼辦？沒想到一讓菩薩帶動後，居然肚子不痛了，真令我想不透。

就在意隨氣行的過程中，我感受到雙手一直在運氣，行走於我多年累積的腰痛處，來回地劃動與滑動，接著再移至我的後頸部，也是相同的動作，皆是用「觀音指」在我全身前前後後處，行走與滑行，使得我全身筋脈與骨骼，嘎嘎作響，最後在我的雙眼與天靈之處，一一來回的劃動與滑行，好似要用「觀音指」在我的全身都做記號，還是進行活化氣脈的動作。

整著動作完成後，我才頓悟，今天是在「訓體」，要將我全身的骨骼與氣脈，一一打通與運動，讓多年來的痠痛化解，就在當下，我全身舒暢且痠麻全部消失，真是很難讓相信，就這麼用「觀音指」在身上來回劃動，就能排解痠痛與痠麻，好不可思議。

我在想，可能要降下任務與使命給我吧，才會將我的身體先顧好，能有健康的身體才能去服務更多的有緣人，過不久後，我的身體恢復能自行控制了，我趕緊合掌，並感謝「諸仙佛菩薩」及「眾護法神」之直接感應、教導，也感謝護法神將的護持，下坐後，一看時鐘是7：12分，竟然與昨天下坐的時間一樣。

※、反思：

1. 護法神將有「東、西、南、北、中」之分，好似也走天地「五行」運行呀？
2. 讓佛祖帶動身體的律動後，居然肚子不痛了，真令我想不透？是心理作用嗎？
3. 用「觀音指」在身上來回劃動，就能排解痠痛與痠麻？真有可能嗎？
4. 今天我下坐的時間是7：12分，竟然與昨天一樣？是巧合嗎？我心理有好多疑問，都是未知的？

※、正念：

1. 修行之路，還有一項功課，就是「訓體」，可以讓全身的骨骼與氣脈，運動與排解痠麻！

2. 帶動身體的律動之後，會讓我們暫時忘記生理的問題，例如肚子不痛了或是不想上廁所了！

3. 每次的打坐過程，只要有訓體的運動，結束後一定要感恩，這是修行人應有的禮節！

【奇遇十】

蓮花台小女孩

其今天一大早6：39分，換被我的小孩吵醒，因為他說有做夢，且夢境很清楚。我的小孩說：「夢到一位身穿白衣服的小女孩，問說要不要坐上『蓮花台』？然後就夢醒了」。因為我的小孩才八歲，剛要升上小學二年級，應該不至於會說謊才是。

我的小孩才說完，便一直催問我究竟那個小女孩是誰？身為父親的我真的招架不住，也不知那個小女孩是誰？就隨口向小孩說：「好啦！爸爸先去打坐，看看佛祖會不會來告訴我，那個小女孩是誰？可是爸爸打坐時，你不能吵喔！等我打坐完後再告訴你。」我也是心中滿滿的疑惑，便走向佛堂，要坐下氈椅時，看看時鐘，是6：43分。

一上坐氈椅打坐，我先閉眼然後合掌，於心中默念：「恭請 觀音佛祖，直接感應、教導！」然後將雙手持「如意指」，擺於盤腿的雙膝之上，沒多久一陣氣場靠近，我自然地「打呵」後，雙手又自動且緩緩地改結成「觀音指」，也是如同前幾天之情形，會自動地「形隨意、意隨形」

的比劃各種指法與招式功法（這是我清醒後，也無法記住的動作），且在比劃各種指法時，我的意識是清楚的，只是在閉目的黑暗中，手無法自控，是自主動作的。

這時，我心中就默問：「請問？我小孩夢境的『身穿白衣的小女孩是誰？』」但是過了許久，我的手仍在比劃與自主動作，腦海中就是一片空白與無任何影像，我心中很納悶，也有些無助。然後我又試著問：「請問？我身邊的護法神將們，祢們知道我小孩夢境的『身穿白衣的小女孩是誰？』」依然是空空的、靜靜的，一點也沒有訊息傳入我的腦海中。

正在我恢心之時，我隨著意識問：「那……眾護法神將，祢們在嗎？為何都漆黑一片，一點訊息與影像也沒有？」過沒多久，腦海中浮現「綠光、黃光、白光、紅光、黑光」一直在我漆黑的眼前閃爍，有從左邊移到右邊、有從上方移到下方、有的光逐漸放大、也有的邊跑邊縮小。我真不知這是在傳達什麼訊息，總之我今天是一點感應都沒有。

當我冥想完後，手就能自由控制了，我趕緊合掌說：「感謝諸仙佛菩薩感應與護法神將護持。」便張開眼睛，下坐離開佛堂，抬頭一看，時鐘是7：06分，心想今天很奇怪，一點感應也沒有，也沒有任何的學習與事件。

我回到客廳，看我的小孩坐在沙發上等我，等到睡著了，一會兒他又醒來便看著我說：「爸爸，你有沒有問到『身穿白衣的小女孩是誰？』」我真的很無奈，只好告訴他：「你想太多了啦！夢境是假的，沒有這回事。」沒想到我的小孩很生氣說：「爸爸你騙人。」我坐在沙發上明明有聽到你在「打呵」，一定菩薩有告訴你，你都不說！！我心想：「唉……真的呀，我真的感應不到的！」

※、反思：

1. 我在思考，我小孩夢境的「身穿白衣的小女孩是誰？」是「觀世音菩薩」化身嗎？我真的不知道？
2. 以我是學「理工科系」，又專攻電腦資訊來看，這幾天的現象與靈體訓練，究竟是真？是假？我真的不得而知？會是我的幻聽還是幻覺嗎？我一定要冷靜以對！
3. 今天之打坐，腦海中完全沒反應，也沒有任何影像出現，為何與前三天不一樣呢？這是我要探索之處嗎？
4. 在我內心詢問眾護法神時，會顯示出「綠光、黃光、白光、紅光、黑點」一直在我漆黑的眼前閃爍，是真的有護法神在我身旁護持嗎？這是未來我要追尋的答案？

※、正念：

1. 修行之人，在進行靈體訓練時，容易產生幻聽與幻覺，一定要不理會不去隨之起舞！
2. 打坐之過程，腦海中完全沒反應，才是正常的，如如不動的靜心，才是高境界！
3. 在內心詢問眾護法神時，如果眼前閃爍亮光，一定要詢問清楚，來者何人？要清楚明白才是！千萬不能盲目地打坐及修持。

第二回
修行過程的因緣

第二回：修行過程的因緣

當「東、西、南、北、中」的護法神全員到齊，且打坐時也用「觀音指」在我身上來回劃動，排解我身上痠痛與痠麻，接下來是要看我的造化與努力。

正當第一次「靈體帶動」的訓練後，我體驗到一股莫名的力量牽引著，令我的雙手自覺地運行，還能使得我全身的筋絡與氣脈都活絡起來，這種形隨意、意隨氣的動作，是呈現出規律性的形隨氣走，讓我全身發麻，且身體的氣脈都很順暢。

距離翔丰去探索「元辰地圖」之後，又經過了近三年的歲月，在這段期間的經歷中，翔丰不斷地自我學習，也進行「佛經助印」的行善佈施，加上自身「氣場、風水、占卜、化煞」的深入學習與強化，已能初步的幫助有緣之朋友，解決簡單的困擾與化解困境，唯一對於「無形」及「靈界」問題處理，卻是很難去有所突破與迎刃而解，就在二〇〇八年的五月份，一次有挑戰性的考驗來臨囉！

經過十八年後的再度去請示問事，中壇元帥的一句話，讓我很震驚之事，即是要我進行

「一百零八天的坐禁」才能有精進的修行因緣。這不是開完笑的吧！家庭問題？經濟問題？工作問題？都是一項極大的考驗與很艱辛又困難的修行之路。

【奇遇十二】修行路佛法僧

正當第一次「靈體帶動」的訓練後，我體驗到一股莫名的力量牽引著，令我的雙手自覺地運行，還能使得我全身的筋絡與氣脈都活絡起來，這種形隨意、意隨氣的動作，是呈現出規律性的形隨氣走，讓我全身發麻，且身體的氣脈都很順暢。接著是陸續地產生「五色光點」，不知是我閉眼時之「飛蚊症」的現象所致，還是真的有護法神將的存在與護持，再來是觀音佛祖在我打坐時，對我靈療及化解身上的痠痛問題，這一切的種種跡象，真的讓我百思不解，

應該要好好地請教江老師。

利用假日的空檔前，我前去江老師家，同樣是先向「觀音佛祖」上香，完畢後坐在沙發上與老師聊天與請益學習，大約前後半小時左右，分別有兩次氣場靠近，兩次的感應是「先手掌發麻，然後雙手與雙腳在發麻，最後會自覺地閉目，感覺氣灌全身與身體微微顫動」，大約5～10秒左右就會恢復正常，真的很奇怪的感覺與現象。

不久之後，我回過神來便向江老師請益，學到了一個重要觀念是「佛、法、僧」。分享給各位讀者，也就是說要當一位菩薩的代言人，領有天命與法旨之人，一定要具備此三寶，缺一不可。所謂的「僧」：就是帶有天命的修行者。而「佛」：就是修行者必須要有仙佛與菩薩的認證，然後會隨著一尊有緣的菩薩協同辦事，替有緣眾生化解災難，行功立德地幫助眾生，讓修行者與菩薩共同歷練與修行，共同分享與累積功德。最後的「法」：也就是修行者除了要能受認證外，還必須找到自己的主公，由主公來傳授「道法、佛法、陣法、術法、智慧」，以強化自己及保護自己，進而能去幫助眾生，消災解厄地化解業障與外靈的糾纏等問題。

如一般宮廟的「乩身」，便是具備「佛、僧」兩寶，必須靠仙佛的降駕附身後，才能替眾生消災解厄與化解業障問題。另外是「修行者」，便只具備「僧」這一寶，靠自己毅力與刻苦修為，喚回先天的靈通本領，但是沒有「神佛做主」與合適的「道法、術法」化解與護身，是很危險的，一旦遇到法力強大的外靈，可是會影響甚多的。唯有「領法旨、帶天命」之修行人，能具備「佛、法、僧」之三寶，也就會有一位「能做主的菩薩（主公）」，教導您合適且正確的「術法、道法」，讓您瞭解自身的任務與天命，以執行其「旨令、任務」，讓眾生都能有「向善的心」，生活到處充滿「佛法、善緣、善知識」，人人過著「離苦得樂」的美好生活。

※、反思：

1. 能於半小時左右，分別有兩次氣場靠近，讓我雙手與雙腳發麻，身體微微顫動，真的很奇怪的感應與現象？
2. 「佛、法、僧」是說要當一位菩薩的代言人，領有天命與法旨之人，一定要具備的，而法旨有可分成「玉旨、懿旨、地旨、建旨……無上旨」等多種類型的旨令。
3. 當一位菩薩的代言人，必須時時強化自己及保護自己，進而能去幫助世人，消災解厄並化解業障與外糾纏之問題？

4. 在這「末法時期」，應當培養眾生都能有「向善的心」，生活到處充滿「善緣、善知識、善智慧」，我一個人的力量微薄，真的辦得到嗎？

※、正念：

1. 氣場的感應是麻麻的，雙手與雙腳發麻，且身體微微顫動，是修行過程的靈動反應，不用擔心！
2. 修行之人，或是菩薩的代言人，不一定要領有法旨，只要認真修行且清淨身口意，都能如願地幫助有緣朋友！
3. 培養眾生都能有「向善的心」，自己要先發善心，達到快樂與喜悅的真誠心，自然能感染周遭的有緣朋友！

【奇遇十二】真正入定淨心

在翔手親身經歷與分享「佛、法、僧」的重要觀念後，深刻地瞭解到，無論是菩薩的代言人，或是領有天命與法旨之人，都應該要有「良知、道德」來與世人多多互動，不能存有個人的偏見與喜好來判斷是與非，也不能有假公濟私的思維出現，一切要以大局為重，以上天有好生之德為己任，去行天命、助眾生、渡善緣。

今天是第五天的靈動與訓體，一樣是早上6：49分翔手自動醒來，不知怎麼回事，本週我都不用調鬧鐘，生理時鐘會自動在七點之前自動叫醒我，還是我的護法神將叫醒我的嗎？我自己也不知道，自己瞎猜吧！依舊是上完廁所與喝口茶後，自覺地前往佛堂打坐與進行我今天的冥想練習。

我於6：55分時坐上氈椅，先閉眼然後合掌舉至頭頂，於心中默念：「恭請 觀音佛祖，直接感應、教導！」然後將雙手持「如意指」，擺於盤腿的雙膝之上，心中想：「今天會有什麼感應與教導呢？滿心期待呀！」過了許久是一點反應也沒有，我便呼請護法神，說：「眾護法神將們，請給我感應吧！或是任何指示都行。」結果還是無動於衷，正在我灰心時，雙手一陣氣場傳過來了。

先是雙手發麻，然後是全身微微顫動，前後擺動與晃動，類似靈動之感受，接著是雙手向上舉起，這次未改「觀音指」，而是維持著「如意指」之模式動作，此次的招式與功法，是前幾天都未曾比過的動作，且是持至高的結印指法，來回地隔空在身體上比劃，令我的筋骨與氣脈嘎嘎作響，全身肌肉與關節都活動到了，還有將雙手伸到身體背後，令我後肩胛骨也嘎嘎作響，整個人都清醒過來也充滿了活力。

動作很快就比劃完了，然後雙手再自動改結成「拱形印」，緩緩地放於「丹田處」，使我的心情與氣脈整個舒緩下來，沒多久腦海中就出現一道聲音：「今天不是你的小孩要去飛牛牧場，做校外教學嗎？還不趕快去叫醒小孩，會遲到呀！」我忽然回神並驚覺：「對喔！」正在不知所措時，另一道聲音又出現說：「沒關係，你現在修的是『人間法』，心不要有罣礙，禪坐多與少都沒關係，只要是有真正入定與淨心就好。」

聽完與感受這件事之後，我趕緊回神，並張開眼睛，我也忘記合掌來感謝「諸仙坲菩薩與眾護法神將護持」，急忙地走回房間，叫醒兒子準備上學囉！一看時鐘是7：05整，只有短短十分鐘的打坐，讓我感覺好像是有兩小時之久。

※、反思：

1. 於當天的下午2：30分左右，我才有空回想早上的「打坐情形」，就在回想與撰寫出來之時，我的耳中一直嗡嗡響，耳鳴得很久，雖然周圍上班同事的談話很大聲，我也能聽得一清二楚，但為何會耳鳴?是仙佛菩薩有事要讓我知道嗎?

2. 本週我都不用調鬧鐘，都會在七點之前自動醒過來，是我的護法神在叫醒我的嗎?要我醒來訓練與打坐嗎?答案我也是不清楚?

3. 今天的結印是「如意指」，我內心知道此指法比「觀音指」還至高，仙佛果位層次也比較高，是否是另一尊菩薩在帶動我呢?這也是我心中的疑惑?

4. 今天打坐時，傳入我腦海中的聲音：「你現在修的是『人間法』，心不要有罣礙，坐多與少都沒關係！」嗯，沒錯!這真的是我內心要學習的道路，因為我們身為平凡人，如果真的是「仙佛菩薩代言人」，那麼落實「人間法」，真的是非常重要的，要能與生活現實面結合，才不至被社會眼光與思維給邊緣化。

※、正念：

1. 修行之人，耳中會嗡嗡響，且耳鳴現象，這是初入修行之門才會，如修行得宜的話，靈界之訊息都能聽得清清楚楚！

2. 自動被叫起來訓體與打坐，是修行人的自我生理時鐘，什麼時間要做什麼事？內心都會如實地準時去執行！

3. 身為平凡人，要進入修行的過程，要有正念、正見、正信的思維，落實日常生活化的準則，更是重要！

【奇遇十三】主宰神佛照會

如果翔丰真的是「仙佛菩薩代言人」，那麼落實「人間法」，真的是非常重要的，要能與生活現實面相互結合，才不至被社會給「邊緣化」。打坐的精神也是如此，只要內心不要有罣礙，其打坐時間的多與少都沒關係，只要有真正入定與淨心就好。

就在歷經五天的靈體訓練後，於第六天要在前往江老師家，去瞭解翔丰的「主公‧主宰神佛」。因為當時的翔丰還在電腦公司上班，一忙就忙上一整天，心想怎會如此忙呀！一大早忙三件事，下午也開兩場主持會議，到事情完成時，已經六點多囉！原本是晚上9：00才要去瞭解真正答案的，我回到家後換一件輕便的衣服，再度出發前往江老師的家進行瞭解。

去到江老師家的途中，我心生感應地前去購買兩對鮮花，以及兩盒蛋糕（一盒給江老師家的小孩享用，另一盒要拜觀音佛祖），到了江老師家約8：10分左右，我擺好供奉的鮮花與蛋糕後，向觀音佛祖上香，然後便坐在沙發上，聽一聽江老師的解說。

約8：15分左右，突然額頭暖暖的，然後一陣氣場靠近，我不自主地坐在沙發上閉起雙眼，進入黑暗的冥想空間，身體還會不自主地微微顫動，雙手先是用「如意指」擺放於雙膝上，然後自覺地雙手會抬起並比劃出招式與功法，因為我的意識還非常清楚，不是昏睡狀態，所以記得首先是「如意指」再來是「觀音指」接著是「劍指」，中間還一陣子是「拱型結印」於丹田處，最後才是「運功指」，過了許久便又恢復「如意指」，自動地擺回雙膝上。

當我完成一連串的動作與功法後，張開眼睛，看一下時鐘是8：45分，在自覺靈動的期間，我意識很清楚，沒有在睡覺，就是雙手不聽使喚會自主地動作，被整個「氣場」帶動著運行，然後動作的時候，腦海中浮出的影像是「紅光、白光、黃光、綠光、黑光」，這些光點在腦海中動來動去，有時縮小也有時放大，一直都在我腦海浮現（不清楚的人，或許會以為是幻影、幻覺、飛蚊症），到我完成功法之動作，並張開雙眼時，這些光點現象才消失。

我回神並恢復清醒後，江老師向我解說：「你這些動作，都是在與神佛照會與認證的比對！好比DNA般必須接上頻率與引線，未來溝通與互動才能有感應。」接著又提到，我的主宰神佛，也就是與我有緣的菩薩是「白衣大士」，也就是「站著的觀音菩薩」，下凡所現世的法身，還有是「騎龍觀音」及「楊柳觀音」，都是站著的，有站在雲上也有站在蓮花台上的。

老師又說，今天「白衣大士」與你接上線，先前派來的五方護法神將，必須先佈局完成，與比對認證你的「元神」是無誤的，才會下凡界與你接觸及感應。現在的「白衣大士」已下凡至三界中，會先去「地府」照會，然後去「天界」準備領法旨，然後再來「人界」與你會合，讓你有所感應，去執行所接下的任務旨令，幫助「末法時期」的眾生，達到行善佈施、累積功德、晉升果位之目的。

所以，往後我要多加「接觸」與「感應」，看是有聞到「花香、檀香」，就是「白衣大士」要來的感應現象。接著，江老師又說：「要我去『地藏王菩薩』為主神的廟宇，帶著水果去請示，請地藏王菩薩代為查清楚！」向地藏王菩薩說：「我與神佛有緣，關於我的因果為何？代為查清楚，請一併化解。」約待在該廟宇要1小時以上，讓地藏王菩薩查清楚，然後再「擲筊」詢問是否已清楚化解。如此「白衣大士」才能在天界領到我要執行的「旨令」，一同照會後，用感應的方式給翔手指示，確認要執行的任務與未來要走的善道業。

※、後續之討論：

1. 事後與江老師在討論，「白衣大士」來的感應為何?老師便提到，「白衣大士」前來感應時，會先派「先鋒護法神」前來探路，如「大鵬鳥」與「龍騎」都是，會先來照會與你先接觸，接觸的感覺是肩膀重重的，就是「大鵬鳥」停在你的肩膀上，如果是被爪子抓一下或搔癢一下，就會是「龍騎護法」，所以，未來的感應與印心是很重要的，要自己慢慢地用心體會，並判讀護法神將前來的目的與指示。

2. 我慢慢回想，原來我家大門的牆上，就掛著一幅「腳踩蓮花的立姿觀音大士像」，我向老師說明後，老師說：「對！這就是『白衣大士』，她的法像與服裝變化很多，不會侷限一定是身穿白衣之觀音像。

3. 我在打坐淨心時，江老師提到比劃的動作有「母娘」的靈駕在，真的是讓我很佩服江老師，很厲害都能感應到母娘，因為約12年前我會去「大佛寺」參拜，就是母娘降駕後指示我去皈依「觀音佛祖」的。所以現在的我是修佛教的心與道教的法，以「勸人向善」的意念來落實我處世助人之道業。

4. 最後，江老師說：「回家打坐前，可多薰些檀香給隨身的『護法神』，請護法神將護持居家平安，及協助未來道路的修持與行善順暢，也可在家中打坐時，多用心感應『白衣大士』與『護法神將』的訊息傳達。」

※、反思：

1. 整個事件的串接，真像是戲劇般地，一幕接一幕地的呈現，就算事後回想，還是覺得很不可思議，再則「靈學」之事件如果太沉迷，會讓人聯想到「靈異事件」，容易被這個社會給「邊緣化」。所以還是要回歸「平常心」並「正念」來看待此事件才是。

2. 這六天以來的時間，能讓我有如何大的變化與感受？真感嘆這世界的玄奇與奧妙，從關心我父親的病情與祈福處理，一直到我的打坐入定，然後是護法神將的一一歸位，最後確定我的「主宰神佛」，這一連串真的來得很快，說不能接受嘛？又是十二年前就已有跡象到現在；說要接受嘛？我現在畢竟還是「平凡人」，尚有家庭妻小與父母要照顧，能放手去「普渡眾生」及「行善助人」嗎？首先，我真的得先強化我自己與增強自信心才行。

3. 如今我在打坐時的感應，是越來越強烈，靈動與入定之速度也越來越快，身邊的護法神，也不斷地給我訊息及感受，希望「白衣大士」能盡快讓我知道我的「天命」與要去執行的「任務」？好讓這世上受苦受難的有緣朋友，能越來越少，每個人心中能充實「愛」與「善心」，讓這人間到處是「淨土」。

4. 最後，我也希望家中成員都能支持我，因為行善這條道路是很難走的，需要無比耐心與毅力，家庭的成全與體諒，我才能心無罣礙地走出去。

※、正念：

1. 修行之人容易接觸到靈學之事件，不能太沉迷與滿口怪力亂神，要用平常心與正思維，看待陰陽之互動！

2. 打坐入定能瞭解修行的目的，能感知這世界的玄奇與奧妙，一定要回歸本心與不動搖的善心！

3. 修行之過程，一定要取得家庭成員的支持與體諒，才能心無罣礙地走出去！

【奇遇十四】

法喜不求隨緣

就在翔丰知曉擁有「天命」與上天有賦予「任務」要去執行後，我天天早上會起來做早課，會至少打坐20～30分鐘以上，並恭請「觀音佛祖」降臨護持與教導。多日來都是平常心處之，但也都沒有任何感覺再浮現於腦海中。

就在某一日的早上我起床得特別早，約5：19分左右就睡不著了，盥洗一下臉後，就自覺地走向佛堂打坐，今天的打坐很長，幾乎是快到7：00左右才下坐，喝了一口水後，又不自覺地去佛堂坐著，不久後我的雙眼就自動閉上，且腦海中浮現出一句話：「去找韋馱尊者的化身吧！」我馬上就聯想到我同事的師父「張大姐」，過沒一會兒我就回神過來了。

然後我趕忙地送小孩上學後，很早就到公司上班，打開電腦後透過MSN（當時還沒有Line時代的舊通訊軟體）與同事聯繫，沒想到很順利地約到晚上7：00可以去見張大姐。晚上時間一到，我與同事前往位於中正紀念堂的處所，沒多久張大姐走出佛堂，我一見張大姐有著似曾相識之感，就是說不上來為什麼？然後經過一連串的請益與表明來意後，張大姐要我先行打坐，看看今天前來的用意為何？看會不會有畫面浮現與腦海中，我不假思索就地打坐，過程中是完全沒有畫面，只有五彩光閃來閃去，也打了兩個「呵」，約30分鐘吧！我自覺地醒來，告知張大姐一點畫面也沒有，僅有五彩的亮光，閃來閃去與跑來跑去而已。

接著，張大姐說：「剛剛觀音來了並說，你的確是觀音大士的弟子，今天是來認主與確認往後三年的修行之路！並且在這末法時期，找回自己，善渡眾生。」又提到要我常打坐，並觀想觀音菩薩，以消除我累世累積在我身上的業障，及淨化不屬於觀音法門的靈體，以清淨的身心來修行，才能與觀音菩薩溝通，行善事、渡眾生。

打坐完後，我坐在沙發上說明這十二年來的打坐與唸經，是一點精進也沒有，並提到我家中有一尊兩百年的純銅騎龍觀音菩薩，一直擺在櫥櫃中，是很慈祥與莊嚴的一尊法像菩薩。張大姐馬上說，明天10：00帶來這裡，菩薩說要將其開光，等待時機成熟時，再請回去供奉與進行未來三年要走之修行路。

隔天的早上10：00我依約來到，我先去買了一對香水百合及供花，帶著騎龍觀音用紅紙包起來，來到寧波東街找張大姐為觀音菩薩開光與淨化。就在要來的路上，因為我坐捷運，屬密閉空間，但是一路上我一直聞到「桂花香味」，讓我印象很深刻。

到了張大姐的處所，我將紅紙包起來的騎龍觀音，恭敬地交給張大姐，請張大姐為觀音菩薩開光與淨化。在一段時間的聊天與請益之下，張大姐叮嚀我每天要做功課，要唸「大悲咒」四十九遍、「往生咒」一百零八遍、「迴向文」三遍，不可間斷，要持之以恆，且唸經之前要先「恭請南無大慈大悲觀世音菩薩」三次，降臨護持弟子後才能開始唸經。

也提示我初期唸完四十九遍的「大悲咒」是得要花兩小時，然而唸完一百零八遍的「往生咒」應該十五分鐘就能夠完成，所以我打算今晚去買個記數器，開始我唸經與修行之路。

因為當年為騎龍觀音開光與淨化時，正逢農曆潤七月之時，所以要等過七月後才能將觀音開光請回，我內心很明白的，然而張大姐又對我說說，昨晚我離開後，騎龍觀音有降臨，說道：「翔丰，的確是騎龍觀音的弟子，交代張大姐轉告我要好好修行，等我打坐時靈體清乾淨後，慢慢會無形當中，教會我觀音法門與該具備的能力！」且提到我一路上所聞到的「桂花香」，正是王母娘娘的花圃所種植的花香，讓我聽完後內心好感激，連我現正在寫稿之際，又飄來陣陣的桂花香味，對於現在的我，內心除了感謝上蒼的悲憫與用心良苦外，更心生「法喜心」！

然而經過如此多天的洗禮與歷練之後，在我的內心漸漸萌生「不求、隨緣、平常心」的思維感受，凡事盡人事聽天命，何時時機成熟後，自然菩薩與上天就會賜予我應得的能力，不去外求，但憑內修與內化，才是每位修行人與禪修者應該有的心境覺知呀！

※、思考：

1. 知曉擁有「天命」與上天有賦予「任務」時，我的內心是沉重的，因為這正是行善佈施的開端！

2. 其「韋馱尊者」是「觀音佛祖」身旁的護法，由韋馱尊者（張大姐）的化身來引渡我，真的是非常感恩觀音佛祖的苦心

3. 在這末法時期，要找回自己，善渡眾生，唯一之法門還是要常「打坐」，並觀想觀音菩薩，以消除累世累積的業障，及淨化靈體，以清淨的身心來行善，才能與觀音菩薩溝通，行善業、渡眾生。

4. 張大姐叮嚀我每天要做功課，要唸「大悲咒四十九遍、往生咒一百零八遍、迴向文三遍。」我回家後開始默背「大悲咒」，果然讓我於五天後就順利背誦於心，這是觀音菩薩給我的智慧恩賜嗎？

5. 要佈施行善，真的是要擁有「法喜心」以及「不求、隨緣、平常」心境，才能順利與坦

然地走下去，真正幫助到需要幫助之有緣眾生。

※、正念：

1. 修行之人，不要被「天命」與「旨令」給限制住，修行是修回快樂與喜悅的善心，不是越修越辛苦！

2. 修行之過程，仙佛菩薩或是神明尊者，都會陸陸續續地出現接引，要把持住修行的初心，用感恩心來面對！

3. 要幫助之有緣眾生，先問一問自己，是否已擁有「法喜心」，認清自我後才能坦然地走下去佈施行善！

【奇遇十五】

感受會靈喜悅

就在翔丰知曉擁有「天命」與上天有賦予「任務」的兩年後，我的一位親姑姑由高雄搬到新北市的蘆洲居住，因為我的這位姑姑是父親的最小妹妹，當初也是生活與經濟陷入困境與不如意，在偶然的機緣下讓「驪山老母」選為乩身，修道至今也是近二十多年了，開設宮廟一直是很低調的行善與為眾生祈福，直到搬來蘆洲的時候，我才有機會正式去宮廟參拜與奉香。

記得當時的我，只知打坐與唸經，雖知擁有「天命」這一回事，但是卻一點感應與行善方向都沒有，每天就是打坐、上班、下班、再打坐、唸經、吃飯、睡覺，一直都是周而復始的平凡過日子，久而久之我也會懷疑何謂天命？何謂任務？該如何行善、佈施、助人？我都還是一頭霧水？主要是走不出去……啊！直到我姑姑的宮廟出現時，正是我十二年之後的大躍進與大精進的機緣。

其我第一次進入位於蘆洲的宮廟，看到該宮廟不大，但是每一尊神明與菩薩，都是薰得臉黑黑的，且身上的佛衣與神衣，都還是光芒四射、神采奕奕的。讓我很感動的是，進入的那一剎那間，一股氣場湧上心頭，是那股祥和與瑞光吸引著我，讓我除了常去參拜與奉香外，也會常到此宮廟打坐與練氣。

這是領有雙旨令的宮廟，其宮廟不大，一眼望去前後兩道旨令匾，分別是「玉旨、懿旨」且宮廟內供奉有老母、聖母、九天玄女、關聖帝君、觀音菩薩、三太子、土地公、王爺、虎爺……等，很有感應的宮廟，且每週有兩次的「降駕辦事」，為附近的居民來消災解厄。我也就是在一次「天上聖母」降駕時，告訴我必須要去舉行一場「會靈」與「開靈」的儀事，才能讓我眼明靈清，真正地走出去，為眾生服務。

會靈的當天，依指示前往龍潭的「南天宮」，與我累世中的有緣神佛「關聖帝君」照會，並進行開靈儀式。這個儀式在道教的說法是「會靈、開靈、啟靈」，而佛教而言便是「皈依、認祖、歸宗」之意，這一次則是由我的父母陪伴及我姑姑、姑丈，一同前往，我們一行五人由我來開車前往龍潭的一處人造湖，進行這神聖又隆重之儀式。

開始時，我依禮儀來奉上五寶及一對鮮花與一對大蠟燭，然後雙手合十，雙腳跪於供桌前的黃色之氈毯椅子上，面對著有三人高的「關聖帝君」神像，然後我輕輕地閉上雙眼，用心感受著「會靈」的感受。而我的姑姑則是有持「疏文」，唸唸有詞地上奏稟於上天的玉皇大帝，讓我與關聖帝君的靈脈相會，並把我的靈體往上送，讓上天對我的靈體進行認證與賦予使命及任務。

就在五分鐘左右，閉眼的我感受到整個靈體有脫離之感受，頓時的我失去知覺與動力，雙手與雙腳無法行動與動彈，眼前的空寂與寧靜是剎那間，完全讓我無法自主，雖然我的思緒尚存在，還能思考的意識，但身體的顫抖及手腳僵硬，是我始料未及的。漸漸地一股氣場再度回到我的身體，感覺是由頭頂往下灌，一直往下灌氣，直到全身熱熱地、漲漲地，有些難受與快要不能呼吸之際。

突然，我吐了一大口氣，有「打呵」的聲響，我感受到我的雙手自行舞動與比劃著，完全是氣場能量在帶動我，不是我自主的行動與動作，緊接著我的雙腳也發漲起來，其自主性的站起來，自行踏著七星步，在大庭中自行走動與比劃不一樣的手勢，閉著眼睛的我也無法將雙眼打開，只有任身體的自行運行與比劃著，大約是40分鐘左右，我才緩緩停下來，我感覺到我走到「關聖帝君」的神像前，向神像行了三個大禮與拱手致意後，眼睛才能慢慢地張開來。

張開眼睛後的我，滿身大汗，當時才農曆三月初，天氣還是很涼爽呀！我居然全身溼透，可見這四十分鐘的訓體動作，讓我汗水直流，也有著排毒的好處，當我將汗水擦乾後，感受一下身體，一點也不累，完全是神佛的恩澤，才能讓「會靈、開靈」與「訓體」的我，保持覺知與清晰的思維。

整個儀式完成後，協助我「會靈」與「訓體」的姑姑告訴我，爾後會有菩薩與神佛一直在我身邊，護持與協助我普渡眾生，其心地要純正與秉持良心道德來行善，幫助需要幫助的苦難眾生，最主要的是，我的雙手盡量不要比出「劍指」姿勢，也不要用劍指隔空的隨意比劃，這樣會無心地傷到「靈界朋友」，造成不好的意念及傷到無辜之無形朋友。

※、反思：

1. 我大躍進與大精進的機緣，是在我姑姑的宮廟出現，這是大佛寺的啟蒙之後，經過十二年的持之以恆，才會有如此不一樣的因緣？
2. 前往龍潭的「南天宮」，與我累世中的有緣「關聖帝君」照會，進行開靈的儀式，是「會靈」的一項重要程序？
3. 翔手與關聖帝君的會靈，並把我的靈體往上送，感受到整個靈體有脫離之感受，這種失去知覺與動力，是很奇妙的親身體驗？

4. 雙手自行舞動與比劃著，由氣場在帶動著，不是我自主的動作，且雙腳也自主性的踏著七星步，在大庭中自行走動與比劃不一樣的手勢，這種「訓體」感受，亦是奇妙的體驗。

5. 要想普渡眾生，其心地要純正與秉持良心道德來行善，幫助需要幫助的苦難眾生，是很重要的一項修行思維。

※、正念：

1. 修行過程之大精進機緣，何時出現？不是我們平凡人能控制，腳踏實地去修練，因緣成熟後，自然會出現！
2. 仙佛菩薩之會靈，以及進行開靈的儀式，修行之人要平常心面對，不要出現貢高我慢的心態，低調地學習！
3. 修行之思維，要有純正善心與良心道德來秉持，絕對不能有「貪」與「求」念頭，有多少能力就做多少事！

【奇遇十六】
前世覺知之旅

身為修行人與禪修者，一定要心存正念與發揮大愛的精神，才能在普渡眾生時心無罣礙，其良心道德是行善的具備條件，能在有緣分的朋友與親人最危難與困苦時，適時地伸出援手協助，是人溺己溺的表現，也是上天賦予我們修行人重要的思維與態度。

在一次機緣巧安排之下，我拜訪一位有緣分的老師，在閒聊當中此位老師提到說：「其實你的體質，是通靈的體質，你的星光體能量很高，只是你一直是活在沒有被開發，與沒有被指點的狀態，如你平時的耳朵一直嘰嘰叫，就是訊息在傳遞。其有人是「聽覺性的靈體」開發出來即是「天耳通」！又如有人是「視覺性的靈體」訓練過後即是「天眼通」！」

聊完後，老師為我進行「前世今生」的探訪與觀看，藉由老師的引導，能量氣場先由心臟與腹部開始，用冥想的方式調出一道白光，幻化成喜愛的任何形象，然後再走進一道綠色的門，走進去後會有十二階梯的地下室，走完階梯後再通往一座廣場，然後到達一個碼頭。

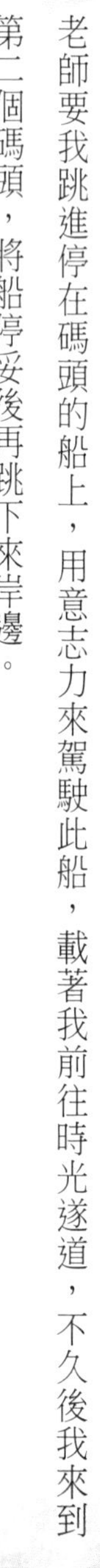

老師要我跳進停在碼頭的船上，用意志力來駕駛此船，載著我前往時光隧道，不久後我來到第二個碼頭，將船停妥後再跳下來岸邊。

然後走著走著，再經過一片廣場，再走上十二階梯，有看到一面綠色的門，並打開木頭的門，然後往比較亮的地方走，我看到一片黃土的土地。而我第一眼看到的人是「一個女生」，這就是前幾世的我，而且是西方人，生長於牧場，類似阿爾卑斯山的地方，老師要我穿越此女生然後定住，約10秒的時間，可確認她是不是我的前世，然後我也感受到她並不開心，並跟著她回家，赫然看到，她的父母親居然就是我今世的父母親啊！

當我看著這個「女子」漸漸老去又將往生時，我跟著她的靈魂一直往上飛，一直到一片雲海之上，有很多房子，很多白色光芒，沒有聲音沒有信息。接著我再度看到的畫面，是出現一名騎著戰馬的將軍，在衝鋒陷陣，而不久後再出現一位軍師，即是我今生的父親，當我的參謀，其軍師的老婆居然又是我的媽媽。然後我要再尋找今生的妻子時，出現一位公主，居然是我多年後結婚的對象。而我依然是那位將軍，並且生了一個小孩，就是我今生的兒子。看到畫面中的我，心想家人都全部到齊，而那個朝代應該是「唐朝」吧！

緊接著我繼續探索著，我是否當過神佛、靈界或魔界的身分，一開始的場景又是回到雲的上方，然後一位身穿長袍的道友，往下面的人間看，那是當時的我，其外形有點像「劉伯溫」的形象，一心想要將身上的技藝傳承給人間，我所會的是「預知未來、兵法、卜卦、命盤、化煞」，不久後我就萌生有下凡的意念，因為體念「人間太苦了，要下來渡化眾生」，然後此位道友就下凡投胎，幻化成小 baby，即一臉鬍子，還是古代人，長大後到處行走在助人，一直在從事解渡迷津的工作，最後定居於山間的木屋中，一直是一個人未婚，在為人間的眾生，消災解厄與行善佈施。

最後，老師要我再跳到另一世，此時在腦海中，浮現出我在雲上的玉皇大帝之面前，是一為身穿盔甲的將軍，等著領聖旨。在有著文武百官的場合，我跪著接聖旨，其聖旨上寫著：「渡化眾生」！緊接著我再出現於南天門處，往下跳，再度進入娘胎中，沒多久，出現一位電腦工程師，回身一看，居然是今生約四年前的我，身穿黑色西裝，打著領帶一直在內湖的電腦公司上班。

此時老師要我於此位將軍的身上拉出一條綠色的管子，然後與電腦公司上班的我身上，也拉出一條綠色的管子，將此兩條相連接。然後在電腦公司上班的我身上擺一支「綠色的試管」，等待著試管裝滿後即可，然後將此綠色的試管繫在我的身上。

最後我用飛的方式，飛回第一次所看到的碼頭，到達後走上十二階梯，再推開綠色的大門時，將剛剛「綠色的試管」插進現在今世的「翔手」右腦中，然後推開大門，走出地下室，回到現代的當下，然後放開雙手，此時老師引導我，進行三個深呼吸的動作，慢慢的張開眼睛，回到這個當下。

※、反思：

1. 老師將我的靈魂體，綁上「綠色的試管」，即可於六個月內，讓我前世的能力復甦與喚回記憶，找回我自身的能力後，就可以自己來解讀當初下凡來時的「任務」，及確認要執行的天命，而且前世的星光體也會慢慢恢復，可以達到靈通的體質，以幫助更多世間苦難的朋友。
2. 要如何於六個月內，提升星光體以達到通靈體質，首先是要清除內心未知的恐懼，建議我要多持頌六字大明咒。
3. 前世星光體的復甦，需要時間與機緣的累積，時機成熟了自然而然就會打開並復甦，是真的嗎？我並不是很瞭解？
4. 體驗到我的前幾世，有「西方的女人、騎著戰馬的將軍、身穿長袍的道友、領到聖旨的將軍」，這幾世的觀看，都是奇妙的體驗，我能有此能力協助有緣朋友，也能引導朋友

5. 進前世今生（元辰地圖）的觀看嗎？
透過觀看前世的方式，可以看到四年前的我，身穿黑色西裝，打著領帶在內湖的電腦公司上班情形，是潛意識的記憶？還是真的將靈魂體拉到四年前的時空？

※、正念：

1. 修行到某個程度之人，會有緣分去進行「前世今生」的探訪與觀看，要用平常心與喜悅心來看待！
2. 修行人之體質，容易是通靈的體質，且透過修練之後心性穩定，進入前世今生能看得比較完整！
3. 引導有緣朋友去探訪與觀看，需要有正心與正念的思維，不貪與不求的心態，才能有此資格協助！

【奇遇十七】

觀元辰天地庫

在有緣探索元辰地圖的過程，是會經歷天庫（前世）與地庫（今生）的領域，且透過天庫與地庫的探訪畫面，可傳達相關的前世知識與今生訊息之連接，因為順利進入天地庫之後，可以瞭解前世所累積的福德、貴人、正財、偏財、身體狀況、指導靈（前世老師）對我們的期許……等相關互動過程。

另一觀念，是當您要臨終之前，最好將地庫（今生）中的部分錢財與福德，佈施給需要幫助的人，不要留太多給子孫，才會將自己的部分錢財再度搬回到天庫去，所以累世靈魂有錢的人，應該都知道這個觀念，如「比爾．蓋茲」與「賈伯斯」都是活生生的例子，成立慈善基金會，將佈施的福報，轉換成「天庫的錢財與福德，累積到天上去」，且有些事業有成之人，也是身體力行地回到家鄉，去修祖墳與行善佈施，這都是累積福德與天庫財運的好方法。

再來是說明「偏財」之意義，即是將正常所賺的錢，做一流動，使其錢滾錢，才能造就偏財運。同理，則如果一個人是一毛不拔的人，絕對不會變成有錢人的。反之，正常努力所賺的錢，即為「正財」。其天上的財庫，也是當你前世有好福德或是有行善做好事時，由「五路財神」幫你存放於天庫之財庫處，再由天上的天兵天將鎮守著，當你今生有行善做好事時，其「財神爺」就幫你搬到地庫來，讓你使用與應用正當工作方式獲得呀！

接著再分享翔丰的探元辰地圖的過程，開始時我先走進家中的「廚房」，走到此處時，心裡叫「土地公」，等他出現後，跟土地公說明，我要看「翔丰的地庫」，就在廚房中的任何一面牆，選擇一面牆是空曠的位置，告訴土地公，就會看到土地公將那面被牆翻過來，出現到通往地下室的入口與樓梯，然後往下直走，就會走到地庫之處，到達地庫後，第一眼看到的將會是「灶神」。

當看到「灶神」後就是進入廚房了，接著往四周看，有很多鍋子、碗、米缸，很多擺在那兒，但不一定會用到，而可以掀起來看的是「米缸」，看到米缸裡面的米，就是你的戰備儲糧或是家庭運作所需的安全存量，看完後記得要將米蓋平穩的蓋回去。

接下來，看第一個房間，是「生肖房」又稱「本命生肖」，用專注力推開門後，你會看到一隻「本命生肖」那是你自己，然後看看四周有沒有食物，看完後可再找一找整個空間，是否還有其他「食物」的存在？接著可看此「本命生肖」的眼睛及毛色，及四周環境有沒有

到處掉毛？

緊接著在第二個房間，可看到「貴人房」，而在第三個房間，可看到「一生重要的人」，於第四個房間，是屬「累世業力」的房間，會有前世中特別放不下的事，都會出現在這個房屋裡。結果我推門一看，則出現了「觀音大士」，我與觀音大士對談一下，回應是：「你時候到了，應該打開你的第三眼，好好地看看這世界，看看是要如何去助人呀！什麼是好的，什麼是不好的？要用正義感與良知去判斷。」然後話才說完，我的額頭就慢慢感受到，有一顆「直立的，像剛睡醒的眼睛，慢慢在睜開，但只開一點點」。

緊接著，我問觀音大士，我有沒有要去執行的任務，只見觀音笑而不答，且出現很多「法器」如「缽、劍、毛筆、紙」，都是我不曾見過的，且我也不會用呀！然後觀音大士要我平時多「打坐、持咒」，用此一方法才能快速復元並復甦我原本的能力。然後又有看到「元寶、法帽、四支毛筆」，其觀音大士則建議多給自己時間與思考，多給自己修練的機會與提升自身能力的契機，其開悟是會需要很多精進的修行，才能盡快地找回你自己。最後觀音大士又送我一支「拂塵」，希望讓我於霧濛濛的世界中看得更清楚。

接下來，我再將業力房的大門關起來，來看第五個房間，是近期內有「重大事件」的房間，打開之後看到「書桌、經書、原礦石水晶」，主要是要我多修行多讀書，及運用水晶來打開我的經脈，與身體上的重要輪脈及部位。看完後我關起此門，然後呼叫「土地公」出來幫我於此處開一個門，讓我於從此處走出去，看到門外有庭院，有著一撮白色的大雲。

然後我站在庭院上，用念力叫一下「雲呀！雲呀！」不久就看到一撮一撮的雲聚集於我的眼前，我用念力將此雲勾到我的腳下，再站上去然後直接跟雲說：「請載著我到我的天庫。」我感覺到雲往上飄，漸漸地我看到一個門口，我便跳下雲後往內走，有看到一個「供桌」，桌上有一盤子其上有幾顆橘子，然再看到有一棵樹，叫做「桃花樹」，可代表姻緣及人際關係。另外還有一株綠色的樹，叫做「本命樹」，代表著健康與生命力的狀態。

接著我再來到一個「書房」，是前世的房間，在地庫中所看到的「毛筆」等物品，都會在這裡出現。當我推開房門，看到與地面一模一樣的書桌，其上有「毛筆、經書、水晶、法帽」。我碰一碰這些物品，會讓我找回前世使用過它們的靈感與回憶，然後我感受到此「法帽」是我以前曾經戴過的，再來是我很會寫「書法」且很會畫「山水」，緊接著看到牆上有掛著山水畫；然後我又去摸水晶，整個手都麻掉了。

緊接著，我離開此房間，進入另一房間，看有我以前的師父，是前世的能力的表徵。看到一位身穿古裝道袍、白鬍子的師父，其師父說：「你下到人間這麼久了，怎麼現在才來找我呀！」接著我先向師父拜了三拜，然後此師父說：「你比我預估的時間晚12年才來找我，你應該是25歲時，就應該回到這裡才是。」緊接著此師父交給我一顆「圓球」，外表圓圓的、黃琥珀色、有點紅紅的，先是要我握在手心，然後還要我吞入口中，沒多久我居然是變成一隻「麒麟」，頭上長出兩隻角，雙眼變成火紅，嘴巴還會噴火呀！心想我居然前幾世還是一隻「火麒麟」呀！我自己都不知道。而此師父是將我的「內丹」取出並還給我，讓我知道我的前幾世身分與復甦自己的本能。

此時師父又說：「在每逢初一、十五的晚上，會來我的夢中傳授法術與本領。」接著再說道，要我開悟與引導更多有緣人的眾生朋友，便把手放在我的頭上進行「灌頂」的動作，要打通我的經脈與開通我的能量。完成後又送我一把「寶劍」與一把「扇子」，說：「這些都是你以前的法器，現在給你是要你恢復以前的習慣，而帶什麼東西回去今生，要一一記得，要知道如何使用。」接著又送我一件「道袍」，上面繡著「八卦易經」的黑色底與金色繡面的披風，還幫我披在肩上。

然後師父要我回神之前說道：「你此行元辰探訪，收到很多東西呀！要不要整理一下，有『拂塵、內丹、劍、扇子、披風道袍、經書』，其內丹已經幫你啟動備用，要將你的『內丹』藏於橫膈膜的地方，然後可以將『劍』縮小放於耳內，其『扇子』擺於左手腕，將『拂塵』擺於右手腕，其『披風』則披於肩上即可，記得回神後，拿鏡子看一看自己的眼睛，然後要調整一下姿態，做深呼吸三下之後，慢慢張開眼睛。」

當我回神之後，拿鏡子看一看自己，看一看我的眼睛，呈現「棕褐色」的，也變更有神及銳利一些。這可能因為前世是「火麒麟」之緣故，再來是吞下白髮師父給的「內丹」，復甦了前世的本能，接下來應該就是慢慢地等待前世能力的復甦，與自身星光體的提升。

※、反思：

1. 探索「元辰地圖」，切記要請有德行的老師引導與前往，也要記得同步錄音及請隨行之朋友做筆記，記錄觀看的過程。
2. 每個人的「偏財」與「正財」，一定要用正當方式獲得，且要多行善與佈施來累積！
3. 觀看「業力房」，是相當重要的，會有前世中特別放不下的事、要償還的事、必須要執行之任務！
4. 到「地庫」是指今生，看自己的「本命生肖、米缸、爐灶、貴人房、重要的人房、業力房」，是元辰地圖的重要探索！
5. 到「天庫」是指前世，看自己的「本命花、本命樹、桃花樹、前世書房、指導靈老師」，是觀看元辰地圖中，很重要的覺知過程！

※、正念：

1. 要成為有德行的引導老師，一定要多行善與佈施來累積，平時的自我修練及要求，都不能馬虎！

2. 修行之人，前世本能的復甦，要慢慢地自我修練，喜悅地打坐及快樂地行善，是唯一的步驟！

3. 觀看元辰地圖之後，最重要的覺知過程是認清自己，在今生今世中，扮演好自己的角色！

【奇遇十八】更上層樓考驗

距離翔丰去探索「元辰地圖」之後，又經過了近三年的歲月，在這段期間的經歷中，翔丰不斷地自我學習與精進，也進行「佛經助印」的行善佈施，加上自身「氣場、風水、占卜、化煞」的深入學習與強化，已能初步的幫助有緣之朋友，解決簡單的困擾與化解困境，這完全以不求回報及無私奉獻的思維去做，唯一對於「無形」及「靈界」問題處理，卻是很難去有所突破與迎刃而解，就在二〇〇八年的五月份，一次有挑戰性的考驗，來臨囉！

記得很清楚，就在二〇〇八年的五一勞動節，因為當天是休假，我就載母親外出散散心，除了去看看母親的老朋友外，順帶去拜訪三家宮廟，分別是「天華宮、福音堂、慈法慈惠堂」，其第三家宮廟則是供奉「瑤池金母、順天聖母」的宮廟，到那兒奉香，讓我最有回家與溫暖的感受，就因為有所感應，翔丰心中還存有一絲的困惑，期待機緣成熟，可以前來再一次請示母娘，請母娘再給翔丰引渡迷津。

可能是機緣成熟吧！就在幾天後翔丰排除萬難，順利地前往「慈法慈惠堂」來進行解惑之請示，當天我以為是「瑤池金母」的降駕辦事，經詢問堂主後才知到今天的辦事是「中壇元帥」，也就是我們所熟知的「三太子爺」來降駕辦事。然後我就開始填寫報名表，寫完後當要勾選問事項目時，因為要勾的項目中，沒有「修行、助人」項目，我就隨意勾一下「事業」，就交給宮廟堂主去安排。話說到此，雖然我從事禮佛與供奉「觀音佛祖」已很多年了，但這次面對「請示」的事件，還是不免心中很緊張，深怕禮數不周，還特地準備一盒天母有名的「起酥蛋糕」，到慈法慈惠堂去敬拜母娘，讓眾神尊一起享用。

到了請示的時刻時，我在一旁看著「中壇元帥」的乩身，由四位身穿母娘寶衣制服的契女，在三太子爺靈體降駕後，協助圍上紅色的緞帶腰圍巾，然後再穿戴上金黃色帶著鈴鐺的刺繡圍兜，契女們還不忘記要將奶嘴夾帶於圍兜兜上，且桌上擺著一個奶瓶，奶瓶內裝著半壺水，在供桌上還準備著令旗及硃砂筆硯等文具，是很隆重與莊嚴之請示場面，位於宮廟前尚有三位也是身穿母娘寶衣的契子，其兩位契子站於門口當成門神在駐守，另一位義子則是擔任「桌頭」與「筆生」的工作，真的與我十八年前到「九華佛境」的請示問事場面，完全不一樣，是很有制度及規模的一場莊嚴問事，該宮廟的問事為每週三的晚上8：00以及每週日的下午2：00持續進行著。

當天經「桌頭」的唱名，第一個就叫到我的時候，我的心還是怦怦跳著，走進問事的大殿，桌頭請我坐著問事。沒多久聽到降駕的「中壇元帥」說話了，同樣是輕聲細語的聲調，還帶著小孩子稚氣細嫩的口氣，用台語問我說：「你是行菩薩道，走菩薩路的人，還要問什麼事業呀！天書與天經你都在助印了，這條道路難道你不想走了嗎？」我一邊驚訝！一邊羞澀地說：「不是啦！我是要問往後該如何去精進？因為現在找我幫忙與協助之朋友，越來越多，其處理事件的複雜程度與牽涉靈界事件，恐怕不是我能力所及，所以來請示該如何精進！」然後，經過中壇元帥的掐指感應，再向上天詢問後，說了一句話，是讓我很震驚之事，即是要我進行「一百零八天的坐禁」。

聽到由中壇元帥的口中說出：「這一百零八天的坐禁，必須到居家的附近尋找大間寺廟或是大間佛寺，來進行閉關，且不能見到天，不能回家探視，只可以在寺院內走動！」哇！這是很法喜的消息，也是很為難的抉擇，為難的是翔手尚有家庭與經濟負擔，根本無法有「近四個月不上班不工作的！」這一切一切的考驗，好令我震驚與無法立刻想出因應對策。

接著我再度請教中壇元帥說：「有可能在這一到兩年就進行閉關的坐禁嗎？」其中壇元帥也再度掐指及感應說：「就在明年的農曆六月，你就必須要進行這一百零八天的坐禁！」此時的我又順口請示問：「那我該如何排除萬難地去完成這一百零八天的坐禁？」中壇元帥回覆說：「你是受到南海觀音的疼愛，那就向南方去求南海觀音，往山上去尋找有南海觀音的寺廟，祈求南海觀音給你智慧與能力來完成此項任務。」

緊接著，中壇元帥說：「你目前所做的一切功德，必須迴向給你的父親。」然後我又問兩個問題，問道：「我母親的身體狀況是否安好，且往後可以做什麼事來維持健康？及我是否還會有另一小孩的機會？」中壇元帥回答說：「你的母親雙腳不好，是以前的業障所至，現在開過刀了，往後就在你坐禁一百零八天歸來後，在你身邊服務。而你的第二個小孩會在你坐禁一百零八天之後，就會自然地出現了，不用擔心太多。」問完事後，我帶著滿腔的疑問及更多的困惑離開問事大殿。

因天色不早了，明天還要上班，拜別了宮廟的王堂主後，我便坐計程車回家，在途中我心裡想著：「不問還好，一問下來的結果，疑問及困惑還更多？」回到媽媽家後，我先向家中的「頂禮佛」上香，感謝護持今天問事請示的順利，接著再向母親說明這一切問事的來龍去脈，連我的母親也是大呼不可能呀！閉關一百零八天，不是開完笑的，家庭問題？經濟問題？工作問題？都是一項極大的考驗與很艱辛困難的道路。

※、思考：

1. 當年二〇〇八年是翔手三十九歲的一年，也是我轉型及修行的中途點，於三十九歲前都是在自我學習，而於四十歲之後將是我走出去，為眾生服務，廣結善緣的時刻，這是一年前的一位「姜師姐」和兩年前的韋馱尊者化身「張大姐」所說的，與今天「中壇元帥」指點我的時間是一模一樣呀！
2. 翔手要有所精進，由「中壇元帥」的口中說出，必須進行「一百零八天的坐禁」，我會如期達成嗎？
3. 翔手如何排除萬難，如期克服家庭、經濟與工作問題，完成坐禁任務的能力精進？
4. 這一切一切的問題與疑惑，是否如期於二〇〇九年農曆六月，開始一百零八天的坐禁？順利完成此項上天賦予的考驗嗎？

※、正念：

1. 翔丰於一九八八年接到三次車禍的啟蒙，正當19歲；於二〇〇八年接到修行的轉型，正當39歲；於二〇一八年寫此修行之書，正值49歲！各位讀者們，您是否已看出端倪，修行之人只要是逢「9」就是會有徵兆出現！
2. 修行之人要有所精進，「會靈儀式」或是「一百零八天的坐禁」之後，都是大精進的轉捩點！
3. 修行之過程，克服家庭、經濟與工作問題，才是人生的大功課，抉擇是相當大的考驗！

【奇遇十九】

普渡眾生因緣

就在慈法慈惠堂的請示中，得知要進行「一百零八天的坐禁」時，翔丰的心中有著百般的無奈與不捨，無奈是翔丰有著普渡眾生之願力，但是現實中的經濟問題待解決？家中老小都依賴著我，需要我的照顧？而不捨是一百零八天的與家人分開，不得回家探望，如果家中有差池或是意外，或許會擔起不孝的罪名？其他親戚朋友能諒解我嗎？

想到這裡，腦海浮出一道靈感，催促著我要去一趟公司附近的「慈祐宮」，來到三樓的觀音殿，向「南海觀音佛祖」禮拜與請示，希望南海觀音佛祖能給我靈感與啟發。就這樣翔丰帶著「整理好的問題」，前往觀音殿向南海觀音佛祖稟報，我的困難點與需要解決的問題所在。一到「慈祐宮」我先向一樓主神「天上聖母」拱手禮拜，然後就取了三柱香燃點之後，直奔三樓的觀音殿。

一到觀音殿，翔丰看到「南海觀音佛祖」後，將三炷香舉於額頭上，然後雙膝跪於供桌的拜氈椅上時，忽然間全身自覺地震動與顫抖，頓時的我一陣心酸與難過，眼淚與鼻水湧瀉而出，那種淚流加上哽咽不敢哭出聲的感受，竟是十八年前的那一幕情景，又再上演一次，我感覺我哭了好久好久，比上一次哭得還嚴重，眼睛視線模糊不說，連鼻水流至嘴角一直垂涎至下巴，我現在回想，身旁來來往往的香客，一定會看到我哽咽哭泣的醜態，反正這次的感覺不是回家的感覺，而像是在外歷經滄桑磨練，渴望回到「母親懷抱」的那種感受。

約過了十來分鐘吧！我稍稍平息內心的悲傷時，將三炷香先插於中爐上，然後前往觀音殿內進行打坐，希望與南海觀音佛祖有所感應與淨心，不料才坐好與雙手蓮花指架於雙膝後，一股悲傷又一湧而上，眼淚與鼻水同樣是像瀑布一般地湧瀉下來，更誇張也是鼻水沾滿我的嘴與下巴，一直難過不止，這時我的內心發出聲音與佛祖溝通，我將「整理好的問題」及我的困難點與需要解決的問題一一向佛祖稟報，說著說著我居然恍神過去，當我回神之後，不知道已過了多久，連忙感恩觀音佛祖的護持，再放開我雙膝上的蓮花指，下坐站了起來，看一看手錶已經過了一個小時多了，我再將「整理好的問題」表單，拿去中爐過三圈香火後，到燒金紙的大爐，火化給觀音佛祖知道我的困難點，希望能再度賜我智慧與能力來完成「一百零八天的坐禁」。

隔天的早上，我一樣早上起來也是去打坐，坐著坐著就給了我一個靈感，告訴我：「再找時間去一趟慈法慈惠堂，中壇元帥會給滿意的答覆。」

等呀等！終於等到週三的到來，可以再一次去慈法慈惠堂，將我心中的疑問好好問清楚，好讓心中的大石頭得以放下與發心去走修行之路。記得當天我約九點左右到達蘆洲，踏進慈法慈惠堂時，中壇元帥已經是「起駕辦事」了，我約等了四位信徒的請示問事後，就輪到我的請示囉！印象我在旁觀看前四位信徒的問事過程，看著可愛的中壇元帥在信徒請示的空檔，還會將「奶嘴」拿在嘴上吸一吸才放下繼續辦呀！且還會跟信徒要「巧克力」吃，希望信徒下一次能再來時，帶「巧克力」來拜呀！更有趣的是信徒說有帶「餅乾」來拜了，而中壇元帥卻說：「餅乾我不要，我就是要吃巧克力啦！」真是太可愛了。

讓我坐在「問事大殿」等候時，回想起來還一直笑個不停，覺得三太子爺，真的是太可愛了。而三太子爺看到我後，一開始便對我用台語說：「你母親有來沒？且要我轉告訴她，情還在～緣不能斷～」說了三次，要我回去轉告母親。

然後我接著問下列的問題，以及整理三太子爺（中壇元帥）所回答我的內容。

我問：「請示中壇元帥，弟子與南海觀音菩薩，因緣為何？為何見到觀音佛祖，都會心很酸且一股悲傷湧至心頭？」

元帥用台語說：「你與南海觀音佛祖，是累世、累世、累世的因緣，有著極深的緣分，要你自己去悟。」

我又問：「那我今生會走修行的路，是上天安排的，還是我自己發願的？」

元帥說：「你自己應該清楚，打娘胎開始你便是修行的命格，沒有提早讓你皈依，你才會受苦到現在。而你應該是要從佛門而入，卻是先從道教而開始，自己受很多苦與折磨，你應該要知道。」

我想一想，回答說：「我知道我前世是修行人，今生也是註定來修行的，而且下輩子也將還會是修行的人。」

元帥說：「嗯！對，沒錯。」

接著我又問：「上回元帥指示我要去一百零八天的坐禁，我想了很久，也與母親一起討論，還是覺得很多的不可能之疑慮。」

元帥說：「那是你的心還沒有放下！心裡一直掛念著你的母親。」

元帥接著說：「明年農曆六月（二〇〇九年七月二十二日）的那一關卡，你沒有順利過關與突破的話，還要再等三年，也就是說，還有三年的苦要去承受。」

元帥再提到說：「你知道嗎！為什麼你家的兄弟之中，只有你是走修行之路，還過得那麼苦呢？你有沒有想過？」

我說「沒有呀！我從來沒有仔細與認真地想過此問題。」

元帥說：「你一直在為你的兩兄弟扛重擔，扛到現在你也應該放手了，讓他們自行去成長，不要他們變好了，而你自己卻還一直苦哈哈的。」

元帥又接著說：「你對朋友的幫忙，也是造成你的業障增加，因為你幫助朋友處理靈界問題，或是協助祈福之事，都是在幫朋友背業障，都已扛在你身上的。」

我疑惑地再問：「難道我平時的胃痛、胃漲氣、手臂痠麻、腰椎痠，都是幫朋友背業障所至嗎？」

元帥回答說：「對！這都是業障所至。」

我好奇地再問：「我平時幫朋友處理後，是會覺得有不舒服之處，但是都是約三天就好了，不舒服感覺就排除了，那我現在的背後，還有繼續背著業障嗎？」

元帥說：「有！還有一些繼續還背著。未來在你尚未去一百零八天的坐禁之前，能不幫朋友處理，就盡量避免處理。」

緊接著，我就轉回話題，問道：「至於一百零八天的坐禁，是一段很長又艱辛的道路，其近四個月的閉關，我的母親是可以同意的，但我家人、妻子、小孩，都能認同嗎？其我這四個月去閉關而沒有任何收入，我的經濟負擔能承受嗎？公司方面能接受我請如此長假嗎？」

元帥說：「這就是要你去向南海觀音，求智慧與開示之處。你一定要往上山找，且必須是佛教的南海觀音才行，不可為道教的廟宇，你曾去的南港慈祐宮，不是你要去求南海觀音的地方。」

我又接著問：「那去求南海觀音的佛寺，是否也可以是一百零八天坐禁的選擇佛寺，其慈祐宮與大佛寺都不是，還有哪兒會是居家附近可以去閉關的佛寺，不知靠近北投與石牌的農禪寺，是觀音道場，不知可行嗎？而該佛寺內是否需要有老師或師父的指導嗎？」

元帥，先用劍指對天感應，然後說：「可以的，求南海觀音與一百零八天坐禁的佛寺，是可以同一處的。」

元帥又接著問：「其你提到的農禪寺，是可以去進行一百零八天坐禁的佛寺，其另外一處是內湖的金龍寺，也可以去坐禁。你去該佛寺，要先問住持，提到要進行一百零八天的坐禁，該遵守何種規矩？依該佛寺的規定去做就行。」

我還繼續提問說：「這一百零八天的坐禁期間，我不能見天，也不能回家探望，那四個月期間，家中母親、妻子、兒子，是否會有意外與危難之事發生！」

元帥說：「這你放心！你的家人可以來探望你，在這四個月的閉關期間，你全家都會安全與平安的。」

最後，我還是問道說：「我母親希望能找一塊地，空氣清新，能自己居住外，還能提供一道場，讓有緣人禮佛與打坐之用，可否達成？」

元帥再度用劍指對天感應，然後說：「嗯！好的，我幫你將因緣連接起來，讓你於一百零八的坐禁完成後，就可以達成你母親的這個願望與心願。」

我很感謝今天元帥的回答與指示，還提到說：「元帥，今天讓您辛苦了，下次我帶母親來請示時，看您喜歡巧克力還是糖果，我帶來給您享用。」不料元帥說：「不要！我不要你的糖果與巧克力，我要你的佛經，還有準備12串的佛珠，來給我就好囉！」我真的好驚訝！居然要我帶佛經與佛珠來與信徒們結緣。

元帥還順口說：「上天都知道，你有在助印佛經呀！你助印佛經上面都知道，且你第四次的佛經，要助印法華經（妙法蓮華經），也是你的任務所在喔。還有記得帶你的母親回來走走，及帶你的妻子過來，我來幫你說服妻子，讓你順利進行一百零八天的坐禁。」

整個請示問完後，我的心情豁然開朗，彷彿所有的問題，都是有解答了。

※、反思：

1. 要進行「一百零八天的坐禁」之佛寺，與向「南海觀音求智慧」的佛寺，可由「農禪寺」及「金龍寺」來選擇的。
2. 要說服妻子同意我去「閉關」，其中壇元帥會幫我說服我妻子，我心中的大石頭，頓時卸了下來。
3. 這四個月的閉關期間，家庭相關問題，可以求「南海觀音」賜予智慧來處理，且閉關完成後，仍是上班與助人行善，兩者並重的。
4. 由元帥的指示，我必須皈依佛門，且要走「禪宗」的道路，才是我今生今世修行與助人的目的。
5. 最後提到，我與母親將會有一塊地的因緣，來調養身體健康及提供有緣人禮佛，以及打坐禪修之用。此塊土地的因緣有出現，是在坪林的一塊山坡地，大約是一千多坪的種茶地，後來翔丰與母親選擇放棄，當然中間有諸多原因，此書先不贅述。

6. 當翔手正在整理與回想這則因緣之過程，已經是過九年之久了，面對二〇一八年的當下與二〇〇八年的當時，翔手的心境與歷練都不一樣，自三次車禍的啟蒙到現今，也已過了三十年了，安然自在的般若心，長存於心中，想一想真是歲月如梭呀！

7. 當初，沒有選擇「一百零八天的坐禁」的進行，那是訓練乩童、淨身的過程，使身體與心完全開放，可以讓外靈附身，為外靈辦聖事。最後，翔手還是選擇以實修打坐與禪修，鍛鍊輪脈以貫通身體七輪為主，啟發靈魂與元神合一，修元神為主，為人解惑為輔。

※、正念：

1. 修行之人，要選擇精進的方式，也是考驗智慧的過程，要細心體會與判斷，變數與因素的考量是多元的！
2. 修行之路，是沒有中止的一天，一旦您選擇了修行，就要有始有終地學習，就算是為人師表後，也要不斷成長！
3. 修行之因緣，會從前世延伸到今世，也會從今世延伸到來世，就看正在修行的您，是否圓滿地安度此生因緣！

第三回

修行當下的精進

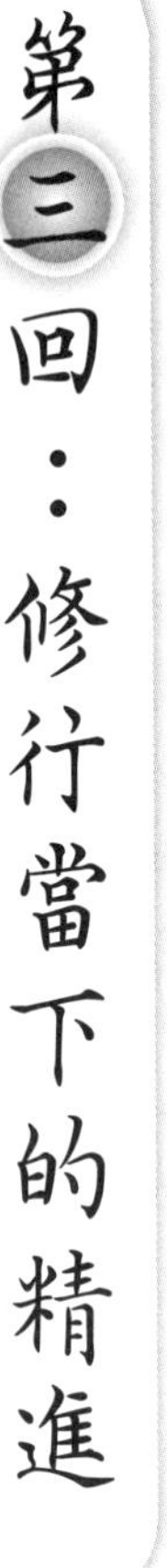

第三回：修行當下的精進

面對這二十一世紀的忙碌工商社會中，打坐習禪的修行朋友，是越來越多了！其「禪」從佛教傳承下來，已有兩千五百多年的歷史，由禪宗初祖 菩提達摩祖師帶來中國，強調著要「明心」與「直悟」，且須在日常生活中的身體力行，要重視生活化的實踐，以開創明心見性之喜悅體悟。

在此翔丰分享輕鬆簡易的入定心法，與簡單易懂的練習步驟，只要認真去練習與持之以恆，相信會快樂學習與喜悅健康的，一定能讓您有所進步與提升。這簡易心法分別是「禪心、正念、觀止」，能讓每位有心修行的初學者，有著循序漸進的輕鬆入門，按部就班地練習會有所成長。也能讓已進入禪悅的讀者們，有著快樂境界上的提升與心念上的喜悅，可以達到輕鬆自在的歡喜快樂心。

入定之口訣：

閉目提氣，止觀雙運，無念無相無我，
腰桿挺直，雙腳放下，雙手結印放至小腹，
肩膀放下，從頭到腳全部放下，全身放鬆下沉，
面帶微笑，立即入定。

快速入定之三部曲：禪心、正念、觀止

【精進二】

輕鬆學習禪心

現代工商的進步，延伸出很多不知名的文明病與無預警的躁鬱症，這些長期累積下來，會有如火山爆發，一發是不可收拾的。造成社會負擔不說，家庭與個人的身心將飽受煎熬，那不是金錢或是藥物能解決的，必須從調養健康的身體開始，才能進入平穩安定的快樂心境，並能通達心性的自在，調和身、心為一致，進而明心見性，才能找到人生的目標與未來的方向。

學習禪心是一門科學方法嗎？

禪心是一門科學化、系統化、生活化的學問。學習禪心是身體與心性並修的方法，能讓學習者以鬆、靜、自然的體悟，去達到無念、無我的境界，也能讓學習者的思慮清淨、無罣礙心、不去執著、心性提升，以平常心去開發出內在的潛能與智慧，可以讓心靈平靜，並能落實反省、寬恕、惜福、樂觀、喜悅的人生哲學，以成就一個積極又充滿自信的喜悅心人生觀。

依據科學家的研究，人們在精神好的時候，會分泌出一些有益的激素，其激素是細胞間的資訊傳遞物質，它把大腦發出的指令傳給細胞，是負責協調人體的化學使者。這些有益的激素能有利於身心的健康，能把血液的流量、神經細胞的興奮調節到最佳狀態。反觀，如果終日憂鬱、煩悶、壓力、緊繃，就會使這種有益激素分泌紊亂，內臟功能失調，引發各種身體病變。

在人體內產生的與心情相關之有益激素有：正腎上腺素 (noradrelin)、腎上腺素 (adrenalin)、β-內啡肽 (endrphin)、腦啡肽 (enkephalin) 等。

人體有益激素：

正腎上腺素：它是大腦的神經元內產生，隨著大腦運作而分泌激素，能促進血管收縮、血液循環、抑制中樞神經細胞發炎、改善睡眠呼吸中止，是人體應付壓力的荷爾蒙（stress hormone）。

腎上腺素：很大程度上是由腎上腺髓質產生的激素，經由脊髓活化交感神經系統，能使支氣管擴張、促進肝醣原、脂肪分解、緩解心跳、血壓下降、呼吸順暢、增加骨骼肌的血流和腦部的供氧。

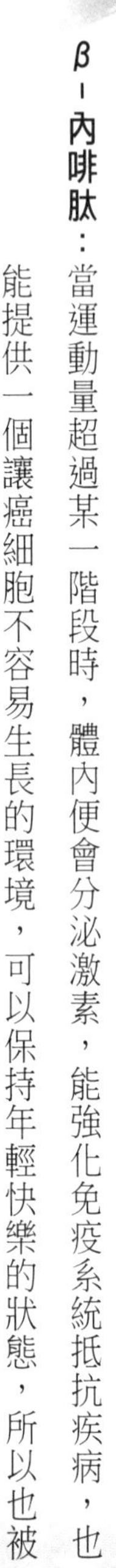

β－內啡肽：當運動量超過某一階段時，體內便會分泌激素，能強化免疫系統抵抗疾病，也能提供一個讓癌細胞不容易生長的環境，可以保持年輕快樂的狀態，所以也被稱為「快樂荷爾蒙、年輕荷爾蒙」。

腦啡肽：是一種由腦下垂體所分泌的激素，它由腦下垂體和脊椎動物的丘腦下部所分泌，能使之產生快樂感、兼具止痛、紓解壓力與延緩老化。

當大腦分泌的有益激素與身心之間是相互作用的，透過心裡所想的會慢慢分泌有益激素，在身體上發揮作用，若是不高興時大腦馬上產生有害激素，並作用在身體上。所以能讓心情愉快，大腦慢慢分泌有益激素並作用在身體上，便是學習禪心的目的與科學根據。

禪心的學習可以使我們散亂的心性，逐步歸於寧靜，使得思考清明而愉快，心性定則氣順，氣順則身體不疼痛，不但可以氣順體健，而且可以去除心性的迷惘、增強心性的安定力量，並激發出身體的潛能，以逐漸地獲得身心的健康。

培養出四種心：

要學習禪心並且進入禪定的領域，應該先培養出四種心，才能由動入靜，再由靜入定的清淨境界：

平常心　喜悅心　感恩心　惜福心

進入禪心的境界，首先要有「平常心」來自在地善待這世間的一切，然後再用「喜悅心」來放開內心的成見與執著，才能讓禪心的境界更加深層、意念更加堅定，以「感恩心」使得貪念與慾望的意識降到最低，以成就禪悅入定時，最需要的一顆「惜福心」。

至於要如何達到身心調和與生活化的禪心，以期望達到身心合一的禪定境界，翔丰將分享三十多年來所領悟的禪心入定之快速心法，讓有緣的朋友能細細品味這科學化、系統化、生活化的禪心入定心法，實踐於日常生活當中的智慧點滴。

入定是任何人都能學習嗎？

任何人都可以入定，因為每個人的智慧都是一樣的。有些自認為聰明的人，反而會被自己所學的知識給限制住，產生很多困擾、疑惑，便無法觀察自己內在的心性，自然進步就受阻礙了。壓力大時不妨把一切問題、困擾、疑惑先放到一邊，從禪心中去體驗、去印證、去入定。

在這人間紅塵的大染缸中，要返璞歸真一切回到原始點，沒有任何貪、瞋、癡的負面影

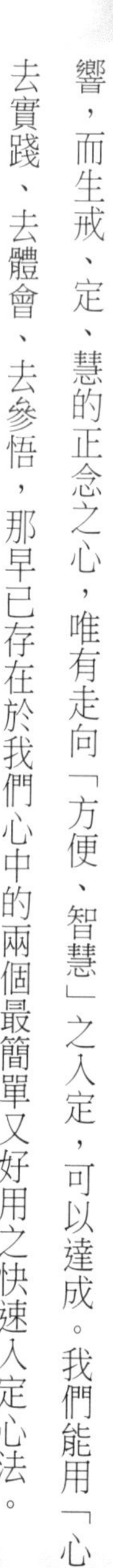

響，而生戒、定、慧的正念之心，唯有走向「方便、智慧」之入定，可以達成。我們能用「心」去實踐、去體會、去參悟，那早已存在於我們心中的兩個最簡單又好用之快速入定心法。

透過方便、智慧來活化心靈層面的種種感受，是任何人都可以學習的入定境界，可以透過身心的陶冶，也可以透過學員與老師之間的溝通及指導，讓我們有形的身體及無形的心念，都能隨時隨地在日常生活當中，快速入定。也不難發現原來這「入定心法」，都是存在於宇宙生命與日常生活中，離不開基本的禪心法則與入定原理，都是可以很簡單地去實踐與達成的，就端看您是否心境與格局能放得開，除去偏見與執著，接納並學習這存在於我們的日常生活中簡單法則！也就是「活在當下」之喜悅境界。

學習禪心是否有門檻？

因緣所生、緣分所聚，世間讓我們有此緣分，得以聞禪、思禪、習禪，分享禪心。這是為人處世中多麼開心的一件事，能學習禪心並培養出開悟智慧，便能轉化成慈悲喜捨，以達到明心見性、常樂我淨、信而不迷、破迷開悟，走向離苦得樂的登彼岸境地。

學習禪心，只需有有心及有愛即能學習，絲毫沒有門檻的，大人、小孩、老人、男士、女士，不需要任何信仰之有緣朋友，都能輕鬆快樂地學習。

世間的一切所有思維與心境，都能有一共通的溝通模式，那就是「禪心」。學習禪心能造就出身體的安定與健康，學習禪心能讓困難化解與窘境消除，學習禪心能平息日益惡化的緊張氣氛與低迷的情緒。換言之，學習禪心能讓事件變簡單也能讓複雜轉向單純，唯有禪心的學習與持之以恆的心，能讓人生圓滿與順利，禪心能轉化成大家能接受的喜悅心與感恩意念，也就是「禪悅」。這是一種能提升內心的正念，可以讓學習者達到輕鬆快樂之心境。

其禪心的學習可以進行智慧的增長，並成就健康的身體。然而一個學習禪心的有緣人，也必須不斷地培養圓融的心性及開朗又不偏激的正念，才能用平常心與自在喜悅的態度來入定。禪心這是與生俱來的禮物，它能透過學習與精進，轉化成為造福人群與社會大眾的善緣，並存在於我們日常生活當中，分享給有心、有愛、有情之有緣朋友，快樂學習並輕鬆獲得，完全沒有門檻。

禪心的特點是什麼？

特點就在「鬆、靜、自然」，這是學習者應所抱持的實踐態度。能放鬆緊張不安的意念，能把心靜下來，再將精神統一並集中，最後能全神貫注於當下的一件事，自然而然的就能進入很平常心的無我境地。只專心眼前的事，心無罣礙地做好一件事，這就是實踐禪心的入定心法及精神。

在我們的日常生活當中，其實到處都是充滿著禪心境地，舉凡：睡覺、開車、走路、工作、吃飯、看電視、聽音樂、讀書、寫作……，都是可以進入禪心的境界，誠如佛家所說：「行、住、坐、臥，皆是禪。」所以學禪、習禪是不需要刻意及脫離生活以外到深山去尋找的，可以在當下及此時此刻中，就可以輕鬆學習禪心了。

就像看書一般，能一心一意且全神貫注地看書本的內容，能輕鬆愉快地融入書中的情節，以及看透字裡行間的情感表達，及作者所抒發出來之意念，這便也是禪心的一種境地，所以學習禪心，是可以隨時隨地的進入與達到喜悅的心境。

然而學習禪心的過程是必須走向「入定」的領域，也會有學習者要問：「該如何去入定？」其心法及法門真的很多，翔手將多年的經驗分享，其實重點只有在於「心」與「念」的把持與持之以恆，如此簡單。

能把心靜下來，然後將意念放空，再將精神集中，調整呼吸與吐納，會讓學習禪心的入定，更快達到其境界。因為心靜了其潛意識就不會有念頭產生，自然而然就會將心定下來，且身體也會開始放鬆，使之全身的能量因放鬆而更加提升，也會有充電般的能量累積。所以，在面對任何外在的突如其來事件，學習禪心之人，都能心如止水的冷靜處理及坦然應對，以平常心、自在從容的態度，來看待著不動如山的寧靜。

每天能用很鬆的、很靜的、很自然的心，去面對自己、家人及面對工作，在沒有任何雜念及壓力之下，能讓全身的細胞醒過來、分泌有益激素、神經活絡起來，且還能全神貫注地投入當下，積極面對日常生活的各項運作，讓我們能在忙碌中發現到禪心的真諦，領悟到禪心所帶來的快樂，參透到禪心所散發出來的喜悅。

這將會提升我們自身的正能量，以突破各種生活瓶頸，也自然會流露出光明的、善良的、純潔的美德及自我心性，讓我們每一天的生活過得快樂充實又有意義。這就是禪心的特點「鬆、靜、自然」！

練習禪心能讓我減輕壓力嗎？

將工作與職場項目當成自己生活的一部分，就能完成投入工作的領域當中，進入無我無分別心的禪心境界，這時將會發覺您的工作是很有意思的，是一種成就以及一種享受，自然工作壓力就會慢慢減輕了。

通常壓力是自己給予自己的，不是別人所給予的，所以能用很靜、很鬆、很自然的禪心，來看待自己，善待自己並鼓勵自己、肯定自己，也要發自內心，用感恩的心告訴自己，要能知足、惜福及感恩，用正面思維及正向的心念，將工作視為己任，當然工作起來就不會是壓力，更會是一種喜悅與快樂的事。

練習禪心，能讓我們在沒有雜念及負面情緒下，流露出自我純真、善良的心念，反而會帶動體內的正能量氣場，將體內的正氣給導引出來，刺激全身的細胞之組織，使之活化並累積能量，分泌有益激素，精神也會自動充電與飽滿，自然而然會變得工作上有幹勁、思維更清晰，在全身上下受到正氣的滋潤後，會使人充滿著自信，更有奮鬥的目標及方向，更會認真地去做去執行自身的工作與任務，當然工作的壓力就不再是壓力囉！

所有的練習者不應封閉自己，每天去閉門造車，用奇特又神祕的方法來修練自己，固然是會有其效果與效益產生，那是不對的！畢竟這些神祕的方法，會讓一般有心學習的朋友，走進不得其門的窘境。

翔手想佛陀應該也是博愛世人，與希望禪心能廣傳於普羅大眾，讓禪心能融入日常生活當中，除了能讓練習禪心者身體健康與心性安定外，家庭、工作上也能愈盡心盡力，樂於工作、關愛家人、孝順父母。

總之，要練習禪心就應在日常生活裡去進行，要將心與念都靜下來，身體卸下武裝與防備的包袱，能心無雜念地完全靜下來，在放鬆的世界裡達到沒有自我的存在，其無我、無念、無煩惱，身心就會平衡與健康，身體也就會變得放鬆與氣脈暢通，心性亦會有如翱翔的小鳥般，無拘無束地自由與快樂。

在這個練習禪心的過程中，也會讓我們體悟並領會到，凡事能應持有「喜悅心」來看待，再艱困的逆境也能處之泰然，這樣的學習能讓有緣朋友的慾望降低、意識放開、不去執著、不去動怒、沒有分別心、心懷感恩、善待自己、佈施他人，如此簡單的學習，就能輕易達到快樂學「禪心」與輕鬆來「入定」的喜悅。

禪心入定之心法，如何練習？

天下之禪坐法門，何其之多！要能跨越教派又要能易學、易入門的禪坐法門，經過翔手三十多年來的實務與歸納之下，彙整出「快速入定」心法，是翔手最具有心得及感應的禪坐心法，分享給有緣的讀者朋友們。

此快速入定心法，最為簡易又能直達人心，能快速地明心見性，並採用止觀雙運，可以止息妄念，清淨智慧，亦可讓全身的經絡暢通，氣脈相連，達到無念為宗、無相為體、無我的為本的淨空三摩地之境界。

※、快速入定之口訣：

閉目提氣，止觀雙運，無念無相無我，
腰桿挺直，雙腳放下，雙手結印放至小腹，
肩膀放下，從頭到腳全部放下，全身放鬆下沉，
面帶微笑，立即入定。

※、練習：

請熟記禪心入定的口訣，共有十一句的五十六個字，深深地烙印在腦海中，然後先深呼吸三次，以調整你的心情及穩定順暢氣脈後，就可以開始進入此禪心與入定的練習。

要進行禪心入定，首先需注意三個重點：姿勢、呼吸、意念的應用。

※、姿勢：

其姿勢的準備，有可分為：「頭、舌、肩、手、腰、腿、印」。

「**頭**」
要放鬆並且擺正不偏移，眼睛要輕閉，耳朵不刻意去傾聽。

「**舌**」
雙唇輕閉，牙齒微開，舌頂上顎，口水往喉嚨內吞。

「**肩**」
要放鬆勿聳肩，不要往前或往後傾靠，保持自然。

「**手**」
平放於小腹部，手指、手腕、手肘、手臂要自然垂放。

「**腰**」
其腰桿脊椎不可靠椅背，要保持挺直與頭部呈一直線。

「**腿**」
腿可平放如意坐、雙盤、單盤、站樁。

「印」

手結的法印，有如意法印、蓮花法印、拱手法印。

※、呼吸：

其呼吸的調整，有可分為：「綿細呼吸、深度呼吸、鼻吸口呼、鼻吸鼻呼」。

「綿細呼吸」

又稱為龜息呼吸，也就是採用細細又棉長的微量呼吸。

「深度呼吸」

又稱為腹部呼吸，由鼻吸氣進入喉輪，再到腹部的臍輪。

「鼻吸口呼」

其吸氣時用鼻子微量呼吸，在吐氣時採用口部呼出。

「鼻吸鼻呼」

其吸氣時用鼻子微量呼吸，在吐氣時採用鼻子呼出。

※、意念：

其意念的放空，有可分為：「持咒法、冥想法、佛樂法、薰香法」。

「持咒法」

要將意念及雜念淨空，自己默唸並持頌六字大明咒，是很棒的選擇。

「冥想法」

可運用七輪脈的冥想法，自頂輪脈到海底輪脈，進行大周天的冥想。

「佛樂法」

可聽輕柔的梵樂、佛樂或國樂古箏的引導，讓心境淨化及消除雜念與煩躁。

「薰香法」

也可以透過裊裊薰香來淨心與淨化空間磁場，可薰除藏草、沉香、檀香。

學習禪心入定之感受：

禪心的學習要點在於「心」，而入定的要點則在於「念」。要將心變得很靜很靜，再將念放得很空很空，就可以很快進入「禪心」的境地。所以練習這禪心入定則是一門很有簡單且又富有禪理的「快速入定」心法，經過持之以恆的練習，進而達到空性、清淨的喜悅境地，這是不需要一段漫長的歲月累積就能達成的，只要口訣有記熟、姿勢有正確、呼吸有調勻與意念有放空，就能馬上又快速地進入禪悅的「入定」世界。

【精進二】
快樂進入正念

學習禪坐的宗旨，著重生活化的身體力行，重視生活中的互動性和實踐性，以達到明心見性的快樂體悟。

禪的功用，是在訓練我們的正念？

練習正念可以豐富我們的日常生活、修身養性、勤學精進、待人處世、人生哲理等諸多方面。讓我們可以去發現生命的意義，以豐富心靈，才能讓心境豁然開朗，以達到身、心的平衡與協調之境地。

而正念就是佛法的意念表徵，正如一位高僧曾經說道：「佛法就是，無來無去，無什事情！」其正念就是參悟心境的正向過程，也就是實現平常心之生活態度與人生哲理！

走路，可以是一種身體與智慧能量交換的行為；呼吸，可以是身心與天地能量的感通舉止；吃飯，亦也可視為一種生理與動能轉換的生存模式，至於我們的眼、耳、手、腳、身、心、意、念，原來都是實踐於日常生命中，是可以牽動心靈生命力的奇妙感應！這種奇妙的生命動能，原來一直就存在於我們的日常生活中，是可以透過練習「正念」的喜悅體悟來放鬆身心，使浮動的身心安定、平靜下來，以降低生活的壓力及緊張。

對於忙碌的現代人，能將「心」安定下來，再將「念」平靜下來，就能開拓我們的心靈視野、以擴展我們的胸襟格局，才能認清生命的真相，啟發內心深處的自我。這可以讓更忙碌的現代人生活過得更好，工作更有效率，以領略到人生中另一層有益又有趣的心靈開悟及生活體悟。

練習正念的功用，其實就是在訓練我們自己的「意念」！讓我們學習用智慧來面對現實、用創意解決問題、用清醒的態度面對生命的意義和價值。

正念，要如何實踐與好處？

練習正念的目的，也是在平息我們萌生的「雜念」！讓雜念能止息，以正知、正覺，融入於日常生活中，且要不斷地培養覺性，使之善行、佈施能在意念中實踐與落實，這種正念的訓練過程便是「淨念」的呈現。

※、正念的實踐：

1. 學習不放縱自己的慾望，能精進地面對挑戰。
2. 調伏自己的心，使心變清醒、工作更有效能。
3. 面對真實與生命的真相，不迷失人生的方向。
4. 放下執著與貪念的束縛，看出生命喜悅意義。
5. 使人更理性、更有喜悅心，克服情緒的焦慮。

※、正念的好處：

1. 使得平常心、喜悅心的增加。
2. 產生了無罣礙心的快樂體悟。
3. 提高生活中自我理想的實現。
4. 慈悲與喜捨的心更加地明顯。
5. 佈施與行善的動力變得更強。

正念是否能融入打坐中？

正念就是一種在打坐時的意念訓練！要如何在打坐過程上，能使浮動的「心」安定下來？要如何讓雜亂的「念」放空與靜下來？就是可以透過打坐來達到安定、放空、放下的應用，其打坐是心性正向思考與放鬆意念的最佳選擇，在打坐的過程中可以用「快速入定」口訣與心法來進行，所採用的打坐方式來進行練習。翔手將介紹「盤腿式打坐」，這是很有效的練習方式，一般來說打坐的盤腿方式，可分為雙盤、單盤、散盤。

雙盤：就是把左腿踝放到右小腿上，再將右腿踝放到左小腿上，相反亦可，此種打坐方法稱之為全跏趺坐。

單盤：則是將右腿踝放在左小腿上，或是將左腿踝放在右小腿上，此種打坐方法稱為半跏趺坐。

散盤：對於無法雙盤或單盤的朋友，則可以雙腳交叉而坐，能較舒服地盤坐，此種打坐方法又可稱為如意盤。

※、盤腿打坐之姿勢：

1. 身宜平直：脊椎不要彎曲，要自然安穩地端正。
2. 背部放鬆：要輕鬆地挺直不駝背。
3. 兩肩放鬆：兩肩微開，胸部開闊，呼吸自然流暢。
4. 雙手結印：使雙臂放鬆，自然結成各式法印。
5. 頭擺正直：前顎略內收，頸背要放鬆。
6. 面部放鬆：舌頂上顎，嘴唇輕閉。

打坐一定要盤腿而坐嗎？

修禪要在日積月累中不斷地練習，才能從中體會出正念的奧妙所在。而打坐的法門在於「鬆、靜、自然」是絲毫不會有投機之道，皆需一步一腳印地走下去，點點滴滴的醞釀，才能有所精進與心得養成。

在此分享「盤腿打坐」也能讓各位讀者簡易地練習與發揮在日常生活中，而練習其精修者是可快速達到「入定」的境地；其淺修者亦可達到「放鬆」的健康養成。

其盤腿打坐之淺修及精修有所感應後，能由身體到心念能一氣呵成，讓躁動的「身」能回歸平靜與祥和；讓不安的「心」能走向寧靜與圓融。其修練之方式，先提供傳統又標準的「盤腿打坐」練習法，再循序漸進地修習「快速入定」的心法。

在盤腿打坐的部分，有淺修與精修兩種循序漸進的方法，如您是初接觸打坐的朋友，一定要從淺修開始，每天早晚各一次，每次15～30分鐘以內，為期一個月後，即可進入精修的練習。

如果您已經歷過上師或明師的引導，有過無數次打坐的經驗，就可以從精修的部分進入練習，只需每天一次，選擇早上7～9點或是晚上9～11點之間，每次30～60分鐘以內，為期兩個月後，其淺修與精修兩種打坐全部練習完成，總共是三個月時間。

※、盤腿打坐：

所謂的「盤腿打坐」，就是盤腿坐於清淨處的圓板凳椅上，或盤腿坐於氈椅上，其雙手可結各式各樣的「指印」稱之。盤腿的配合，無論是「單盤、雙盤、如意盤」都可以，然後是有四種指印配合，如「如意指法、蓮花指印、合掌法印、拱手法印」，都可以進行練習正念與與靜心。

※、打坐準備：

1. 請先瞭解盤腿，如「單盤」、「雙盤」、「如意盤」。
2. 然後要熟悉指印，如「拱手法印、如意指印、蓮花指印、合掌法印」。
3. 盤腿坐於圓板凳椅上，或盤腿坐於氈椅上。
4. 雙肩放鬆，左右手掌持各式「結印指法」。
5. 自然地閉上雙眼，並深呼吸三次。
6. 一切備妥後，默念快速入定心法，將進入禪心境界。

※、淺修境界：

1. 每天早晚兩次的打坐，約15分鐘到30分鐘為佳。
2. 先調身，腰桿挺直，舌頂上顎，頭部要正直，下巴內收。
3. 頭部自然直豎，形成了頸、背、腰筆直成一直線，可使氣脈通行無阻。
4. 再調息，在盤腿時，是調整呼吸的進出，其呼吸要深吸緩呼，要均勻。

5. 最後要速度，務必以「慢慢呼吸」為主要重點。

6. 觀想自己，上坐於「蓮花座」，伴隨著呼吸的細數次數，即可。

※、精修境界：

1. 每天一次的禪修，約為30分鐘到60分鐘為佳。

2. 盤腿於打坐蒲團墊上，先調身再調息。

3. 然後調心，能排除雜念，由靜入空，這是調心境界。

4. 再採用「吸脹吐縮」的腹式呼吸法：也就是把氣吸到腹部，然後再慢慢呼氣。

5. 其呼吸的速度一定要放慢，順其自然。

6. 將左右手掌呈「如意指法、蓮花指法、合掌法印、拱手法印」之四個動作循環。

7. 先是動作一的「如意指法」來淨身與淨心，約五分鐘可換另一指法。

8. 再來是動作二的「蓮花指法」來觀想靜坐於「蓮花座」上，約五分鐘可換另一指法。

9. 接著是動作三的「合掌法印」，可來冥想「慈悲心」的自己，約五分鐘可換另一指法。

10. 最後是動作四的「拱手法印」來體會「平常心」的眾生，約五分鐘即可。

11. 進行步驟七到步驟十的修持與靜坐，大約是30分鐘以上，可再循環結印到休息下坐。

12. 因盤腿達半小時以上，可會有雙腿發麻之感，可將雙腿伸直並放下雙手之結印，約伸直腿休息一到三分鐘後，待雙腿緩和之後，即可正常起身下坐。

正念如何融入於日常生活中？

其正念的練習方式有很多方法，都可以融入日常作息當中，比如：數息、持咒、放空、止觀等。將日常作息的過程，融入正念之中，如早上起床時，透過深呼吸可以數息與吐納之練習；在中午吃完飯後，稍作休息時，可以在心中持念心咒，可以讓內心平靜與放鬆；在下午的休息時刻，或是下午茶的時間，可以放空心境與減壓身心，透過正念來調解心靈的緊張與壓力；到了晚上時刻，也可以透過正念來訓練觀想與念頭的淡化，在臨睡之前採用一刻鐘（15分鐘）來靜心，可以止住慾望的念頭與從觀想中得到靈感。

其正念能夠幫助收攝身、口、意的提升。所謂的身、口、意，就是身體的行為、口的言語，還有自己的意念，有時往往都是自己做不了主的，所以要好好的練習、維護、調理，這就是學習正念的好處。

另外，持咒本身也就是將「心」一直和「咒」繫在一起，唸咒時的心就一直和念綁在一起。

正念與持咒是可以將兩種合而為一的融入於日常生活中，初學禪心者可以先學會持咒以收攝身心，然後再進行正念的學習，如此將兩種精神都熟悉與熟練後，要兩者合一的應用，就不會很難了。

咒語，又稱咒文、真言，梵語稱為陀羅尼。也就是真實的話，不虛妄的話，被認為含有不可思議的安定力。要如何選擇並挑選自己合適之咒文，除了要印證自己的智慧之外，更要瞭解「咒文」之意義與內在深長之感應力，早在上古的印度婆羅門教就相信咒文，有著神奇的安定作用。

唸誦咒文可以與內心的正念直接感應，而發生安定力，咒文是類似電波的電報密碼，可以呼應通電，互相感召。咒語的神奇安定作用，也關係到「正念」的收攝與融入於日常生活中。

※、三字明咒：「嗡、阿、吽」

「嗡」：是宇宙原始生命能量的根本音。就是無相，代表了一切的總名，它象徵一切宇宙，是萬德的、是空相，有包容一切的意思。

「阿」：是宇宙開闢、萬有生命所發生的根本音。最具有權威，是共同的種子字，由阿字生出無限的祈福，就是太初的意義。

「吽」：是萬有生命潛藏所發生的根本音。意味開花，也即是顯現自性而達到大圓滿成就。是無量無邊不可思議的功德，象徵著大智慧、大權威、大神通，是象徵開花得到結果之意。

※、六字大明咒：「嗡、嘛、呢、唄、咪、吽」

六字大明咒概括了「嗡」字與「吽」字的咒身，至於其中「嘛、呢、唄、咪、吽」五字之音，都是阿部音變化的妙用。

以上是翔丰最常持用的兩大咒文，與各位讀者與修行大德分享之，希望各位修練過程都能選擇自己合適的「咒文」，並誠心持誦，最後再以最白話的方式介紹介紹兩大咒文的意思。

「嗡．阿．吽」：賜予我身口意，清淨保平安！

「嗡．嘛．呢．唄．咪．吽」：賜予我慈悲智慧，無上的加持和平安！

【精進三】喜悅融入觀止

各種禪修的練習法門，大都還是以打坐之是否入定為門檻？但依其智慧的不同，皆可由聞、思、修來用功，以及練習其六根、六塵、六識中的性空。

接著在此分享練習「觀止」，因為我們耳根會循聲而分心，必須要練習「耳根圓通」心法，才能迴入聞性，悟入聞性，不住聲塵，進而聞性不生，聞所聞盡，所覺盡空，其在練習過程中還能定慧兼顧，很容易進入三摩地，而達到「止」與「觀」的空性境界。

打坐時也可以站立練習？

要進行「觀止」的練習，會運用到戒、定、慧，來息滅貪、瞋、癡，是很重要的入定功夫。可從「站立練習」來分享給各位讀者與修練者，必須要能以虔誠的心來練習與精進，才能從戒定慧中體會與領悟出觀聞聲如幻的所在。

觀止的要領在於「聞、思、修」下工夫，是面對諸聲塵均不起分別意識相應，對外界之一切聲塵，不去攀緣與執著的境界。要將聲音與耳根合一，才能發出菩提心，圓滿福德，開發自我善良心性。

在本章節的「站立打坐」能讓各位簡易地練習，於日常生活的任何場所中。其練習一樣可分成精修境界與淺修境界兩種，其練習淺修的站立打坐可以讓「平常心」更為自在；而練習精修的站立打坐可以讓「心性」更為平靜地浮現，與入歸到本心、自性。

在站立打坐的部分，是必須用雙腳站立於道場上的練習，已接觸過初級的「盤腿打坐」的練習，一定能很輕鬆地進入「站立打坐」。

要先從淺修開始，每天早晚各一次，為期一個月，即可進入精修的練習。如果您已經過盤腿打坐的引導，應可以直接從精修的部分進入練習，只需每天一次，為期兩個月，其淺修與精修兩種禪修全部修持完成，總共是三個月的時間練習與應用。

站立打坐要如何準備與開始？

※、打坐之準備：

1. 請事先喝口水潤潤喉，手上盡量不要戴手錶。
2. 站立於清淨處或清淨的道場之地面上。
3. 雙肩放鬆，雙手掌心向下，與地面成平行狀。
4. 自然地閉上雙眼，並深呼吸三次。
5. 一切備妥後，將進入站立打坐的境界。

※、站立打坐：

翔手累積多年來的學習心法與練習之道，在此章節分享「站立式禪修」給各位練習者應用，也能讓各位修練者將此觀止入定，簡易地發揮在日常生活中。

所謂的「站立式」，就是站立於清淨處或清淨的道場地面上，其腰桿挺直，而腳與肩膀同寬，成一直線地站立在地板上，稱之。此法不同於「盤腿式」的禪修，是要站立時腳能直接受到地板上的地氣感應，能接收到地氣磁場與大地的能量，如果能到可見天空的戶外，或是氣場很旺的山上練習，其感應會更快速與更有成效，此一很方便的練習法門，不用任何準備與道具，只要帶顆開朗、喜悅、無罣礙的心來練習即可。

※、淺修境界：

1. 每天早晚各一次的練習，約15分鐘為佳。
2. 先調身：腰桿挺直，舌頂上顎，頭部要正直，下巴內收。
3. 頸部自然直豎，形成了頸、背、腰筆直成一直線，可使氣脈通行無阻，雙手掌心向下。
4. 再調息：在站立時，是調整呼吸的進出，其呼吸要深吸緩呼，要均勻。
5. 其調身與調息，務必以「慢」為主要重點。
6. 可冥想手掌心吸收地氣，伴隨著呼吸的細數次數，持續15分鐘，即可休息。

※、精修境界：

1. 每天一次的禪修，約30分鐘為佳。
2. 站立於地面上，先調身再調息。
3. 然後調心，能排除雜念，由靜入空，這才是調心的境界。
4. 再採用「吸脹吐縮」的腹式呼吸法：也就是把氣吸到腹部，然後再慢慢呼氣。

5. 其呼吸的速度快慢不拘，順其自然即可。

6. 冥想手掌心吸收地氣，傳至「心輪」，然後再傳至「喉輪」，最後到達「眉心輪」。

7. 然後自「頂輪」再冥想「白光」匯入，與地氣磁場融合，經「眉心輪」傳達至「臍輪」。

8. 會由「臍輪」的丹田吸收氣場，而形成一股氣場能量。

9. 循環步驟六到步驟八的聚氣感應，雙手掌心會有發麻收縮感，持續30分鐘，即可休息。

打坐時可聽音樂輔助練習？

進行「觀止」的練習是要修練者能培養不執著的耳根，也就是不住覺、不住空。將六根煩惱都斷了，回歸修練者本來所俱足的覺性，再去將自己的這個念心，去感受到的空，達到整個世間畢竟空寂，什麼都沒有的境界。

然後空不再去執著，覺也去不執著，空和覺就變成一個到達「圓融」境界，可以圓融無礙，光明遍照十方，所以，修練者能輔以音樂練習，是最佳提升觀止之打坐入定的效果。

※、觀「聞聲」之練習：

學習者，在進行完淺修與精修練習之後，可以先準備「自然界聲音」的音樂CD光碟，其挑選的音樂內容，能以錄製大自然界中各種聲音為佳，如有鳥叫聲、蛙鳴聲、蟬鳴聲、風吹聲、海鷗聲、海豚聲、水晶聲、流水聲、雨滴聲、浪潮聲，再輔以各式輕柔的樂器伴奏，然後學習者用以練習耳根，聽這一切大自然光碟的外塵音樂。

各位修練者用「耳根」來面對這大自然的諸聲塵，要能不起分別意識，也要學習不去相呼應，對著這些自然界發出的聲音與外塵，練習不執著、不攀緣的境界，稱為「聞聲」之練習。

※、觀「入流」之練習：

修練者接著再將自然界聲音，以自界聲音的聲塵直入耳根，注意要聽到之來源與發音之處，去體會聲音與耳根是同源的，修練者當練習到「聲音」與「耳根」合一，要知道這些諸塵聲音，都由頭部內的意識所產生，而並非是由外源聲處而來的，這種由內而流入的覺知之功夫，即稱為「入流」之練習。

※、以「觀止」修耳根法：

修練者在練習「觀聞聲、觀入流」之後，就要開始進行「觀止」的入定功夫與練習。同樣可以準備「輕柔、乾淨、不吵雜」的大自然音樂，才能讓心境放慢下來、平靜下來，可使心意隨耳根的聞性所流轉。例如流水細流時，碰撞石頭的剎那聲音，修練者會導引其音聲現起，用覺知心使腦內現起的音聲，不向外逐聲而追求。這表示修練者的內心與意念已合一，已脫塵源，所謂盡聞不住、聞性不住聲塵之功夫，又稱為「修耳根」之練習。

打坐時要如何去除雜念？

要進行「觀止」的「聞性不住聲塵」之練習，就是放空雜念的練習，合掌進行三個動作的冥想，即可順利放空雜念。

此去除雜念的三動作，如下說明：

動作一：上坐於墊子，要開始觀止練習時，請先輕輕地閉起雙眼，先合掌然後雙手高舉至頭部上額，內心恭敬地默念「快速入定」之心法，並尊敬地在內心默念三遍「心咒」。

動作二：接著再將合掌的雙手，下舉至頭部的前額處，用雙手的大拇指中關節，輕輕碰觸自己前額的眉心處，代表是將修練者的心性與天地間進行「印心」的感應，約三秒鐘即可。

動作三：最後是將合掌的雙手，下舉至胸前，然後進行三次深層的淨心深呼吸，最好能採用「腹式呼吸」，大約淨心約三秒鐘即可放空雜念。

打坐時要如何面對魔考？

很多朋友會問翔手，在打坐時要如何面對「佛相、魔相」之顯像與考驗？這是必經的過程，修練者一定要勇敢面對、靠自己努力與毅力去克服！

學習打坐的修練者，在經過「快速入定」練習後，每個階段都會碰到諸魔相，也都會有不一樣的諸魔考出現。往往就在每個階段，學習者所面臨到「魔考」，會在打坐與精進過程，輕易地進入修練者的腦海中，會不定時浮現出「觀音法相、釋尊法相、諸佛菩薩」的種種慈悲相，這都是「不如法」的，修練者不應沾沾自喜，這種顯現出「菩薩法相」都是魔考的一種。

另外也有可能會出現「邪魔、鬼魅、美女」來干擾修練者的禪心及忍性，這些在正念入定時所出現的都是幻相，也是魔考的另一種，切記！切記！這些都不足以擔心害怕的，切勿隨之起舞，也不要去理會，只要專心一意地精進與練習即可，因為禪心的最高境界應是「空空如也」。千萬不要因為「美女」浮現腦海中，就此而放棄辛苦練習而來的清境地，轉眼間將遁入萬劫不復的我執、法執、四相當中，讓先前的精進與練習，一下就化為烏有。

所以，各位練習者除了要精進「不執著」、「無為法」、「止念思慧」之外，還要因應念心所起的諸多變化、魔考等等去不斷精進。明白其「如如不動」的一切覺知，將「魔考」的不如法要去除，做到練習入定之「佛來佛斬、魔來魔斬」之凡聖兩忘、毫無罣礙、不住生滅、發菩提心，以達到圓滿菩提及明心見性的喜悅。

【精進四】

釋義打坐名詞

「打坐」

打坐與冥想不僅可以放鬆您的精神和安穩您的心靈，還可以改變您大腦的思緒並增進您的智慧。

「下坐」

其禪坐之時候，稱為「上坐」；而禪坐結束要離開座位時，稱之為「下坐」。

「不求」

指禪坐的過程中，不可有任何妄想及雜念，該是您的都不會少，時機未到，就不須強求。

「如如不動」

指禪坐之初期由「無動」進步到「靈動」；再由「靈動」轉成「氣動」；再由「氣動」轉成「訓體動」；最後要回歸到「如如不動」，才是明心見性的至高境界。

「淨心」

要禪坐時，除了放空心思與雜念外，最重要是能淨化心靈，提升「靈」與「識」的感應與純淨。

「印心」

指與有緣的神佛菩薩，進行心連心的靈通感應，達到意念與旨令直達，無須言語與任何文字來表達。

「舌頂上顎」

於打坐禪修時，口中的舌頭擺放的位置，頂住上顎能增其口水涎液，比較不至於口乾；再則是舌頂上顎會直達天靈蓋，也讓任、督二脈交會於此，有助於感應與修行。

「調身」

在禪坐時，第一要務是調整身體的姿勢，要上身挺立，脊椎要正直，頭部要正直，下巴內收，則頸部自然直豎，形成了頸、背、腰筆直成一直線，可使氣脈通行無阻。

「調息」

在禪坐時，第二要務是調整呼吸的進出，其呼吸要深吸緩呼，綿綿不斷，達到龜息、氣養的效果。吸氣要均勻、要細、要沉、要長。以「慢」為主要重點。

「調心」

在禪坐時，第三要務，屬於淺意識層最重要的一環，如何能排除雜念，由靜入空，這才是調心的最高境界。要做到悟徹心性，一定要將心做到「心靜無為，不著一物」的地步。

「吸脹吐縮」

也就是把氣吸到腹部，此時腹部充滿了氣，所以會逐漸隆起，然後再慢慢呼氣，腹部會往內縮，呼吸的速度快慢不拘，順其自然即可。

「由靜入空」

禪坐的心，必須妄心寂然不動，任何念頭停止不妄動，那就沒有什麼動靜二相，而進入靜的境地；然而念頭停止時幻妄都消滅了，達到一絲不掛、一法不立、淨裸裸的境界，

這是空的境地，如此才能徹見真心明性。

「深層意識」

在禪坐的修行者身上，會有「淺層意識」即腦中所思考與記憶之事；然「深層意識」不是在腦中思考的事，而是自行產生的意念，能反映出禪坐者的心境與處境。

「耳通」

泛指修行之人，透過修持與菩薩認證後，賦予能傾聽靈界的另一種聲音，也可藉此與神佛菩薩溝通、互動。

「眼通」

泛指修行之人，透過修持與菩薩認證後，賦予能觀看靈界景像的另一種視力，也可藉此看到神佛菩薩、靈界朋友，可與之溝通、互動。

「心通」

泛指修行之人，透過修持與菩薩認證後，賦予能透過心中之思考及默語，與神佛菩薩、靈界朋友，溝通、討論之能力。。

「法號」

泛指修行之人，都有累世的靈魂名字，不會因轉世而有所改變，此名字又稱為法號，須由菩薩認證與授權後，才可取得與知曉；另外，佛教皈依的朋友，也會由皈依師父，按照皈依的輩份與時期授予法號。

【精進五】

新解掌心能量

我們日常生活中經常會接觸的一股「能量感應」，它存在於天地之間、萬物之中，新的解釋可稱呼為「靈氣能量」。它能提升人體與生命正能量的頻率，也是人體生命動能的本源，經過緣分的累積與學習之下，可以透過您的雙手掌心之「勞宮穴」，融入身體的各個脈輪及穴道上的互動，以達到痠痛舒緩、氣血通暢、自我療癒、自我保護、自我保健，是天地間自然、開朗、包容、慈悲的祥和之氣。

※、靈氣管道：

存在於天地的一股能量，能運用「雙手」的傳送方式，當成靈氣的管道，來傳送給自己，或是傳送到他人身上，透過雙手的手位可以把這股天地間的生命能量，藉由雙手的「勞宮穴」

來蘊釀、累積、儲存、傳送，是可以養成自癒與舒緩能力，以達到痠痛紓解、壓力舒緩、保健強身的目的。

※、靈氣導引：

靈氣的導引過程中，會有需要被「啟動」及「點化」的，能深切地開啟學習者的心靈深處，喚醒學習者的內心覺知，以提升學習者的生命動能，搭建起雙手與靈氣之間的傳遞通道。那是非常平和、非常喜悅的，能打開學習者的能量大門，引出身體的能量氣場和天地間的能量接通，讓您的雙手成為靈氣進出的最佳管道。

※、靈氣學習：

當學習靈氣時，靈氣的波動會使學習者進入深層的放鬆，藉以提升身體的靈氣進出運作。其身體在深度的放鬆狀態時，會形成自主神經系統放鬆、壓力的降低、心跳的放慢、釋放緊張與焦慮，其放鬆的狀態會提高免疫系統的活化。所以當有痛、悲傷、壓力、恐懼時，學習

靈氣是一項最直接最快速的能量釋放。

施予靈氣，是屬於正向且正面的能量交換，是不可能會沾染他人的負面能量或病氣的。所以當靈氣在進出流動時，雙手的掌心會感受到的會是「熱熱的、麻麻的、漲漲的、跳動的、刺刺的」的暖心感應。

※、靈氣手位：

基本的靈氣手位，是應用雙手之手心（勞宮穴）微微彎區，凝聚一股暖暖的能量，雙手的左右都要微彎，以形成一個拱形的空間，此時丹田出用點力量，將身體氣場往上推動，手心能量便會累積並感應靈氣的匯聚，雙手再微彎下蓋，施予靈氣到身體的各個輪脈位置，讓靈氣可補充各處脈輪的能量，每個位置持續三分鐘的能量互動，可提升紓解、舒緩與喜悅心的好處。

※、靈氣熱敷：

將雙手呈拱形狀，以勞宮穴對準脈輪及穴道位置，輕輕蓋壓會有溫熱效果，即是熱敷。

若是雙手互搓溫熱後，對著脈輪進行「通、順、抓」的動作處理，即是排氣。當完成靈氣的互動後，要將雙手再度互搓，使微微發熱之後，此時再對著雙手之掌心吹氣，放空意念即是「收功」的動作。

※、靈氣應用：

1. 運用基本的靈氣手位，將雙手呈拱形狀，以勞宮穴對準「頂輪脈」後方，施予靈氣能量的互動，可以精神清明，提振工作效率。
2. 再以勞宮穴對準「眉心輪脈」處，施予靈氣能量的互動，可以穩定元神，提升靈性的敏銳度。
3. 如以勞宮穴對準「心輪脈」處，自我施予靈氣能量的互動，可以放鬆壓力，提升同理心的熱忱。
4. 最後以雙手勞宮穴對準「左右肩膀」處，自我施予靈氣能量的互動，可以痠痛舒緩，提升氣血運行的通暢度。

【精進六】

平安自我保護

人們的身體是一個能量小周天，由七個脈輪所串連組成，其脈輪(Chakara)源自古印度梵文，其意為能量的轉輪。當我們一出生後就從與天地間的能量相接通，這一股接通的能量是永不靜止的在運行，可以很順暢的以氣場方式在傳送、發散、儲存、自我保護，使人體自主神經系統得以順暢，內分泌可以自然的平衡，各器官正常運作與調節。

※、脈輪與穴道：

我們身體的能量由七個脈輪所串連組成，而這七脈輪自身體之上而下，分別是「頂輪」位於頭頂正中央；「眉心輪」位於兩眉之間；「喉輪」位於喉部之處；「心輪」在兩乳之間；「太陽輪」在肚臍與肋骨之間；「臍輪」居於肚臍下方一吋處；「海底輪」則是脊椎骨尾端。

人體的脈輪由上而下，翔手彙整出位置「代號」與「穴道」名稱，都是可相對應，以達到自我保護的運作，如下所示：

C1：頂輪　：百會穴
C2：眉心輪：印堂穴
C3：喉輪　：天突穴
C4：心輪　：檀中穴
C5：太陽輪：神闕穴
C6：臍輪　：命門穴
C7：海底輪：會陰穴

※、脈輪與保護：

我們身體上可用「靈氣」的手位，擺放在相關脈輪、穴位之處，可加以「溫熱、淨化」可以達到平安去穢氣之運用，最主要是平時偶爾會進出醫院、舊宅、魚肉市場等地方，會沾染到穢氣與混亂的氣場，可藉由靈氣與輪脈的互動，達到去穢氣、保平安的效益。

1. **離開醫院：**用自己的雙手先「搓一搓」溫熱，待搓熱後則由自己的頭肩部往下「刷掉」，可刷去自身所沾染的「穢氣」與不必要的醫院「病氣」。

2. **淨宅處理：**在新家入宅前，可運用雙手先放「頂輪」與「眉心輪」處，蘊量靈氣能量，在自家宅的門戶與各牆角「刷掃」居家的穢氣。以雙手在居家場所各處自上往下「刷一刷」、「掃一掃」，刷掃完後用「意念」來冥想並持唸「咒心」，將穢氣帶往「地底下層」去。

3. **淨身處理：**當我們參加告別或是經過無人舊宅後，如果有身體暈眩或是噁心反應，可運用雙手先放「頂輪」與「喉輪」處，蘊量靈氣能量，自「眉心處」往外「抓掉」，並兩處的肩膀位置，各處自上往下「刷一刷」，刷掃完後用「意念」來冥想並持「咒心」，將穢氣排散於大自然中。

4. **淡酒處理：**將酒倒於酒杯中，並擺於雙手「勞宮穴」在酒杯的上下握住，大約三分鐘時間，此酒精會變淡與甘甜，可令飲者降低酒精傷害與影響。

5. **卡靈處理：**請卡靈者脫掉鞋襪，赤腳踏於地板，以接地氣方式站著。施予者的「左手」的手位擺於「頂輪」處，而「右手」的手位隔空擺於「心輪」處，調整約五分鐘時間，施予者心中默念「請主神或菩薩做主，護送牠去往生修行」，然後請卡靈者雙手合掌，深呼吸後向旁邊吐三口氣，不可吐在旁人身上。

6. **外靈感應：**施予者再用右手之劍指去感應「眉心輪脈」，如果恢復暖暖的熱氣，那就是「外靈」已經離開了。

【精進七】

健康自我保健

自古以來在我們人體就存在這一套經絡系統。這套經絡上又具備有治療身體的作用點與位置，稱為「穴道」。也被稱之為「穴位」，是中醫體系裡極為重要的理論，透過指壓、按摩、溫熱以及針灸等外在處理，可以用來來舒緩或治療身體上的不適，以及促進身體能量的自我保健。

以雙手的「靈氣能量」之運用，搭配「脈輪、穴道」的整合性施予，可以有助於強化身心的療癒與自我保健，運用於脈輪上能量匯聚，再帶動穴道保健療法，讓能量靈修與禪修的朋友，達到身心平衡與氣脈穩定。如果有心探索元辰地圖的朋友，針對專注力訓練的輔助，也是一項不錯的選擇與學習。

※、穴道位置：

在3C電子產品當道的時代下，越是依賴電子設備讓我們身體就越少運動，身體各部位造成僵硬與氣脈阻塞，以下九大穴道名稱與位置，可用雙手蘊量出的靈氣，擺放於相關穴位之處，再加以三分鐘熱敷，以達到舒緩阻塞，及氣血運行之運用。

接著說明人體九處穴道的正確位置，可將雙手擺放於穴位處，增加氣血循環與自我保健，也可藉此靈氣能量來平衡自身的免疫力，以增強全身的能量氣場，使得精神飽滿、體力充沛。

在這九處穴道，運用靈氣能量，能夠簡易地調節及保健身體健康，如下是：「大陵穴、內關穴、神門穴、膻中穴、巨厥穴、風池穴、天柱穴、大椎穴、肩井穴」，必須好好地牢記及學習保健，身體就會氣血健康。

一、手腕三穴道：

人體手腕上有著「睡眠黃金三角」經絡穴道，有「神門穴」及「內關穴」，是心理與情緒安定以及循環系統功能，與腕上另一穴道是「大陵穴」為人體血液循環系統功能，並稱三大穴位，具有紓壓、寧心、安神的助眠功效，可用手心的勞宮穴蓋擺於此三處，改善失眠很顯著的。

(1) 大陵穴：

位於「掌心正後方，兩筋間」。可舒緩「心痛、心悸、嘔吐」。

(2) 內關穴：

位於「腕橫紋三指處，兩筋間」。可舒緩「胸悶、失眠、改善呼吸」。

(3) 神門穴：

位於「掌心後下方，橫紋凹陷處」。可舒緩「失眠、心悸、不安」。

二、前部二穴道：

(4) 膻中穴：

位於「胸口，兩乳頭中央」。

可舒緩「心絞痛、胸悶痛、肋間神經痛、咳嗽」。

(5) 巨厥穴：

位於「腹部中部，左右肋骨交會處」。

可舒緩「嘔吐、胃酸過多、反胃、氣喘、心胸痛」。

三、背部四穴道：

(6) 風池穴：

位於「頸部後側，對稱兩邊，髮際外側」。
為「感冒特效穴道、舒緩眩暈」的穴位。

(7) **天柱穴：**
位於「頸後中央兩側，較風池內側」。
可舒緩「高血壓宿醉、疲勞肩膀痠痛」的穴位。

(8) **大椎穴：**
位於「頸椎第七節處，兩棘突之間」。
可舒緩「肩頸僵硬、頭痛、氣喘」的穴位。

(9) **肩井穴：**
位於「肩部最高處，大椎穴和肩峰連線的中點」。
可舒緩「肩臂、肌肉、筋骨的痠痛」的穴位。

※、穴道與保健：

我們身體各部位，常常會有僵硬與氣脈阻塞之現象，翔手整理身體常見的舒緩處理，再輔以「脈輪、穴道」運用，讓無法天天運動的您，可用「靈氣」的手位擺放在脈輪、穴位之處，再加以「溫熱、按摩」可以達到舒緩病痛，與增進氣血運行，最主要是要持之以恆才能有所效用，如下彙整與歸納「十項」簡易的自我保健。

※、代號位置：

C1：頂輪
C2：眉心輪
C3：喉輪
C4：心輪
C5：太陽輪
C6：臍輪
C7：海底輪

※、施予方式：

1. 頭痛保健：「C1+C3」，可用「靈氣」的「熱敷」處理。
2. 五十肩保健：「C1+C3」，完成後要進行「靈氣」的「排氣」。
3. 眼睛保健：「C1+C2」，就閉眼用「靈氣」的「熱敷」處理。。
4. 腸道保健：「C1+C5」，用「靈氣」的「熱敷」進行處理。
5. 心臟保健：「C1+C4」，先深呼吸「排氣」再用「靈氣」的「熱敷」。
6. 胃部保健：「C5+C4」，用「靈氣」輕輕蓋壓「熱敷」處理。
7. 耳鳴保健：「C1+C3」，先捏鼻「吹氣」再用「靈氣」的「熱敷」。
8. 中暑保健：「C1+C4」，先深呼吸「排氣」，可防休克與昏倒。
9. 牙痛保健：「C1+牙痛處」，可用兩手「靈氣」包住患處，預防疼痛。
10. 暈車保健：「C3+C5」，出發半小時，用「靈氣」的「熱敷」預防。

【精進八】

居家自我相宅

身為修行之人，居家風水之調整，以符合藏風聚氣之應驗，是相當重要的。自我相宅的快速入門，在於格局坐向；格局之左長右短與否，前庭是否看得遠及後邊是否有靠，全靠催發理氣之二十四節氣之應驗時辰；形巒總歸於藏風聚氣才能風生水起。現代科技的便利與建築的標新立異，讓我們生活周遭產生更多的風水問題與煞氣；相對也使得我們能藉由科技工具的進步，使得每個人都能人手一台智慧手機，可輕易下載羅盤軟體或指南針的工具，在居家住宅、工作職場當中，能隨時隨地即能拿起手機來為自己或朋友來相宅風水與化解環境格局。

現代人提倡 DIY 之自己動手做，自我相宅風水與陽宅格局，不外乎也可以樣樣自己來。首先相宅的第一步，準備好您的手機或平板，跟著翔手一起為自己的居家相宅吧！翔手先歸納出三項自我相宅心法，讓各位讀者明白居家相宅的快速入門，如下所示：

自我相宅心法一：量氣口　知坐向

以手機羅盤站在居家門口，測量大門口的納氣方位。

自我相宅心法二：辨宅名　定宅命

確認居家屋宅的坐向方位，可辨視出東西宅向命格。

自我相宅心法三：尋財位　避破財

以紫白飛星尋找屋宅的財位方，可避開破財庫之慮。

※、自我相宅心法一：量氣口　知坐向

針對居家陽宅之坐向測量，首先一定要先找家宅之「陽台或大門出入口」之氣口處，才能以手機羅盤來測量家宅坐向。在氣口處將簡易羅盤打開來測量其「坐山、出向」，才能繼續依中心點來規劃成九宮格、八卦方位及十二地支方位之判斷該宅吉凶與平安與否。用手機或平板的羅盤，向「出入大門之屋內」測量，所測量出來之數據方向，其面向自己身體之方向為「出向」，而背向量測之方向為「坐山」。

採用傳統或電子羅盤所測量出來之數據方向，可見該宅量出之方向為「出向－東南方」而

宅名	坐山	出向
乾宅	西北方	東南方
坤宅	西南方	東北方
震宅	正東方	正西方
巽宅	東南方	西北方
離宅	正南方	正北方
坎宅	正北方	正南方
兌宅	正西方	正東方
艮宅	東北方	西南方

表格一：依坐山方向，查詢其「宅名」

「坐山-西北方」，如此依其坐山之方位，該宅查詢表格一為「乾宅」。

輕鬆地測量出來居家陽宅之坐山方位，依其上表一可查詢自己居家的宅向名稱，再列出下列兩種判斷屋宅之坐山與出向的測量方式，提供給各位讀者瞭解。

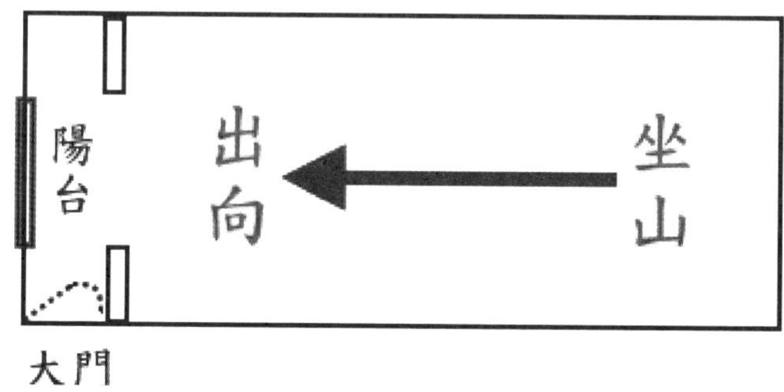

此屋宅有陽台，以落地窗之陽台為「出向」以屋內為「坐山」

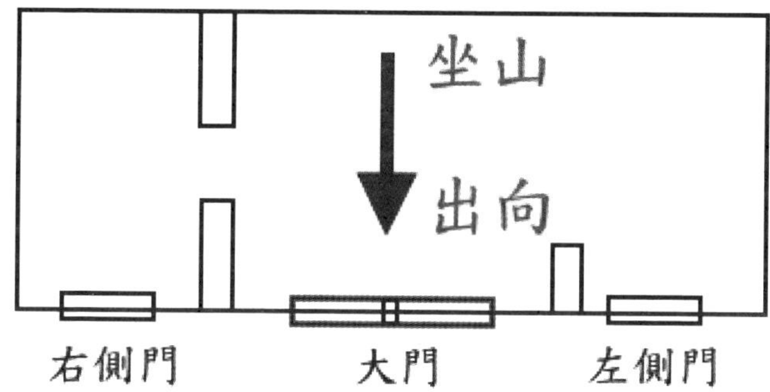

此屋宅沒有陽台，以大門出入口為「出向」以屋內為「坐山」

【DIY自我練習】

※、DIY量氣口，知坐向－練習一：

用手機在大門入口處，量出該陽宅之方向為「出向－西南方」而「坐山－東北方」，可以查詢表格一出此屋宅之方位，為**「艮宅」**。

※、DIY量氣口，知坐向－練習二：

用平板下載羅盤軟體後，在入口陽台處，量出該屋宅之方向為「出向－正南方」而「坐山－正北方」，可以查詢表格一，得知此陽宅之方位，為**「坎宅」**。

※、DIY量氣口，知坐向－練習三：

採用指北針小羅盤在透天厝的大門入口處，量出該透天厝之方向為「出向－西北方」而「坐山－東南方」，透過表格的坐山方，可以查詢表格一之透天厝宅名，為**「巽宅」**。

※、DIY量氣口，知坐向－練習四：

採用指南針之登山羅盤在公寓大樓的大門陽台入口處，測量出該樓層之坐向方向為「出向－東北方」而「坐山－西南方」，透過上述表格的坐山方，可以清楚查詢表格一其該樓層之，為**「坤宅」**。

※、DIY量氣口，知坐向－練習五：

當您採用手機所內附之指南針軟體，請先呈八字形的磁場校對，完成後在辦公大樓之大廳一樓處，面對大門入口處，測量出該大樓之坐向方向為「出向－正西方」而「坐山－正東方」，透過查詢表格一的坐山方查詢，可得知該大樓之宅名，為**「震宅」**。

※、DIY量氣口，知坐向－練習六：

採用專業的指南針，測量華廈的大門陽台處，測量出該華廈之坐向方位為「出向－正東方」而「坐山－正西方」，透過上述表格一的坐山方，可以清楚查出該華廈之，為**「兌宅」**。

【DIY小叮嚀】

1. 測量居家陽宅之坐山方位，面向陽台與大門氣口之處，稱為「出向」。
2. 在居家陽宅之測量，手機與平板一定要經過磁場校正，可繞「8字形」校正。
3. 當您進行陽宅之方位測量時，身上盡量少佩戴磁性物品，以減少電磁波干擾。

※、自我相宅心法二：辨宅名 定宅命

當電子羅盤所測量出您居家坐山之方位後，再依表查詢出您所居住的陽宅方位，可得知自己居家的宅向測量名稱，更進一步依照宅向名稱要再確認出東西四宅之宅命格。依照下列表格，可以讓您查詢宅命格的紫白名稱。

承心法一的測量坐山方位，為「出向－東南方」而「坐山－西北方」，判斷該宅為**「乾宅」**，所以可再得知紫白星曜為**「六白」**，屬於是**「西四宅」**的命格之人居住。所以，一般測量並辨識宅名之後，還會比對其每一人所專屬之**「宅命格」**，其東四命之宅就是適合東四命之人；而西四命之宅就會適合西四命之人，

宅命	紫白	宅名	坐山	宅命	紫白	宅名	坐山
東四宅	三碧	震宅	正東	西四宅	六白	乾宅	西北
	四綠	巽宅	東南		二黑	坤宅	西南
	一白	坎宅	正北		七赤	兌宅	正西
	九紫	離宅	正南		八白	艮宅	東北

表格二：依宅名，可查詢宅命格的「紫白星曜」

【DIY自我練習】

※、DIY辨宅名，定宅命－練習一：

當採用指南針測量出該樓層之坐向方向為**「坤宅」**，查詢表格二可以得知紫白星曜為**「二黑」**，屬於是**「西四宅」**的命格之人居住。

※、DIY辨宅名，定宅命－練習二：

用平板之羅盤軟體量出該屋宅之方向為**「坎宅」**，查詢表格二可以得知紫白星曜為**「一白」**，屬於是**「東四宅」**的命格之人居住。

※、DIY辨宅名，定宅命－練習三：

使用手機在大門入口處，量出透天屋宅之方位，為**「艮宅」**，查詢表格二可以得知紫白星曜為**「八白」**，屬於是**「西四宅」**的命格之人居住。

下列表格可以讓您查詢到專屬您自己的「宅命格」！依三元九運之五運到九運之一百年間整理其男女之宅命格，希望能讓讀者能快速查詢表格之後，知曉個人之宅命格為何？以搭配個人合適之宅名，來成就美好人生與好運勢，讓居家陽宅之居住，能愈住愈平順與達到好旺運。

古人云：「東四命人宜住東四宅；西四命人宜住西四宅。」因為家宅住久了，會有「人屋一體」之感應，其陽宅以人為主，以坐山方向為用，以大門處為納氣口。所以只要知道自己之何宅命後，選擇及住對宅向之宅屋，就會發生感應及好磁場、好運勢，能達到催官、催財又催丁之意想不到的好處。

當您量出家宅之「坐山、出向」後，可得知該宅為何宅！再查宅命表，確認住在該宅之人為

上元	一運	同治 3 年～光緒 9 年
	二運	光緒 10 年～光緒 29 年
	三運	光緒 30 年～西元 1923 年
中元	四運	西元 1924 年～西元 1943 年
	五運	西元 1944 年～西元 1963 年
	六運	西元 1964 年～西元 1983 年
下元	七運	西元 1984 年～西元 2003 年
	八運	西元 2004 年～西元 2023 年
	九運	西元 2024 年～西元 2043 年

表格三：此表格是 180 年之『三元九運表』年表供參考

何宅命格！如此相互配合，東四命之人住東四命之宅，西四命之人住西四命之宅，成就好風水、好人生，就絕非難事。

上列表格三為下元運之西元一九四四年，到西元二〇四三年之整理，依男子與女子之出生年次，依序歸納排列不同宅命格，方便讀者隨時查詢之使用。

【男子宅命格】表格四：依出生民國年或西元年，可查詢男子適合之「宅命格」

※、五運：

西元	民國	生肖	宅命
1944	33	猴	西四命
1945	34	雞	東四命
1946	35	狗	東四命
1947	36	豬	西四命
1948	37	鼠	西四命
1949	38	牛	西四命
1950	39	虎	西四命
1951	40	兔	東四命
1952	41	龍	東四命
1953	42	蛇	西四命
1954	43	馬	東四命
1955	44	羊	東四命
1956	45	猴	西四命
1957	46	雞	西四命
1958	47	狗	西四命
1959	48	豬	西四命
1960	49	鼠	東四命
1961	50	牛	東四命
1962	51	虎	西四命
1963	52	兔	東四命

※、六運：

西元	民國	生肖	宅 命
1964	53	龍	東四命
1965	54	蛇	西四命
1966	55	馬	西四命
1967	56	羊	西四命
1968	57	猴	西四命
1969	58	雞	東四命
1970	59	狗	東四命
1971	60	豬	西四命
1972	61	鼠	東四命
1973	62	牛	東四命
1974	63	虎	西四命
1975	64	兔	西四命
1976	65	龍	西四命
1977	66	蛇	西四命
1978	67	馬	東四命
1979	68	羊	東四命
1980	69	猴	西四命
1981	70	雞	東四命
1982	71	狗	東四命
1983	72	豬	西四命

※、七運：

西元	民國	生肖	宅 命
1984	73	鼠	西四命
1985	74	牛	西四命
1986	75	虎	西四命
1987	76	兔	東四命
1988	77	龍	東四命
1989	78	蛇	西四命
1990	79	馬	東四命
1991	80	羊	東四命
1992	81	猴	西四命
1993	82	雞	西四命
1994	83	狗	西四命
1995	84	豬	西四命
1996	85	鼠	東四命
1997	86	牛	東四命
1998	87	虎	西四命
1999	88	兔	東四命
2000	89	龍	東四命
2001	90	蛇	西四命
2002	91	馬	西四命
2003	92	羊	西四命

※、八運：

西元	民國	生肖	宅 命
2004	93	猴	西四命
2005	94	雞	東四命
2006	95	狗	東四命
2007	96	豬	西四命
2008	97	鼠	東四命
2009	98	牛	東四命
2010	99	虎	西四命
2011	100	兔	西四命
2012	101	龍	西四命
2013	102	蛇	西四命
2014	103	馬	東四命
2015	104	羊	東四命
2016	105	猴	西四命
2017	106	雞	東四命
2018	107	狗	東四命
2019	108	豬	西四命
2020	109	鼠	西四命
2021	110	牛	西四命
2022	111	虎	西四命
2023	112	兔	東四命

※、九運：

西元	民國	生肖	宅 命
2024	113	龍	東四命
2025	114	蛇	西四命
2026	115	馬	東四命
2027	116	羊	東四命
2028	117	猴	西四命
2029	118	雞	西四命
2030	119	狗	西四命
2031	120	豬	西四命
2032	121	鼠	東四命
2033	122	牛	東四命
2034	123	虎	西四命
2035	124	兔	東四命
2036	125	龍	東四命
2037	126	蛇	西四命
2038	127	馬	西四命
2039	128	羊	西四命
2040	129	猴	西四命
2041	130	雞	東四命
2042	131	狗	東四命
2043	132	豬	西四命

當您量出家宅之坐山、出向後，可得知該宅為何**「宅名」**！如您是男子就查詢**「男子宅命格」**之表格四，確認住在該宅之人為何宅命格！如此相互配合，宅命格與宅名是一致性的話，福地福人居的運勢，會越居住來越平步青雲呀！

【DIY自我練習】

※、DIY辨宅名，定宅命－練習四：

當李姓男子，是民國51年次，查詢表格四「男子宅命格」得知為肖虎的一九六二年的命格，依表格四所示應為**「西四命」**之人，所居住的陽宅住家，採用指南針測量宅名為「坤宅」，再查詢上表格二可以得知紫白星曜為**「二黑」**，屬於是**「西四宅」**的命格之人居住，正好符合李姓男子的居住運勢。

※、DIY辨宅名，定宅命－練習五：

當何姓男子，是民國67年次，查詢表格四「男子宅命格」可得知為肖馬的一九七八年的命格，依表格四所示應為**「東四命」**之人，所居住的高樓大廈之住家，採用手機之羅盤測量宅名為**「坎宅」**，再查詢上表格二可以得知紫白星曜為**「一白」**，屬於是**『東四宅」**的命格之人居住，也正好可以符合何姓男子所居住的大廈好運勢。

※、DIY辨宅名，定宅命－練習六：

有一位林姓男子，父母要為他買一間新婚的公寓，男子是民國70年次，查詢表格四「男子宅命格」可得知為肖雞的一九八一年的命格，依表格四所示應為「**東四命**」之人，所欲購買的居住新婚公寓之住家，採用專業之羅盤測量宅名為「**乾宅**」，再查詢上表格二可以得知紫白星曜為「**六白**」，屬於是「**西四宅**」的命格之人居住，因為此公寓尚未付訂金，林姓男子之父母可以再行選擇其他公寓，選擇可以符合東四命之新婚的公寓來讓林姓男子居住，方可營造出好運勢、好磁場與好命格。

【女子宅命格】表格五：依出生民國年或西元年，可查詢女子適合之「宅命格」

※、五運：

西元	民國	生肖	宅 命
1944	33	猴	東四命
1945	34	雞	西四命
1946	35	狗	西四命
1947	36	豬	西四命
1948	37	鼠	西四命
1949	38	牛	東四命
1950	39	虎	東四命
1951	40	兔	西四命
1952	41	龍	東四命
1953	42	蛇	東四命
1954	43	馬	西四命
1955	44	羊	西四命
1956	45	猴	西四命
1957	46	雞	西四命
1958	47	狗	東四命
1959	48	豬	東四命
1960	49	鼠	西四命
1961	50	牛	東四命
1962	51	虎	東四命
1963	52	兔	西四命

※、六運：

西元	民國	生肖	宅 命
1964	53	龍	西四命
1965	54	蛇	西四命
1966	55	馬	西四命
1967	56	羊	東四命
1968	57	猴	東四命
1969	58	雞	西四命
1970	59	狗	東四命
1971	60	豬	東四命
1972	61	鼠	西四命
1973	62	牛	西四命
1974	63	虎	西四命
1975	64	兔	西四命
1976	65	龍	東四命
1977	66	蛇	東四命
1978	67	馬	西四命
1979	68	羊	東四命
1980	69	猴	東四命
1981	70	雞	西四命
1982	71	狗	西四命
1983	72	豬	西四命

※、七運：

西元	民國	生肖	宅 命
1984	73	鼠	西四命
1985	74	牛	東四命
1986	75	虎	東四命
1987	76	兔	西四命
1988	77	龍	東四命
1989	78	蛇	東四命
1990	79	馬	西四命
1991	80	羊	西四命
1992	81	猴	西四命
1993	82	雞	西四命
1994	83	狗	東四命
1995	84	豬	東四命
1996	85	鼠	西四命
1997	86	牛	東四命
1998	87	虎	東四命
1999	88	兔	西四命
2000	89	龍	西四命
2001	90	蛇	西四命
2002	91	馬	西四命
2003	92	羊	東四命

※、八運：

西元	民國	生肖	宅 命
2004	93	猴	東四命
2005	94	雞	西四命
2006	95	狗	東四命
2007	96	豬	東四命
2008	97	鼠	西四命
2009	98	牛	西四命
2010	99	虎	西四命
2011	100	兔	西四命
2012	101	龍	東四命
2013	102	蛇	東四命
2014	103	馬	西四命
2015	104	羊	東四命
2016	105	猴	東四命
2017	106	雞	西四命
2018	107	狗	西四命
2019	108	豬	西四命
2020	109	鼠	西四命
2021	110	牛	東四命
2022	111	虎	東四命
2023	112	兔	西四命

※、九運：

西元	民國	生肖	宅命
2024	113	龍	東四命
2025	114	蛇	東四命
2026	115	馬	西四命
2027	116	羊	西四命
2028	117	猴	西四命
2029	118	雞	西四命
2030	119	狗	東四命
2031	120	豬	東四命
2032	121	鼠	西四命
2033	122	牛	東四命
2034	123	虎	東四命
2035	124	兔	西四命
2036	125	龍	西四命
2037	126	蛇	西四命
2038	127	馬	西四命
2039	128	羊	東四命
2040	129	猴	東四命
2041	130	雞	西四命
2042	131	狗	東四命
2043	132	豬	東四命

當您量出家宅之坐山、出向後，可得知該宅為何**「宅名」**！如您是女子就查詢**「女子宅命格」**之表格五，確認住在該宅之人為何宅命格！如此相互配合，宅命格與宅名是一致性的話，好屋運好宅福地的運勢，讓您會在家庭與事業上得到好的氣場能量！

【DIY自我練習】

※、DIY辨宅名，定宅命－練習七：

當詹姓女子，是民國55年次，查詢表格五「女子宅命格」得知為肖馬的一九六六年的命格，依表格四所示應為**「西四命」**之人，所居住的透天住家，採用指北針測量宅名為「艮宅」，再查詢表格二可以得知紫白星曜為**「八白」**，屬於是**「西四宅」**的命格之人居住，正好符合詹姓女子的居住好運勢。

※、DIY辨宅名，定宅命－練習八：

有一位陳姓女子，是民國48年次，查詢表格五「女子宅命格」得知為肖豬的一九五九年的命格，依表格四所示應為**「東四命」**之人，想要購買東區的公寓住家，找了仲介帶看房子，其仲介帶看一位東區的房子，到達現場站在陽台大門入口處，用手機的指南針測量，其坐山是「坐山－東南方」，查詢表格一的宅名為**「巽宅」**，再查詢表格二可以得知紫白星曜為**「四綠」**，屬於是**「東四宅」**的命格之人居住，正好是符合陳姓女子的購屋與居住的好運勢。

※、DIY辨宅名，定宅命－練習九：

有一位蘇姓媽媽，要準備為她的大女兒添購一間透天厝，大女兒是民國78年次，查詢表格五「女子宅命格」可得知為肖蛇的一九八九年的命格，應為**「東四命」**之人，所欲購買的透天厝之住家，採用平板電腦之下載的羅盤測量，其坐山是「坐山－正西方」宅名為**「兑宅」**，再查詢上表格二可以得知紫白星曜為**「七赤」**，屬於是**「西四宅」**的命格之人居住，因此欲購買的透天厝，蘇姓媽媽要讓大女兒居住，可以再緩一緩，等選擇到符合東四命之透天厝來讓大女兒居住，方可營造出好旺運、好氣場。

【DIY小叮嚀】

1. 得知宅名可判斷出東四宅、西四宅之格局，一定也要知道該宅之紫白星曜。
2. 查詢得知該宅之東四宅、西四宅之後，居住之人的宅命格與生肖要一併瞭解。
3. 相宅必要資訊「宅名、宅格、紫白星曜、居住人之生肖、幾運、男女宅命格」。

ex1：兌宅、西四宅、七赤、78年次肖蛇（女子）、出生年一九八九是七運、東四命

ex2：艮宅、西四宅、八白、97年次肖鼠（女子）、出年年二〇〇八是八運、西四命

ex3：坎宅、東四宅、一白、55年次肖馬（男子）、出年年一九六六是六運、西四命

※、自我相宅心法三：尋財位　避破財

依奇門遁甲的每年時空財位，該年之財位方要發揮化煞與補財位破損，及達到催財聚財

之效果，最有效之方法是先找出「該年之時空財位方」，將已開光並加持過之「正財元寶」掛在財位方上，以達到「補財庫、化損財煞氣」之應用。

運數	西元年	民國年	時空財位方
八運	2018	107	中宮 方
	2019	108	西北 方
	2020	109	正西 方
	2021	110	東北 方
	2022	111	正南 方
	2023	112	正北 方
九運	2024	113	西南 方
	2025	114	正東 方
	2026	115	東南 方
	2027	116	中宮 方
	2028	117	西北 方
	2029	118	正西 方
	2030	119	東北 方
	2031	120	正南 方
	2032	121	正北 方
	2033	122	西南 方
	2034	123	正東 方
	2035	124	東南 方
	2036	125	中宮 方

表格六：依奇門遁甲推算出每年時空財位方

居家的內外格局每九年一輪之影響，往往會造成屋宅之「財位破、財位漏洞」之時空磁場的遺憾靈動力，查詢表格六之方位，並掛在財位方上的正財元寶，能補強當年時空財運並化解漏財的疑慮。

【精進九】

命格自我分析

當您修行到精進之程度，可以透過冥想與內化之修為，分析自我之命格與個性，查詢下列表格七的生辰天命五行，可得知自己或是有緣朋友之命格與五行運勢。

14	13	12	十位數 ╲ 個位數	
11	10	9		
8	7	6		
5	4	3		
2	1	0		
金	水	木	2	1
火	金	水	4	3
水	火	土	6	5
土	木	火	8	7
金	土	木	9	
土	木	金	0	

表格七：依生辰天命五行判別表（台灣年）

透過禪坐與修鍊的過程，能讓您明瞭天命五行的奧妙，可以查詢下列表格八之西元出生年份，分析您自己或是有緣的親朋好友之個性，反映出與生俱來的命格。

205 202 199 196 193	204 201 198 195 192	203 200 197 194 191	十位數／個位數	
土	木	金	1	0
金	水	木	3	2
火	金	水	5	4
水	火	土	7	6
土	木	火	8	
土	木	火	9	

表格八：依生辰天命五行判別表：（西元年）

第四回 修行探前世今生

第四回：修行探前世今生

在佛教經典裡，會經常提到一首偈語：「欲知前世因，今生受者是；欲知未來果，今生作者是。」道出了因果與輪迴的循環概念，且因果不是只有一世，輪迴亦是累世不斷地轉世再重來所致。

這些最深最深的深層記憶，轉換為我們潛意識之影像，完整地釋放出來喜樂與傷痛，它原本是深深地埋藏在內心深處，當開啟授權的「金鑰」後，浮現腦海中的一切就是今生要探知的解答了。修行的過程，有緣去探訪前世今生，能開啟累世隱藏在內心深處的故事願力，所看到前世與今生的恩怨情債，不論是今生的有情或無情，都是前世的願力與羈絆，這些歡笑淚水的交織，皆是有脈絡可依循的。

【探訪一】

何謂前世今生

從不同的角度、時間與空間來探討前世今生，透過放鬆的訓練，進入我們每一個人獨特的「前世今生」，藉此可以體會我們輪迴不斷的因緣所在、願力何在？再搭配專注力與三個深層呼吸之引導，連結到屬於自己的潛意識，在元神與潛意識的轉換之後，順利進行元辰地圖的觀看與探訪，瞭解我們每一個人的「因果」與「業力」關係，才能從不斷地「輪迴」循環中，掙脫束縛與自我覺醒，以明瞭生死議題與累世願力的所在，進而今生能即時行善與熱心助人，以及了悟前世因果的愛恨糾結，並能安心自在的在今生行善業，累積善果。

探訪這些最深最深的深層記憶，轉換為我們腦海中之影像，完整地釋放「前世」的喜樂與傷痛，平時如不去啟動它時，它會深深地埋藏在內心深處，只是偶爾會讓您「觸景生情」與「感同身受」。但敏感度不敏銳的朋友就會渾渾噩噩地過日子，無法探知「前世」的業力為何？就算到達往生的那一刻，還是糊裡糊塗地再去輪迴與轉世，周而復始地循環著同樣的

「業力」與「苦果」，無法領悟前世的因，也無從覺醒今生的果。

而前世今生的探訪與引導，會像是授權的「金鑰」，開啟累世隱藏在內心深處的「答案」，將前幾世所經歷的事件逐一呈現，更讓內心深處的前世「因緣」與「願力」能浮現腦海，進而從中找到今生解答，也能讓我們的意識了知因果緣由，其當下能安心自在，領悟今生的「貪、怨、癡、愛、恨、不滿」皆是前世所種下的苦因而至，乃至能放下執著、猜疑、怨恨，勇於面對現實，做好自己的主人，行善積福，為自己、為子孫、為社會，盡一己之力，播種無私無我的「善因」，好為將來再度回到人間時，能享有前世的「善果」。

我們的一生都脫離不了前世的因，今生的果也避免不了前世的業力安排，其今生今世的所受所為，也皆是上天於前世的公平安排。例如，為何有人是富貴一生？又為何會有人是困苦一輩子？您今生能享樂與過得無憂無慮的日子，肯定前世必是行善造福之人；相對的，您今生過得很窮苦與為三餐煩惱的生活，其前世必當是鋪張奢華之人。

今生今世有緣進行前世今生的探訪，以開啟累世隱藏在內心深處的「願力」，將前幾世的場景所經歷的事件逐一呈現，進而從中找到今生與前世的連結「業力」，自我們的潛意識的識魂中，引導出來探索與觀看，方能了知因果束縛，回溯前世熟悉的場景與人事物，探知「輪迴」前的福德，功過與因果何在？透過這些珍貴資源的探知與覺醒，回到現實之後，讓您能夠勇於面對生活，做好自己的主人，行善積福。所以，想要品嚐來世的「善果」，就在今生的當下要先播種無私不求的「善因」。

【探訪二】

探索術語介紹

有緣進行前世今生的探索過程，也就是今生今世進行「覺醒」的一種領悟。透過每個人都有的「本命」對應到「元辰」，進而將「元神」自眉心的第三眼處引導出來探訪與觀看，回到內心的「潛意識」去進行「地庫、天庫」的實地走訪，將拜訪到自己的「今世、前世」之人、事、物，以突破「時間、空間」的束縛，回溯到以前熟知的感受與場景，透過引導來瞭解前世「輪迴」前的福德與財庫，探知前世「功過、因果」所帶來的前途與事業，這些珍貴的資源與探知，也只有探訪者本人，才能親訪與感受，並且還能眼見為憑，也能與探索過程的人、事、物，進行詢問、討論、互動、溝通。

探索前世今生前，分享給各位讀者相關術語及抱持的正確觀念，先介紹相關的名詞，容後再說明探索的分享。

「潛意識」

潛伏在身體的靈魂內心深處，會隨著靈魂體（識魂）的轉世與輪迴，累積著前世與前幾世的記憶，這些深藏不易被觸發的事件回憶，會有歡笑與淚水的交織，必須有一把「金鑰」來開啟與觸動，才能像影片般，依其索引之定位與尋後，播放出您想知道的過去年代與點點滴滴。

「元辰」

又可稱為「元神、本命」，就是代表著一個人，最根本存在的「本質、本性」，以現代科學及心理學而言就是為「潛在個性」、「潛意識裡的意識」，藉此能探知一個人內心真正的個性、想法、處世態度、金錢觀念、人際觀、身體健康、累世願力。

「地庫」

代表一個人的「今生」。進入地庫後能看到自己的地庫廚房與房間，看看廚房的米缸、看看爐灶內的柴火、看看自己的本命生肖、看看自己的貴人、看看自己的業力、看看最近會發生的事件，並探索並體認自己在今生處世的真正個性與處世態度。

「天庫」

代表一個人的「前世」。進入天庫後能看到自己前世的住宅，看看前庭的明堂、看看到供桌的擺設、看看自己的桃花樹生長、看看自己的本命樹（本命花）的生長、看看自己前世所供奉的有緣神佛、看看自己前世的書房擺設、自己前世的指導靈（老師、師父）是誰、看看自己前世的後花園擺設、看看自己前世的主臥房擺設、看看自己前世的財庫、看看自己前世的客廳桌椅擺設，並探索自己在前世的行善多寡與福德、健康、財庫狀況。

「輪迴」

只要有生命的就會有輪迴，當生命體往生之後，意識會隨著靈魂體，依其一生的善惡，善者上升天堂，惡者下降地獄。待因緣俱足後再依其福澤之高低，可再次降生為人、為畜牲、為其他的生命體的循環。

「轉世」

依往生者依其福德與業力所至，能於往生後，歷經一段時間後而再世為人，回到人間，完成前世甚至前幾世的遺願，繼續未完成的志業。更有相欠債的有緣人，也是在往生後歷經善惡審判，再重新降世人間，以完成報恩與還債的果業。

「前世」

有生命就會有生與死，只要是同一靈魂體，在初生嬰兒那一刻回溯到往生之前的生命過程，所做的一切、所接觸的人事物，這個靈魂體與意識的所有記憶與事件。

「今世」

是同一靈魂體之前題下，在往生之後會先經歷功過賞罰的審判後，再回到人間自初生嬰兒的生命降世開始，所做的一切、所接觸的人事物，這個靈魂體與意識的記憶與發生事件。

「因果」

說明著種瓜得瓜；種豆得豆的意念，如前世是行善積福之人，今生必定相貌端正、衣食無缺；如前世是做姦犯科之人，今生必當長相醜陋、窮極一生。故要來世有好日子過，肯定今世必當多行善、多說好話、多助人，這種循環又能得到印證的關係。

「業力」

源自於梵文的「karma」，意思是「行為造作」，我們的所作所為，都會造就不同的事件、相應的結果。就像欠債與報恩的道理，您前世虧欠的會累積到今世來償還，而今世您對別人有恩惠的，於來世必當會受人報答，這種事件的累積稱之為業，而要去執行的力量就稱之為業力，然前世做一半未完成的，今世要繼續完成的事件，也是業力。

以上的十項術語及正確觀念，與各位讀者分享，您是不是想更進一步瞭解「前世今生」的神祕世界，揭開那深深埋藏在內心世界的前世意識，發掘內心真正的自我，看看前世轉移過來的福德、財庫與人緣，究竟為何？

※、潛意識之介紹：

我們的「靈魂體」是蘊藏在每個人體內的靈體，依照老祖先的述說，可分成「三魂七魄」。潛意識中其實潛藏著靈魂體的其中一魂，又稱為「識魂」。是位於人體靈能磁場的內側，受到人體靈能的保護，不會很容易出走及離開的，除非受到業力牽引與引導師的引領，才會自眉心的第三眼處離開，去探索與探訪前世的種種經歷，然後浮現出累世的七情六慾影像及願力為何？透過腦波能量的接收與傳遞，再自人體的嘴中說出發生的事件與場景。

而靈魂體的「三魂七魄」，其名稱與說明：

1. **三魂：**識魂、生魂、覺魂、。

2. **七魄：**尸狗、伏矢、雀陰、吞賊、非毒、除穢、臭肺。

其組合是以三魂為中心主體，而七魄為輔助，各自配合運作。與靈體有任何接觸的魂體，是指「識魂」，在此的前世今生探索中，稱之為「元神」。

「識魂」

是人體意識機能的記憶魂體，有記憶著累世的七情六慾、功過賞罰、業力業障，屬潛意識的重要一環，是人體往生後第一個逸出體外魂體，也是在第一時間，馬上被接引至地府或天堂的魂體。

「生魂」

是人體生理機能維持的運作魂體，並不具備意識與知覺，通常要到人體往生後的七七四十九天後，隨著肉體與骨頭而停駐在「墳墓碑」或是「骨灰罈」內。

「覺魂」

是人體基本行動機能的指揮魂體，能操控人體行動，位於人體較為深層的內部，在人體往生後會隨著親人的呼喚，停駐在自己的「神主牌位」上。

「七魄」

一、「尸狗」，乃好吃。

二、「伏矢」，則好穿。

三、「雀陰」，是好淫。

四、「吞賊」，是好賭。

五、「非毒」，則好禍。

六、「除穢」，是好貪。

七、「臭肺」，是好一切雜事。

所以我們看人的七魄是屬七個竅眼而易撥弄是非、惹禍生事的本性，所以要「修」，就是需要的是修一修「身、口、意、心、靈、念」之撥亂反正，以回歸純淨無瑕的自我。

※、靈界三個名詞之介紹：

1. **靈魂出竅**：只有識魂才具備和靈界溝通的作用，經過專業的靈能訓練，可以修練到讓自己或讓其他人的識魂引出，脫離肉體而四處探訪及遊山玩水，最後還可以毫無損傷地召喚回來，回到肉體。

2. **靈界遊民**：當無故往生後，因為怨念或執念不肯離去，被迫停在往生的現場，成為遊蕩的好兄弟，又稱之「孤魂野鬼」。

3. **植物人**：當我們肉體某種原因或是驚嚇而失去識魂，而只能靠覺魂與生魂來維生及攝取食物、無法思考、無法自主性的推理與動作，稱之。

【探訪三】

元辰探訪場景

透過放鬆的訓練而進入潛意識探索，也就是進行「前世今生」的探訪，在坊間有老師們稱為「進花園」，其進行的過程會有「地庫」與「天庫」之分。體質比較靈敏與心性比較安定者，很快的於五分鐘之內就能順利進入元辰探訪與感受，如注意力不集中及精神疲憊的人，可能會花上二十分鐘或甚至更多時間，當然也是有人無法進入的，那是因為太緊張或是太過於好奇，且一心很想要進入探訪，導致內心雜念太多，而導致無法如願進入，所以要探訪與觀看的有緣朋友們，還必須要全神專注與心思放鬆才行。

※、探訪之事先預防：

1. 已受到風寒、重感冒、頭暈目眩者，不宜。

2. 剛洗熱水澡、泡溫泉、心思煩悶者，不宜。
3. 剛喝飲烈酒、飲藥酒、大魚大肉者，不宜。
4. 長期熬夜、精神疲憊、精神不繼者，不宜。
5. 長期失眠、頭痛欲裂、精神恍惚者，不宜。
6. 當天吃太飽、胃脹氣、注意力渙散，不宜。

以上有十八種狀況之讀者朋友，建議暫停進入探訪，以免反效果，無法順利探索與浪費太多寶貴的時間。

※、探訪之容易進入：

1. 有學習氣功、瑜珈、禪坐者。
2. 容易放鬆自我、放空心念者。
3. 平時心情穩定、不易動怒者。
4. 專注力容易集中者。
5. 前一晚睡眠充足者。

6. 願意相信與信賴引導師者。

以上有十種狀況之讀者朋友，比較容易並順利進入元辰探訪，精神力夠集中時，與天地庫裡的人事物互動，可以有意想不到的好效果。

※、探訪之六項準備：

1. 取出身上、口袋內的物品，不戴手鍊、項鍊、手錶、戒子等物品。
2. 平坐於沙發、軟墊椅、躺椅，以最自然的姿態與舒適為佳。
3. 準備一件薄毯子或小抱枕，置於大腿處，增加安全感與穩定性。
4. 再將室內的照明燈光，調至微亮不刺眼的光度。
5. 雙手平放大腿處，置於薄毯子、小抱枕之上，以最放鬆的姿態。
6. 最後輕輕閉上眼睛，開始探訪元辰地圖的天地庫。

各位讀者必須瞭解，如果內心雜念太多，是很難如願進入探訪，所以要觀看元辰的天地庫，需要精神好、勿吃太飽、全神專注與心情輕鬆，放空後就會容易探訪。

※、探訪場景介紹：

1. 透過專注力的引導，慢慢的心靈變得很寧靜，腦海裡的影像會慢慢浮現。
2. 首先會走到地庫入口，進入之後可以呼叫土地公，請祂協助開啟地庫之門來到元神廚房。
3. 走進地庫階梯，會看到灶神，此時可以檢視鍋碗匙筷、元神米缸及爐灶柴火。
4. 再走進元神生肖房，再進貴人房，接著是影響一生房。
5. 然後再到業力房、近期事件發生房，進行地庫的場景探訪。
6. 緊接著走出地庫，前往天庫之門，必須搭交通工具「雲」前往天庫探訪。
7. 乘坐雲到達天庫入口後，會先探訪明堂格局，再看供桌擺設。
8. 觀看桌上的擺設，有桃花樹，以及「本命樹、本命花」。
9. 再走到天庫神明廳，看看供奉的神佛菩薩為何？並可祈求三杯供茶。
10. 然後再去看前世書房，接著是指導靈房，及主臥室房格局。
11. 觀看客廳擺設，以及保險財庫的探訪，最後再去看看後花園格局。
12. 完成後引導元神回地庫位置，回到元神的廚房後，結束元辰地圖的探訪之旅。

以上是介紹當元神順利的引出後，進入元辰地圖探索，分地庫與天庫的場景描述，以成人而言，約「兩小時」以內元神需引回。

※、探訪場景說明：

一、地庫場景：

「地庫入口」：當元神引出後，腦海裡先會是一片漆黑，慢慢地會浮現出影像，出現一道亮光與可以走進的入口。

「地庫之門」：走到地庫入口，左右尋找看看，會看土地公，恭敬地請祂協助開啟地庫之門。

「地庫廚房」：開啟後走進地庫之門，會看到臉黑黑的灶神，這個位置就是您自己的今生廚房之影像顯現。

「鍋碗匙筷」：看到今生廚房之影像，左右尋找一下餐桌，看看桌上的鍋碗匙筷，是否成雙成對及數量。

「地庫米缸」：然後尋找附近的米缸，圓圓的、肚大口小的米缸，擺在地上之處，上面會有一個米缸蓋。

「爐灶柴火」：看完米缸後，再尋找附近的爐灶，探進爐灶口，看一看裡面的柴火旺不旺，旁邊是否還有備用的木柴。

「生肖房」：再往旁邊的第一個房間推進去，來到元神生肖房探索，看一看裡面的本命生肖，檢視食物充不充足。

「貴人房」：關起第一扇門，來到第二個房間，進去後會出現今生的貴人與幫助您的親朋好友，將會齊聚於此房間內。

「重要之房」：關起第二扇門，來到第三個房間，進去後會出現今生的親人或是家人，甚至影響您這一生的人在此。

「業力房」：關起第三扇門，來到第四個房間，進去時會看到這一生業力跟隨之事為何？也會顯現人、事、物之影像。

「事件房」：最後，關起第四三扇門，來到第五個房間，進去後會看到潛藏內心的近期事件，最近會發生之事件影像。

「天庫之門」：當地庫探索完畢後，恭敬地請土地公協助關閉地庫之門，再幫您開啟一個出口，走向天庫，臨走前記得向土地公道謝。

二、天庫場景：

「天庫入口」：走出地庫後，用意志力呼叫雲，它會變成交通工具，搭載你前往天庫進行探訪。

「明堂格局」：乘坐雲到達天庫後，走下雲時會看到前世房子的明堂前庭，可左右觀看格局與環境。

「供桌擺設」：看完後進入前世房子，尋找一下入門後的供桌，觀看桌前的擺設、水果盤與水果有多少。

「桃花樹」：然後從桌上再觀看桃花樹，看看樹上使否有葉子乾枯、泥土乾裂與是否有開花朵盛開。

「本命樹」：如果您是男士，看看另一株本命樹的葉子是否茂盛，是否有小蟲在爬以及泥土是否乾裂。

「本命花」：如果您是女士，看看另一株本命花的葉子是否乾枯，是否有小蟲在爬以及泥土是否乾裂。

「神明廳」：走進屋內，觀看您前世供奉的神佛菩薩為何？並可祈求三杯供茶，誠心誠意祈求。

「前世書房」：來到第一個房間，是您的前世書房，會顯現前世的學習、知識、喜愛的收藏，觀看屋內擺設。

「指導靈房」：關起第一間房門，來到第二個房間，會出現前世的老師，也就是您的指導老師，與老師多多互動。

「前世臥房」：與老師互動後，關起第二間房門，來到第三個房間，觀看主臥內擺設、鏡子、床、衣櫃與環境。

「前世客廳」：房間觀看後，來到客廳擺設處探訪，觀看客廳的桌倚擺放，寬敞於否及環境布置為何。

「前世財庫」：客廳擺設看完後，尋找保險財庫的財運觀看，只有您可以打開，仔細地觀看財庫內容。

「後 花 園」：要結束天庫探訪時，一定要再去看看後花園格局，觀看花圃、造景或是花園裡的環境佈置。

探訪元辰地圖之地庫與天庫，透過場景說明可讓您明瞭，探訪地庫是代表「今世的處世態度與果業」。觀看天庫是代表「前世的財庫、福德與能力」。

【探訪四】

元辰場景分析

探訪元辰地圖的過程，也就是觀看自己前世今生的顯像，是一種潛意識的自我呈現，包含著今生的個性、財富、事業、感情、婚姻、健康等項，瞭解您一生的功課與使命，並能結合前世的財富、福德能量以連接至今世，可以讓您真的看到：財庫多寡、工作運勢、本命生肖、金錢觀念、貴人運勢、業力所在、近期事件、格局度量、桃花運勢、生命力、前世福德、前世能力……，還會有意想不到的插曲及互動事件。

歸納一下元辰地圖的探訪歷程，不但可以讓您更瞭解自我的內心深處，更能讓自己更放得開，去接受自己願力所屬，好為您自己今生與將來及未來，鋪設出一條嶄新的康莊大道。

※、地庫探索意義：

「**鍋碗匙筷**」：個人的家庭觀念，包括持家、顧家與孝順心的呈現。
「**米缸**」：個人的準備態度，包括讀書、工作及事業的積極度。
「**柴木**」：個人的工作運勢，包括事業格局、企圖心、事業版圖。
「**元神生肖**」：個人的健康狀況、金錢觀念、戰備儲量之呈現。
「**貴人房**」：個人現今的貴人，家庭、社會、工作場合的貴人。
「**影響一生**」：個人今生會出現的人、事、物，影響您這一生的顯現。
「**業力**」：個人今世要做的事、物，與要幫助之人，前世未了之心願。
「**近期事件**」：會出現近期會發生的人、事、物，潛藏內心的未決事件。

※、天庫探索意義：

「**明堂格局**」：可以看出個人前世的心胸格局、處世的氣度。
「**供桌擺設**」：可看出個人前世的心性、信心、固執程度。
「**桃花樹**」：可以看出個人今生的人際關係、桃花運。
「**本命樹**」：可以連接個人（男生）今生的健康狀況。

「本命花」：可以連接個人（女生）今生的健康狀況。

「天庫神明」：會出現個人在前世所供奉的菩薩、神明。

「三杯供茶」：合掌祈求菩薩賜予，其喝下後，第一杯會身體健康、第二杯會財運亨通、第三杯會讓您心念正向。

「前世書房」：可看到前世書桌、書櫃、牆上的擺設。

「指導靈房」：可看到前世的指導老師、師父，能瞭解前世能力。

「主臥室房」：可看到前世的個人臥房擺設、姻緣為何？看鏡子可知前世的朝代與服裝穿著。

「客廳擺設」：可看到前世的個人好客程度與朋友之多寡。

「前世財庫」：可看到前世的個人財庫，對應行善程度，可瞭解前世累積的財運福報。

「後花園」：可看到個人前世的喜好與從崇尚之休閒生活。

※、分析觀看思維：

觀看前世今生又稱為「潛意識的探訪、元辰宮探訪、元辰地圖探訪、後花園探訪」，是觀看個人的前世今生之因果、願力與財運福德，絕對不是坊間所稱的「觀落陰」。當您探訪後，無論是進入地庫看「米缸與柴木」，還是進入「貴人房、影響一生房、業力房、近期事件之房」，所看到的都是反映到今生今世的運勢，能去正視它與面對它，甚至接受它的呈現與顯像，進而改變今生自我的態度、觀念、思維，讓人生觀更開朗與更豁達，也能對這有情有愛的社會付出自我的小小心力，行善與佈施給需要幫助的苦難朋友及有緣人，這才是觀看元辰地圖與前世今生探索之真正目的。

至於到天庫去探訪的「明堂、供桌、桃花樹、本命樹、本命花、前世書房、財庫」，這是顯示您前世的福德與健康狀況，能讓您知曉今生的格局氣度與人際關係，再加上健康方面則是源自您前世行善積德而來的因果傳承。

所以，觀看前世今生是今生自我瞭解因果的呈現！也是可以讓各位讀者更明白，前世今生的對應與連結關係，接下來翔丰將整理「專注力的訓練、慎選其引導師」進行說明與介紹，讓有心進行探訪的各位讀者，更完整與清楚進前世今生探訪的訓練、引導之微妙關係。

【探訪五】

專注力的訓練

探訪元辰地圖，需要透過「土地公」來帶路，為探索者來打開地庫之門，然後走下地階梯，到達地庫的門口時，會遇到「灶神」，然後再到本命生肖房時，會看到屬於自己本命的「本命生肖」……，這一連串的體驗過程，都需專注力的訓練。

進入地庫之前，需要有專注力的提升與應用，所以請探索者先透過專注力的訓練，可以加深專注力的運作，也是為進入天地庫的每一間房間做準備，讓潛意識與元神之間會有一微妙的互動呈現。

※、引導訓練六法：

一、「數字倒數法」訓練，讓內心安定與更放空。
二、「精油放鬆法」訓練，讓內心放鬆與更紓壓。
三、「水果冥想法」訓練，讓專注力快速提升。
四、「眉心引導法」訓練，讓心境更穩定與安祥。
五、「手臂引渡法」訓練，讓內心下沉與更平和。
六、「吐納定心法」訓練，讓內心無雜念與更寧靜。

探索元辰地圖之訓練，翔手列出四種不易訓練的介紹，讓各位讀者瞭解專注力訓練的意義。

一、「水果冥想法」，讓專注力快速提升。

當要進行元辰地圖之引導時，可讓探訪者預先觀看六種水果顏色的圖卡，用平靜的心來領悟六種水果的顏色及外型，且要牢牢地記於腦海中，這會有幫助引導時的思維清晰，及藉由色系與形狀的冥想，達到聚焦與專注力的提升。

二、「眉心引導法」，讓心境更穩定與安祥。

當要進行元辰地圖之引導時，其引導師可以用右手的劍指，先自我冥想與持咒於指尖，然後輕輕地指向探訪者的兩眉間之眉心處，這樣的做法可以讓探索者的氣脈緩和，也可以打開眉心輪的通道，讓探訪時的元神可以穩定地運行，與達到引導的順暢。

三、「手臂引渡法」，讓內心下沉與更平和。

當要進行元辰地圖之引導時，即是讓探訪者藉由兩手掌握住，將手臂伸直並用力撐住，其引導師會數著1、2、3的律動，用右手下壓探訪者的手臂，讓探訪者施力反抗，此時可以訓練內心意志力的運用，可協助心境的平和，也可讓觀看與探索過程，輕易地使用意志力，來打開米缸、推開與關閉探索之房門。

四、「精油放鬆法」，讓內心放鬆與更紓壓。

當要進行元辰地圖之引導時，可採用天然提煉的芳香精油，來使身心放鬆與達到外在武裝的卸除，其引導師會依探索者的屬性來規劃芳香精油，能讓探訪者快速達到放鬆與紓解壓力，此時的引導能輕鬆且自然地導入，並達到進入潛意識探索的順暢，使得體驗者的心不再有所罣礙。

※、引導精油放鬆：

一、放鬆精油：茶樹精油。
二、紓壓精油：檜木精油。
三、木行精油：檀香精油。
四、火行精油：羅文莎葉精油。
五、土行精油：尤加利精油。
六、金行精油：甜橙精油。
七、水行精油：薰衣草精油。
八、提神精油：佛手柑精油。

採用八種放鬆精油，依其每一個人的五行來搭配使用，會有不同深淺的意念產生，且挑對合適的放鬆精油，可以讓探索者更快速地進入元辰地圖探訪，也能比較快就達到身心靈的放鬆與沉澱。

一、在手心輕輕搓揉

用五行意念來搭配使用之合適精油，滴在手心位置，兩手都要滴到，然後合掌輕輕地搓揉，讓精油的味道散開來，且透過毛細孔來滲入皮膚，達到放鬆與紓解壓力之效果。

二、舉到口鼻處，深呼吸放鬆

精油的味道散開來後，可以將雙手舉起，舉到臉部的口鼻處，讓口鼻都能聞到精油，如此的吸聞處理，是可以讓大腦更放鬆，心情也會感到愉快的。

三、意志力的激發

激發意志力的使用訓練，是讓探訪者的雙手合握，並且手臂伸直，要將雙眼輕閉，然後輕輕地讓「眉心輪用力」，如此的訓練是要讓探訪者學習，如何開米缸的上蓋、推開探索之門、拿供杯喝水、拿澆水工具……等處理。

四、手臂的施力練習

讓探索者的雙手合握，並且手臂伸直後，引導師要用手掌下壓探訪者的手臂，再請探訪者用反抗的力量來抵抗，如此的訓練是可以讓「眉心輪用力」，當成一種感受與感應，進行三次的下壓與反抗之後，請探訪者記住眉心輪用力的感覺，其掀開米缸的上蓋、推開體驗之門，就是用如此的力量來進行。

五、體驗過程，親人或朋友的陪伴與協助記錄過程

探索元辰地圖時，一定要能顧及探訪者的隱私，及保持引導師的專業形象，所以說要對「異性」進行探索時，則是要請探訪者的親朋好友陪伴，是一種安全感，也可以協助探訪之過程的記錄。

【探訪六】

慎選其引導師

引導觀看元辰地圖、探索前世今生的老師，實在是不在少數，也有遍及國內外的專業引導專家。但，如何慎選其專業的引導師，讓有緣的朋友進行探索時，能順利找回自我的累世願力及觀看因果業力。要如何找到您合適的引導師？又該如何判斷與選擇一位好的引導師？

下列九點準則讓各位讀者參考：

1. 引導師是否有口碑，其道德與操守是值得信賴。
2. 引導師與您談話時，是否讓您感到輕鬆自在。
3. 引導師是否能專心地傾聽您的探訪需求。
4. 引導師是否有散發出開朗與充滿希望的氣息。
5. 引導師在回覆您的問題時，是否有耐心與語氣和悅。
6. 引導師是否有注意儀容及口腔的清新、衛生。

7. 引導的地點，是否讓您感到安全、安心、舒服。
8. 引導師是否同意有親朋好友在一旁陪伴著。
9. 引導師是否同意可同步錄影、錄音及做筆記。

※、引導準則：

當一個元辰地圖的引導師，一定要有自尊與自重的意志準則，不可輕忽與草率地公開探訪者的隱私及散布其探訪內容。也應先確認體驗者的心性與態度行為，是否端正及有充分需要自我瞭解者，方可引導其探訪、觀看。引導師除了要慎選探訪者外，自己也絕不輕佻及輕浮，必須提升自我人格及培養高尚的情操、健康的精神、合宜的親和力。如下翔手提供引導師自我約束、行為規範、敬業態度、修持精神，給各位需要探訪元辰地圖之參考。

※、引導師的自我約束：

1. 態度莊重、處事恭正、談吐穩重、笑容可掬。

2. 為人探索與感應時，要有探訪者的友人陪伴。
3. 體驗姿勢與行為要端正，非必要時勿有肢體碰觸。
4. 解說要有耐心、衣著整潔、保持儀容與口腔清新。

※、引導師的行為規範：

1. 觀察動機，貪婪勿行。
2. 良好解說，詳細分析。
3. 修身養性，注重人格。
4. 動機純正，無私無我。
5. 舉止得宜，言語端正。
6. 勿存貪念，誠實以對。

※、引導師的敬業態度：

1. 衣著整潔，舉止端正。
2. 抬頭挺胸，精神旺盛。
3. 談吐得宜，聲音宏亮。
4. 請勿斂財，行善為要。
5. 口腔清新，勿食檳榔。
6. 勿恐嚇語，親和自信。

※、引導師的修持精神：

身為引導師，務必先氣運丹田，集中精神力，開啟自己的第三眼，方能協助探訪者引出第三眼的元神，以接通潛意識的識魂，進行前世今生的感應與探訪，然而引導師，也必須先自我嚴格地訓練與修持下列五大項目：

一、正確觀念：將探索元辰地圖，當成是修行、助人、行善的一部分，不可從中要謀取私利與騙財騙色之行為。

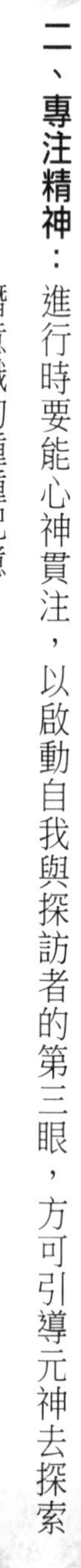

二、專注精神：進行時要能心神貫注，以啟動自我與探訪者的第三眼，方可引導元神去探索潛意識的種種記憶。

三、勤修實練：每天要能自我嚴格「靜坐」與「淨心」的修練，務必紮實地充足自我的靈氣及能量磁場。

四、引領動線：探訪元辰地圖之「地庫」與「天庫」，其動向引導與過程互動要清楚明白，才能正確地引領與帶動。

五、體驗說明：探訪及觀看完成後，必須善盡責任來詳細地解說其過程、互動項目、分析內容，讓探訪者能瞭解，並找到自我內心所需的答案，這才會是一位稱職的引導師。

※、瞭解元辰地圖好處：

1. 陶冶品性，增加涵養、道德內斂、富善心。
2. 有助個人、家庭的和諧、社會安樂與寬心。
3. 在職場上可以強化自信心與幹勁、熱忱心。

4. 能瞭解自我的健康、財運福德、貴人願力。

※、協助探訪後的回神：

1. 給予一些溫水熱飲，以利提升精神。
2. 可輕輕用水晶礦石，擺放眉心能量。
3. 可使雙腳泡溫熱水，以利放鬆回神。
4. 可給予紓壓之精油，以深呼吸回神。
5. 可站立做伸展體操，以利氣血循環。
6. 可手心握住琥珀礦，以安定元神體。

第五回

修行思維的延伸

十方諸佛令念佛法門下不

第五回：修行思維的延伸

【思維一】

迷霧般的喚醒

一、源自「九華佛境指引」之奇遇

1. 回想才二十出頭歲的我，工作還未滿一年就有腰椎痠、麻、痛之症狀，這是什麼樣的前兆與磨練？

身上有任何的病痛與痠麻，都應該是尋求合格醫生的診療，切勿聽信民間偏方，而延誤就醫的黃金時間，因為翔手有三次的華江橋車禍，遺留下來的筋骨摔傷，加上本身練跆拳達紅黑帶，也進行全國性比賽的集訓舊傷，造成腰椎痠、麻、痛之症狀，透過打坐與靈動的活動過程，已逐漸復原與舒緩，所以無論是平常人或是修行人，平時都應該保持良好的運動習慣，才能多活動多維持身體健康與筋骨活絡。所以，身上有痠、麻、痛之症狀，第一個正確觀念，要先行就醫與診斷，聽取醫生診療與進行必要復健，切勿一味地以迷信的思維，自以為有帶天命或是神佛有指示，而延誤就醫的錯誤判斷，凡事應該信而不迷。

※、延伸小語：

修行是一種磨練是一項考驗，也是持之以恆的耐力賽，抱持著平常心，走完全程，以不求的隨緣態度，加上謙虛的心態，自然而然能在生活當中取得平衡點，讓修行融入生活當中，體會平常心有情味。

2. **到九華佛境的母娘宮廟，親眼見證瑤池金母降駕的現象，與空氣中飄著淡淡花香味，是很難解釋的？**

有修行的朋友，應該都知道，當神佛靠近時，會有檀香味與淡淡花香，這是自然的感應現象；反之，如果是外靈靠近時，會有夾雜難聞的味道出現，但有時是宮廟內會有供花與常薰檀香，在一片肅靜的氛圍中，人的鼻子是靈敏的，是比較容易聞到花香與檀香味。當時翔手初接觸到降駕的現象，都以為是人為的裝模作樣，直到親眼見到降駕的前後反差，才認為世間的萬物變化，是有說不出來的奇妙之處！非一般科學能證明與解釋清楚，空氣中飄著淡淡花香味，也意味著人心是善良的、無私的、隨緣的，沒有什麼事是過不去的，只要我們能勇敢地面對它、處理它、接受它，必要時候能放下它，再困難的事都能迎刃而解。

※、延伸小語：

困難是心境上的延伸，面對不可預期的事件，不需立即用情緒來面對，能將情緒與心情拋之腦後，就事論事地看待事件的發展與變化，時間會證明一切，變成經驗的累積，更當成心靈成長的養份，蛻變與茁壯；而無法解釋的事，就待時間去印證與真相的呈現。

3. 降駕的瑤池金母是「道教」的代表，經過我問事後，則要我去找「佛教」，當時是讓我很匪夷所思的？

兩個原因的脈絡是可見的，首先年輕的翔丰由母親帶著去問事，當然是依循母親熟識的宮廟去詢問，當初翔丰母親只在九華佛境服務，當然是優先到「道教」的母娘處開始，藉由母娘之指引到「佛教」去皈依，這個順序的邏輯是合理的。另一個脈絡可循是，當時「佛教」的教義中，沒有問事的儀式，無法從觀音佛祖的降駕來指引翔丰皈依，所以先道教問事再佛教皈依，然後再由佛教的唸經過程，搭配導回道教打坐定心，進而「佛道雙修」地去修練與精進學習。初入社會的翔丰，涉世未深才會誤以為神奇的事件降臨，基本上是我們每個人的心中必須要有一個寄託，無論是任何宗教或是任何嗜好，以培養出良好的生活學習，進而讓精神與心靈層面都能圓滿平衡，能在工作與家庭間能互動融洽，更以平常心去學習道教或佛教之教義，透過學習之後的領悟，帶給我們祥和的身心寧靜。

※、延伸小語：

宗教本身都是勸人向善的，任何教義都有值得學習與成長之處，用心去體會、用愛去包容、用行動去實踐。

二、源自「三次車禍點醒」之奇遇

4. 面對科學無法解釋的現象，為其坊間傳說的乩身降駕，要不是我親眼所見，我是不會相信的？

年輕時期的翔手，是自高中時期的電機科、專科的工業工程、最後是師範大學的工學碩士，理工科出身的我只相信科學與眼見為憑，科學無法解釋的一律都是捏造的，坊間傳說的神佛故事，都當是小說情節才會出現的橋段，乩身降駕的現象只覺得是電影與電視效果，不可能有此行為讓神佛附身來講話與辦事？直到我親眼所見，發生在九華佛境的周師姐身上，我才體會到一般人的講話是平順的，一旦被附身之後所說的話是纖細的、細柔的，且能說古文與咬文嚼字，探知問者的未來與過去！只是我們要有正念、正知與正信，去判斷乩身降駕的真與假，有良知與正念的乩身，可以為眾生解惑；想要斂財與矇騙的乩身，可能是胡言亂語、魅惑眾生、語帶恐嚇地說一些令人害怕之事，不得不謹慎，也要睜亮眼睛，多聽、多瞭解，不要因害怕而無知相信。

※、延伸小語：

乩身與靈乩都是仙佛的代言人，傳遞上天的訊息與善知識，能用正念與正見去感受，參悟上天的悲憫與善念，轉化成人間的感恩與惜福心，任何人都可以成為散布溫暖與愛的代言人。

5. 歷經第三次車禍的過程，都是有驚無險，車壞人平安，僅受到小傷，是上天刻意的安排嗎？

三次的車禍啟蒙，其過程皆是歷歷在目，摔車不是我所願，只因冥冥之中的安排，讓鐵齒的翔手快快清醒過來，皈依之後能接受相關訓練與體悟，上天的慈悲心讓三次車禍是車壞人平安，點醒翔手在未來的日子裡，能好好的學習，進而幫助有緣的眾生與親朋好友，所以上天與神佛都是慈悲的，點醒是為了喚回前世的承諾，點醒是為了敲醒鐵齒的迷思，點醒是為了往後的學習做準備……，如果這是上天的安排與願力，被點醒者必須是一步一腳印，跟著因緣的安排而前進；如果還沒做好準備，上天亦是悲憫的，會耐心地等待緣分的成熟。只要我們有心有毅力，以謙虛、感恩與惜福的態度面對人生，上天也絕對會為我們而安排，先讓我們擁有健康的身體與快樂的人生，再行佈施與助人的願力。

※、延伸小語：

慈悲心是人與人之間情感交流的催化劑，無論是上天安排還是仙佛的指示，緣到了就欣然地接受，緣滿了就快快覺醒，緣盡了就回歸自然回歸生活的日常，不罣礙、不著相、不染塵。

6. 三次車禍的際遇，皆是「相同方式」、「同樣是清晨」、「相同借停的騎樓下」，連求學的最後一天都還發生，是一種暗示還是巧合，或是點醒我該好好注意這棟「屋簷兩邊翹起來像遮風蔽雨的大傘」的建築物？

翔手的緣分是自「佛教、禪宗」開端，淨心與開智慧之後，再結合「道教」的儀式，與「藏傳」的咒心，整合成佛道雙修的願力佈施，所以點醒的際遇，現在回想，上天則是將因緣從佛教開始佈線與示現，讓翔手警覺應當自佛學開始精進；要協助眾生之不足處，以道教的儀式與術式來補強；如果需要強化身心靈的應用，再搭配藏傳咒心的感應，快速化解外靈的跟隨與能量星光體的提升。所以，將損壞機車借停在佛寺的屋簷下，是一種暗示的意味，告訴翔手現在給你遮風擋雨，未來要成為有緣人的大傘，讓有緣的眾生也能遮風蔽雨，感受與到人間有情與溫暖的一面。

※、延伸小語：

身心靈是平衡智慧與健康的學習，父母賦予我們身體之後，讓我們心念正向，在後天的成長過程，如能啟動靈性的學習、靈性的覺醒、靈性的昇華，轉換成大我與大愛的行動力，無論是助人還是自助，都能發自內心感受到人間的美好。

【思維二】

平常心的學習

一、源自「唸經打坐日子」之奇遇

7. 歷經三次的車禍、三次的點醒、三次的因緣，這些真的是要催促著我盡快進來佛寺參拜觀音佛祖嗎？

因緣是需要機緣的安排，沒有願力與承諾，不可能會有點醒的因果發生。三次的車禍之後，翔丰還是懵懵懂懂的過日子，直到出社會工作之後，才由母親的引導之下去拜見母娘，再由母娘的指印之下，去皈依觀音佛祖，一個接續一個的因果關係，催促著翔丰進到佛寺的大門，開始學習道路與打坐唸經的覺醒；人的際遇，是很有趣的演變，沒有關卡且一帆風順，是不會有所成長的，也不會有動力要去改變自己，面對困難與瓶頸的時候，才能激發潛能與內在爆發力去學習與累積能量，參拜佛寺與皈依佛祖，只是開端與起頭，背後的真正意義是內心的覺醒與累世元神的復甦，透過學習的過程，重拾累世的本領與技能，轉化成今生濟世與助人的能量，承諾累世的願力與圓滿人間有情的感恩心。正如「參拜不是彎下身體，而學習是放下傲慢；唸佛不是聲音數目，而是學習清淨心念；合掌不是並攏雙手，而是學習恭敬萬有。」

※、延伸小語：

學習是一條漫長的道路，任何關卡都是學習的試煉，沒有跌倒與瓶頸，會更奮發向上，突破困境，迎向成功；透過正向能量的學習與轉化，放下傲慢與貢高心，一步一腳印的學習，一點一滴的成長，才是元神覺醒與能力復甦的真正目的。

8. **那股暖暖流入心窩的氣流，就是「印心」嗎？是觀音佛祖給我的見面禮嗎？**

所謂印心是一種共鳴，年少不懂事的翔丰，只要遇到困難，只會檢討行為過失，不會有任何改善與學習。但歷經三次點醒之後，翔丰整個態度與觀念都大逆轉，不斷會時時觀照自己內心，還會思考著如何學習來強化自身能力，內心的學習慾望，變得強大與謙卑，希望能進步與有所成長，這一切的起因是那一股流入心窩的暖暖氣流開始，讓翔丰相當感動與震驚，原來經典上的印心是如此奇妙與不可思議，有緣見識到此窩心的暖流，讓我感動不已，也一定會好好珍惜這難得的境遇，不辜負觀音佛祖給我的見面禮。相信有緣的讀者，如果您也有此項際遇與感受，一定要好好把握，強化自身觀念與學習，用正知、正念、正見的思維，回饋這有情的人間，幫助需要幫助的眾生菩薩。亦如「學佛，不是學習知識，而是學會實踐智慧；習道，不是累積道行，而是學習看懂自己，找到真正的自我。」

※、延伸小語：

觀照必須是時時刻刻，謙卑必須是不斷內省，才能看見自己的內心、聽見自己的善念、聞到自己的智慧、修見自己感恩的心性，再內化成「聞思修」入三摩地，廣結善緣並實踐菩提心。

9. 腰椎的痠痛問題，真是業力的跟隨嗎？我往後的造化，只靠努力唸經及勤勞地打坐，就可以嗎？

腰椎的痠痛，起因是三次車禍的摔傷，另外練習跆拳道的筋骨傷，也是痠痛的原因之一，加上出社會後的工作模式，會有整天坐辦公室與擅打電腦，亦是痠痛的原因所在，身體的痠痛問題，不見得是業力的跟隨？有問題得找醫師診療與醫治，有筋骨痠痛的朋友們，應當先透過醫院或診所的診斷，進行就醫與復健治療，切勿延誤就診的黃金時段，越年輕醫治越容易復原，如果醫生都無法根治與確立病情，才能往業力跟隨的角度去思考，以唸經方式穩住心性不再急躁，以打坐方式來調養氣脈，活絡身心的七輪脈運行，藉此打通筋絡及氣血運行之阻塞，或許是改善方法之一種，但必須持之以恆的練習與正確方式的學習，才能看見改善與舒緩腰椎的痠痛等問題。

※、延伸小語：

業力往往是長年累積的因果，切勿以貢高心自居；佛經云：「若知前世因，今生受者是；欲知來世果，今生做者是。」了知因果與業力，更需用謙卑的心來學習與安住，培養出穩定的心性、不求的態度、隨緣的平常心。

二、源自「再度印心慈悲」之奇遇

10. 我透過唸經與打坐與薰檀香，也聽佛歌佛樂，僅僅於腰椎處貼膏藥而已，真的讓我腰椎慢慢地好轉，這難道就是要點醒我的過程嗎？

當翔手皈依觀音佛祖之後，自覺地發自內心去參悟佛經與深入經藏，再利用空檔時間進行打坐與薰檀香的學習，也會配合呼吸的吐納之頻率，聽一聽佛歌與佛樂，淨化內心的心念與激發出感恩慈悲心，日積月累的唸經、悟經、打坐、吐納、放空、佛樂、薰香，藉由轉移注意力的方式，忘卻了腰椎的痠痛麻，並由打坐時的手勢活動及呼吸吐納，轉換成身體輪脈的運行，自頂輪、眉心輪、喉輪、心輪、太陽輪、臍輪、海底輪的氣脈流動，紓解與活絡身體的氣結阻塞。慢慢地，我的腰椎就一點一滴的好轉，不再有嚴重的痠痛麻現象，當然透過聽佛樂、燃薰香的催化過程，心情放輕鬆與壓力釋放，也是改善的緣由之一，所以點醒我的過程，不只是學習的開端，也是自我療癒過程的啟蒙，領悟著必先自助才能助人。

※、延伸小語：

輪脈的運行，關鍵是呼吸與吐納，意念的傳換與壓力的調整，能帶動七輪的氣脈運行，搭配佛樂淨心的旋律，引導身心靈的平衡與寧靜，壓力少了，心情開闊了，自然身體的痠痛麻，也就改善舒緩了。

11. 信奉觀音佛祖，力行戒口與信守承諾，是可以讓職場一帆風順的，這點我一路走來，始終相信著！

改善了身體的痠痛麻，回到職場上工作，自然是全力以赴。自從有了信仰與心靈寄託之後，本著宗教的慈悲善念，初一與十五的茹素、早齋、不吃牛肉，自然會養成一種習慣，而皈依觀音佛祖的心念，讓翔手油然而生地培養感恩心與惜福心，本著人溺己溺的同理心，發揮大我的佈施精神，一點一滴的累積善心及謙卑的人生態度，在職場上不樹立敵人，將每一位遇見的人，都當成好朋友看待，自然能在職場領域上維持著一帆風順的運勢。到目前為止，我仍然相信著「必先付出善意，才會收到相對的回應！」而力行戒口，只是心念的向善；信守承諾，才是行動的向善。

※、延伸小語：

轉念是相當重要的，平凡無味過一生，倒不如轟轟烈烈的努力。心性一轉，能跳出生活的制式框架；善念一轉，能匯聚更多的正能量；態度一轉，能在職場上一帆風順；行動一轉，便能勇敢踏出去，成就意想不到的善業。

三、源自「藏傳天珠結緣」之奇遇

12. 「道教、佛教、藏傳」，這三個不同宗教領域，我一直都以平常心來看待，取其優點學習，發揚光大。

翔手的因緣自「道教」的指引，讓我明白並看到乩身是如何辦事，也感受問事解惑的背後意義，能讓一位困惑之人找到解答，而發奮向上，找尋人生的目標。再從「佛教」的皈依，讓我領悟經藏的博大精深，打坐收攝心性的放空，能讓一位氣脈阻塞之人，得以運行輪脈並通暢筋骨。最後是「藏傳」的學習，能讓一位不懂能量的平凡人，瞭解勞宮穴與氣場的運用，透過持咒方式來點化穴場而開通氣脈的感應，進而探索元辰宮的天庫與地庫。這循序漸進的指引、皈依、學習，是個必經過程也是時間的累積，不是一蹴可成的急就章，也一定是要以平常心來學習，參透其各宗教的優點竅門，才能加以應用與發揚光大。

※、延伸小語：

培養平常心能讓人不著相，無論是何種宗教，都是有其優缺點存在，能用心去參悟，用眼睛去思辨，用行動去印證，取其優點而捨去不如法之缺點，唸經、打坐、持咒、點化、探索，都要平常心看待，不著相與不執著，佛經云：「過去心不可得，現在心不可得，未來心不可得。」

13. 啟蒙我的黃老師，真的是白衣觀音的化身呀！我感受到這都是緣分，是觀音佛祖在冥冥之中的安排。

職場上工作，常常會南北奔波，身上或手腕上配戴的礦石手鍊，能無形中有一道屏障，保護著我們不受外界靈體的干擾。翔丰的天珠老師是一位礦石手珠的專家，因緣的牽引而結識到黃老師，熱心的教導與無私的啟蒙，讓我學習到能量的感應與持咒的淨化，在未來的道路上助益良多，也開啟了翔丰對原礦石的熱愛，藉由原礦石的能量辨識、啟動礦石的氣場、淨化礦石的磁場、串出礦石的祈福意念，讓元辰地圖探索的引導，更加順暢與進展順利，搭配薰檀香與精油的放鬆，探索天庫與地庫的影像，更加清晰與明亮，自前世今生接引回現實世界，也更加得心應手，無形之中是相輔相成的一項學習，讓礦石、能量、薰香、精油是探索元辰宮的必備元素。使得翔丰更感恩白衣觀音化身的黃老師，所傳授的能量學習，是我祈福眾生與探索解惑的重要安排。

※、延伸小語：

礦石本身所散發的能量，是天然與無私的純淨，學習礦石的辨別、能量的淨化、感應的持咒，在未來的道業上，是助益良多，能搭配薰香、精油的放鬆，亦是相輔相成的應用。

【思維三】

身心靈的磨練

一、源自「背著石頭苦行」之奇遇

14. 進入「氣場」的應用領域，真的令我智慧得以開啟，也打開我的能量、輪脈、感應之分享善念。

自從翔手對原礦石的熱愛，轉化成分享與結緣的心，便開始了苦行者的道路，每逢週六都會看到我的身影，揹著一身行囊的石頭，從早上約六至七點左右，出門前往各地結緣，用感恩的心開著車，到有緣的好朋友家分享原礦石、天珠、水晶、硨磲、平安結等吉祥手鍊與佛串，每一串都是量身訂做的現場串珠，依照每個人的能量場及需求，串出不一樣的手串與平安吊飾，也能到有緣朋友府上，淨化空間氣場與協助擺設的佈置，堪輿居家環境與財位、讀書位的方位建議，讓互動的好朋友們，都能滿心歡喜的度過每個喜悅的週末，每當結緣結束後，都是夜深人靜了，我才緩緩地開著愛車回到家中，如此的氣場應用與分享，也歷經約有六年之久，這段期間令我能量與感應更加靈敏，輪脈與點化的手法更加純熟，真的很感謝這六年來的有緣好朋友，讓我不斷的複習與互動，修正不如法的細節，也強化了七輪脈與能量場的核心技巧。

※、延伸小語：

能量場是天地間最自然的磁場，藉由大地的礦石為載體，能淨化不潔的居家空間，也能戴在身上以形成一道保護屏障，更讓我們將礦石的天然能量，轉化成七輪脈的感應，自頂輪到眉心輪的能量修練，能強化元神的穩定性，更是體驗元辰地圖時，很有幫助的能量引導。

二、源自「淨心訓練開端」之奇遇

15. 今天我的打坐過程，意識是清醒的，就是會自然而然地被帶動，是一種訓練嗎？

意識清晰與清醒，是打坐的第一要素及觀念，能用無為的心去感受身體能量場的運行，讓氣隨意、意隨行、行如氣、氣如鐘，如如不動是也！打坐會晃是「氣動」的訓練；整個人在旋轉是「氣旋」的現象；如果身體動不了，那就不如法了，是不正常的外靈干擾，要盡快停止打坐與冥想。訓練打坐，不能急躁也不能心煩，一定要能一步一腳印的參悟，一點一滴的累積經驗，過程之中會被自然而然地被帶動，只要意識是保持清醒的，無妨動一動，讓手指、手腕、手臂、肩膀、頭、頸、肩、腰、臀等活絡活絡，是很自然的靈體帶動。

※、延伸小語：

訓練元辰地圖的引領過程，最根本與不二法門，即是打坐。透過呼吸的調解及放空的思緒，能讓元神更加清明，讓身體的氣脈更加流動，以氣、意、行的轉換，最後是如如不動的靜坐與淨心，用心感受能量場的互動，慢慢地會出現無私的善心與大愛的菩提心。

16. 當我雙手持觀音指，意隨氣走時，每當雙手隔空交會時，總感覺得有一股磁場在運行與牽引著。

身體是一個很奇妙的小宇宙，一旦能進行靜坐與淨心之後，身體的氣脈就會活絡起來，能讓手指結出不一樣的指印，如「觀音指、如來印、劍指印、如意印、握拳」等動作，依照氣場運行帶動元神的轉換，意識放空並進入無念無我無塵的境地，不沾染、不求、隨緣地讓意隨氣走，雙手交會地來回靈動，也能隔空交會地畫出無形佛令，不需要帶動便能依照磁場地頻率運行，像小宇宙般地自動運行，會有被牽引的安全感與平衡性，這就是靜坐時的奇妙反應，也是放空意識才會進入的三摩地。

※、延伸小語：

保持「定」的境地是不容易的，專注於放空的緣境，而進入心不散亂的狀態，以禪為入靜可使是雜念減少，以止觀為入定可使思緒淨化，在無雜念與純淨的緣境中，看到虛空中的一點、一沙、一菩提，最後是無有的空相，心念安住，便能在三摩地(住心於一境，心不散亂)中體悟空性自在，如金剛經：「無我相，無人相，無眾生相，無壽者相。」

三、源自「元辰宮初體驗」之奇遇

17. 打坐過程，意識是到前世今生之一切，是靈體帶動？還是我自己的的回憶所顯像的？

探訪前世今生之元辰地圖，需要全神專注地啟動元神，引領至地庫與天庫去探索，意識中有淺意識與潛意識，需要運用專注力來引導元神，將潛意識的累世記憶一一喚回，透過腦海中的影像播放後，再自口中將影像呈現出來，這是探索的本人才能看得到與體悟，每個人的前世與過去是不一樣的，探索的場景與時代背景，也都不一樣，所以這並非是靈體帶動，而是元神將累世經歷的過程，完整地呈現出來，任何修行人或是靈修人，只要心夠靜、意念放空、專注力夠強，是都可以啟動元神自行進入探索與觀看的。至於非修行之有緣朋友，則需要有德行的老師引導，順利又安全地進入元辰地圖探訪與觀看，找回累世的記憶、願力與福德財庫。

※、延伸小語：

引導元辰地圖探訪，需要全神專注地走完全程，就算是修行人要自行探索，建議能有一位好友陪伴，以提供必要的協助與處理。如果是非修行之有緣朋友想要探訪，一定要學會「專注力之應用」及自己認識的親朋好友，在一旁陪伴與記錄，聽從引導師的安排與提醒，才能探訪完整的累世回憶及了知前世今生。

四、源自「化解痠痛訓體」之奇遇

18. 護法神將有「東、西、南、北、中」之分，好似也走天地「五行」運行呀？

每個人都會有指導靈及護法神將的跟隨，天地五行是木火土金水，而方位五行是東西南北中，五行神將會來自四面八方的護持，當你是修行人或靈修人時，都會與您有緣的護法神將出現，協助您修行、打坐、持咒、唸經、靈動、辦事、問事、化煞、解決問題……等，依照事件處理的大小，而出現不同的神將護持與抵抗外靈干擾，讓修行人可以順利訓練或是處理事件。而指導靈是一位老師或是背後的指導員，在您學習與精進的過程當中，給您無形的意念教學指導，讓學習更快上手，更快達成目標，變成您的專業技能，會與前世的技能進行傳承與必要的連結。

※、延伸小語：

初次的啟靈，需要有緣的護法神將歸位，而歸位的過程，需經過打坐與修練的程序，讓護法神將一一找回來，能夠與修行之人，共同成長及相互學習，完成一階段一階段的任務與使命。每位護法神將都會有特別的本領與協助的技能所在，善用護法神將的技能發揮與妥善的調兵遣將，是修行之人的課題所在，如何與護法神將達成共識，也是日後默契培養的功課。

【思維四】

修行路之精進

一、源自「修行路佛法僧」之奇遇

19. 能於半小時左右，分別有兩次氣場靠近，讓我雙手與雙腳發麻，身體微微顫動，真的很奇怪的感應與現象？

啟靈之後，翔手變得特別敏感，每當有能量或氣場要靠近時，都會不自覺地異常與感應，在修行的道路上能夠當個平凡人，是一件幸福的事，無奈帶了天命與任務來到凡間，就該好好地修練與學習，氣場的靠近讓我雙手與雙腳發麻發脹，這是初為修行人的正常現象，而身體微微顫動，則是氣動與元神的甦醒，告訴自己該好好地精進與成長，日積月累地學習以達到蛻變的一天，如毛毛蟲的蛻變而展翅高飛一般，以蝴蝶的翩翩起舞姿態來世間行善佈施，將上天的任務與使命完成，濟度人間有緣的苦難朋友，度過難關與改善生活品質，成就有情有溫暖的美好人間。

※、延伸小語：

雙手與雙腳發麻，這是氣動現象；身體微微顫動，這是元神的甦醒模式。修行之人，共同點就是體質敏感，這都不是奇怪的感應與現象，需要有明師指點與調教，慢慢成長及精進學習，老實地打坐與元神修練，靜待時機成熟後，會再出現驗收與考試的程序，通過道業的考驗與良心道德的測試，才能真正超脫紅塵俗事，行濟世與佈善業的任務使命。

20. 當一位菩薩的代言人，必須時時強化自己及保護自己，進而能去幫助世人，消災解厄並化解業障與外靈糾纏之問題？

有了「菩薩的代言人」的思維，就是生出「貢高心」，這是不如法的。既然領了上天的任務與使命，就該低調與平常心才是，認真學習與安分修行，一步一腳印地去精進，才能協助受苦難的有緣朋友，進行消災解厄、化解業障與外靈之糾纏，這都應該是份內的工作，低調、謙虛、和悅、柔軟的身段去行善佈施，任何困難的任務都是一種磨練與試煉，任何化解與解厄都當是一份新的挑戰，如此的心境能內省並強化成一顆堅定的心，讓自己時時正念，刻刻

不斷成長與茁壯，以消災、解厄、化解、外靈和解，當成濟世的一份成績單。

※、延伸小語：

進行消災、解厄、化解、外靈和解，不是一件容易的課業。依翔丰近三十年來的學習與體悟，深深地領悟到因果與業力，才是人間濟世的一大課題所在，當有堅定的心念，再大的災都能不動搖；有為善的發心，再大的厄都會不發生；有良心道德的心地，再大的困境都可化解；有陰陽和諧的尊敬心，再凶的外靈都會輕輕放下。故能有緣進入元辰地圖探訪您的因果與業力，明白自己的前世願力與今生果業，行善立功之餘，更能坦然面對今生的一切安排，在今生種下甜美的善因，栽種成來世的善果。

二、源自「真正入定淨心」之奇遇

21. 今天的結印是「如意指」，我內心知道此指法比「觀音指」還至高，仙佛果位層次也比較高，是否是另一尊菩薩在帶動我呢？這也是我心中的疑惑？

入定時所結的法印指法，可分「合掌法印、拱手法印、蓮花指印、如意指法」四種法印。

初進入打坐時，會以合掌法印來恭請仙佛菩薩指導，然後是以拱手法印擺於丹田處，進行淨心與養氣的修練，然後再依氣場能量的流動會引導雙手結印與比劃靈動，而蓮花指印又稱為觀音指，是氣動時帶動身體的一股訓體靈動；而如意指又可稱為如來法印，是氣動訓體後的另一股平常心的印心感應，如靈山會上的拈花微笑，世尊拈花，迦葉卻微笑的印心，這股氣動是法喜的、吉祥的。只要是淨心、氣動、帶動修練、印心喜悅，心中就無須再生起疑惑了。

※、延伸小語：

透過淨心、氣動、帶動修鍊、印心喜悅，是修行路之精進過程，隨著因緣的緣起緣滅，每一階段的學習與精進都是基礎的打底，學過了悟到了，就不用眷戀與貪留，根基越是紮實，實力變越是雄厚，精進是不斷地向上提升，越擁有純熟的能力，心態就越是謙卑與低調，印心是心達意通，而喜悅是不卑不亢的心念，能修練到無我、無念、空無一物的寧靜，便可疑惑不生，遁入不染無塵的清淨。

22. 今天打坐時，傳入我腦海中的聲音：「你現在修的是『人間法』，心不要有罣礙，坐多與少都沒關係！」這真的是我內心要學習的道路，因為我們身為平凡人，如果真的是「仙佛菩薩代言人」，那麼落實「人間法」，真的是非常重要的，要能與生活現實面結合，才不至被社會眼光與思維給「邊緣化」。

身為修行人，很容易被社會與家人給邊緣化，因為初入修行之開端，大鳴大放地靈動與身體顫動，無時無刻地打呵及恍神，短暫地失去意識，都是常見的現象，如果沒有一顆堅定的心及明師指導，真的會無法融入生活當中，順利地工作與群眾互動，與家人和諧地相處。身為平凡人，既然是帶天命與任務受領，就必須落實「人間法」的修行準則，不去罣礙何時打坐、何時唸經、何時修練？而影響了公司與家人的和諧生活，就肯定會被視為異類或是幻聽幻視幻覺的邊緣人，不得不謹慎！

※、延伸小語：

如何落實「人間法」？就翔手的學習過程，分享給各位讀者或是修行人，初入修行之門，一切是懵懵懂懂的，希望能按部就班的依正法起修；到了修行之中途，已經習得些許本領與道法，就必須是本著良心道德去行善佈施，方能修正錯誤的觀念與無效的道術；到了修行之高階領域，就必須培養平常心與韜光養晦的氣度，解惑與教導後輩，能與生活現實面結合，藉由探訪前世今生之元辰地圖，全神專注地啟動自我元神，回憶前世願力的因緣，努力還願今生的果業，見證有情有愛有溫暖的人間福果。

三、源自「主宰神佛照會」之奇遇

23. 如今我在打坐時的感應，是越來越強烈，靈動與入定之速度也越來越快，身邊的護法神，也不斷地給我訊息及感受，希望「白衣大士」能盡快讓我知道我的「天命」與要去執行的「任務」？好讓這世上受苦受難的有緣朋友，能越來越少，每個人心中能充實「愛」與「善心」，讓這人間到處是「淨土」。

初開啟元神的修行人，打坐時的感應，一定會是越來越強烈，靈動的次數會越來越多，入定的時間也會越來越短，如果身邊的護法神歸位的話，也一定會不斷地給訊息及指引，這都是正常現象，不用太驚慌！但要了悟天命與使命，是不容易的，不是誰說算？一切都要自我覺醒與元神啟動之後，才能明明白白地領悟任務與使命為何？我們都知道人來世間是受苦與還債的，有福報之人，則是來還願與被還債的，前世所種的因，今生將嚐其果，而果業是甜或苦？冷與暖要個人來領受與感知，最主要是每個修行人心中要能充滿「愛」與「善」，所萌生的感恩及惜福心，能溫暖這個人世間才是。

※、延伸小語：

緣分到了，自然會有主宰神佛來照會，進行開靈與啟靈的互動，一定要用平常心來面對，也要用感恩的心的領受，因為神佛高高在上，願意與凡間的我們相會，教導善知識、啟動原本俱足的本領、喚醒累世的願力覺知，實是不容易。如能親自探訪元辰地圖，瞭知本身的願力與因果，待行善立功之後，再幫助這世上受苦受難的有緣朋友，讓貪嗔癡減少，正向能量增加，和諧互動地過生活，為來世的果業，盡一分善因的福德，引領身邊的家人或是好朋友，一起邁向光明與無紛爭的善境地，創造人間淨土的善念，到處充滿著喜悅的知足心。

四、源自「法喜不求隨緣」之奇遇

24. 知曉擁有「天命」與上天有賦予「任務」時，我的內心是沉重的，因為這正是行善佈施的開端！

懵懵懂懂的修行人，知曉帶天命之時，需要有因緣而起！得知賦予任務內容之際，也是時機成熟才會了知因果，這得是時間與機緣的契機相呼應，才能明明白白地示現，也是需要時間的累積與生活起起落落之後，才會欣然接受，內心會是沉重的，無可厚非，因為我們都是平凡人，都希望過著平凡人的生活與享樂。要去行善佈施，說句老實話，內心可是會百般不願意，別人享樂我們受苦，別人輕鬆我們受難，別人快活而我們要去苦行，這一切是前世的願力所至，半點不由人，一定要能欣然接受，認真努力去還願與執行業果，才不會辜負上天賦予我們的期許。

※、延伸小語：

平常心是修行的初心，喜悅心是前進的動力，歡喜心是學習的支撐力，感恩心是行善的持續力，惜福心是佈施的回饋力。能以「平常心、喜悅心、感恩心」來看待我們的修行；再以「歡喜心、惜福心」來維繫我們的善行，將這五心的力量，融入生活當中，便可安心地修行，自在地行善業。

【思維五】

願力催促覺知

源自「觀元辰天地庫」之奇遇

25. 到「地庫」是指今生，看自己的「本命生肖、米缸、爐灶、貴人房、重要的人房、業力房」，是元辰宮重要探索！

探索元辰宮也就是元辰地圖的業力尋覓，十多年前的一次探訪，讓翔手是畢生難忘，一般探索之朋友於14天內，場景則是會牢牢地印在腦海之中，忘也忘不了的，何況翔手已經過十多年了，還是歷歷在目，場景常常在腦海中打轉。場景中的地庫就是所謂的「今生」，會看到屬於自己的「生肖、米缸、爐灶、貴人、重要的人、業力」等人事物，連接到今生的果業呈現，是極重要的元辰探索，有緣進行的朋友們，千萬不要錯失這些場景，與裡面的人事物多多互動，觀看與瞭解今生的果報，究竟是如何？

※、延伸小語：

地庫的場景探訪，必須是經過土地公的開門與灶神的允許，才能順利地觀看與了知因緣。專注力不夠與精神渙散之朋友，不建議立刻探索與進入，那會是反效果與浪費時間的，最好是平時養成固定的作息與良好的運動習慣，不吃辛辣與過度刺激的食物，清淡的飲食及輕鬆的心情，所探訪的地庫的場景，才是真正屬於您的今生果業與福報。

26. **到「天庫」是指前世，看自己的「本命花、本命樹、桃花樹、前世書房、指導靈老師」，是觀看元辰宮中，很重要的覺知過程！**

探索元辰地圖的天庫過程，能連接今生今世的能力與福德。探訪的場景就是所謂的「前世」，有時候可以看到「累世」的人事物，就翔手而言，當時就看到前四世的場景與人事物，有東方的世代，也有西方的年代，很有趣的是裡面很多人的臉孔不認識，但是一互動與交談，就能認出他(她)是誰?到處看看自己的「本命花、本命樹、桃花樹、前世書房、指導靈老師、前世神明廳、前世客廳、前世財庫、前世後花園」都是很重要的前世覺知探訪，讓您明明白白地了悟前世的願力，是連接今生今世的現實生活之印證。

※、延伸小語：

天庫的場景探訪，必須是搭乘「雲」而進行前往，依照自身的願力與福德，能探索幾世與幾個場景，皆有不一定的內容呈現與年代，每個人的靈魂體皆不一樣，識魂的經歷過程也不一致，有人是年輕靈魂，也有人是老靈魂，而元神的專注力也是關鍵。已經啟靈的朋友與平凡人，探索的內容一定不一樣；帶有天命的修行人與福報滿滿的朋友，觀看的內容也會不一樣；場景裡面互動的內容，也依願力、業力、福德、天命、任務及使命的深淺，能帶下來凡間的法器物品，也是不一樣喔！總之，個人福德必須個人去探訪，如人飲水，冷暖自知。

探訪元辰地圖之旅，見證天空龍雲獻瑞（翔手於宜蘭道教總廟前拍攝）

第六回

修行心境的開悟

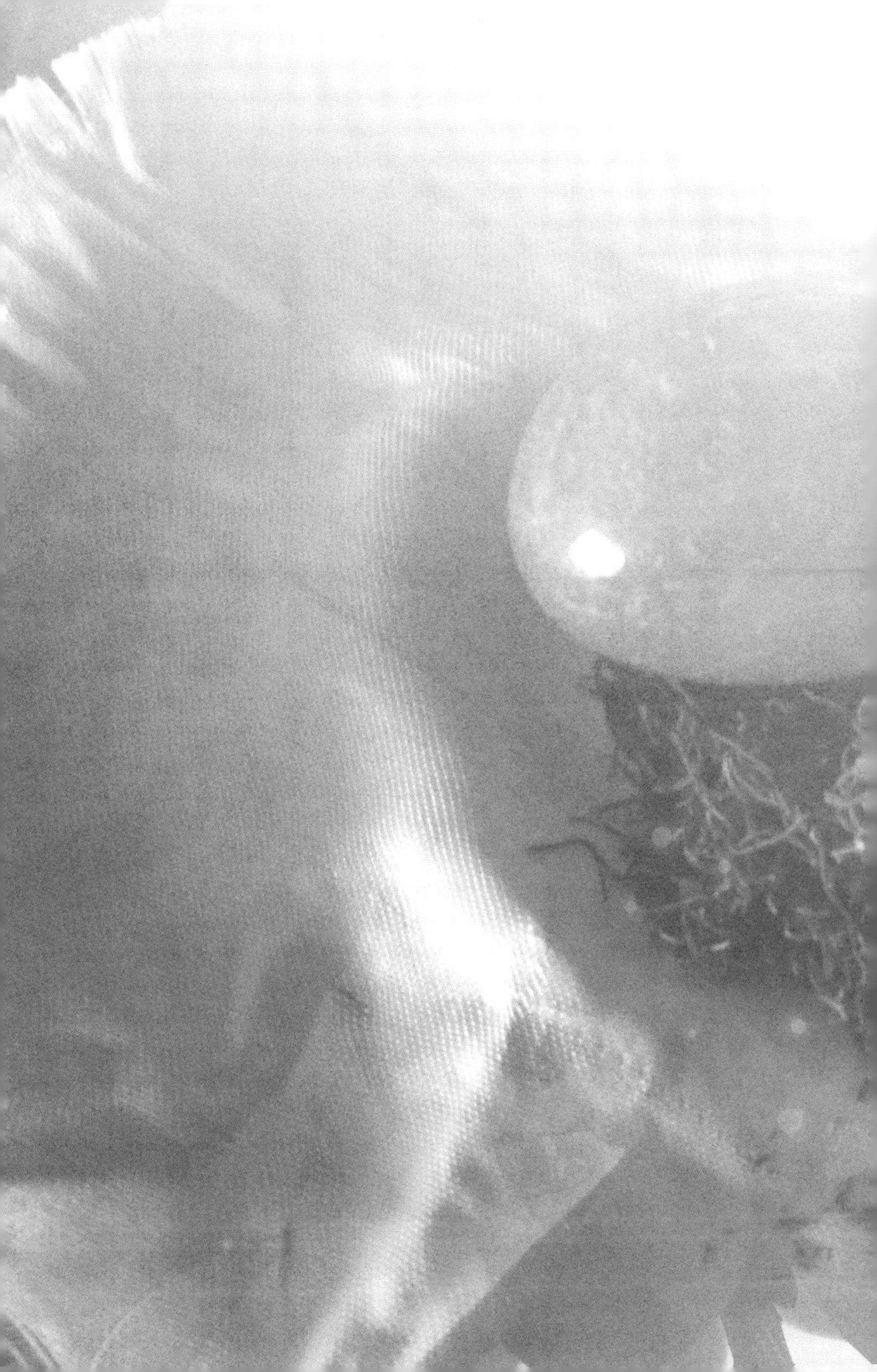

第六回：修行心境的開悟

舍利是智慧、功德、佛力的表徵！是為戒、定、慧，薰修所成，供養舍利必獲福無量。究竟舍利子有著何等神聖的神祕力量？牽引著全球世界之佛界高僧、善心大德的心。最早的舍利子是源自佛陀涅槃火化後得到的結晶，據說有四萬八千多顆。

就在機緣巧合之下，翔丰結緣了茶莊的主人的「三顆舍利子」，受寵若驚的我，很法喜地結緣到真正白舍利子，雖然只有米粒大小的舍利子，當時的我還真不知那是什麼呀！就在結緣白舍利子之後，也開啟了翔丰不一樣的修行奇遇！

啟蒙了修行的因緣，冥冥之中也開啟翔丰的快樂修行，並連結前世今生探索的喜悅緣分，修行的過程當中，當然是有喜有樂有悲有苦，修行心情的學習與轉換則是相當重要的開悟。

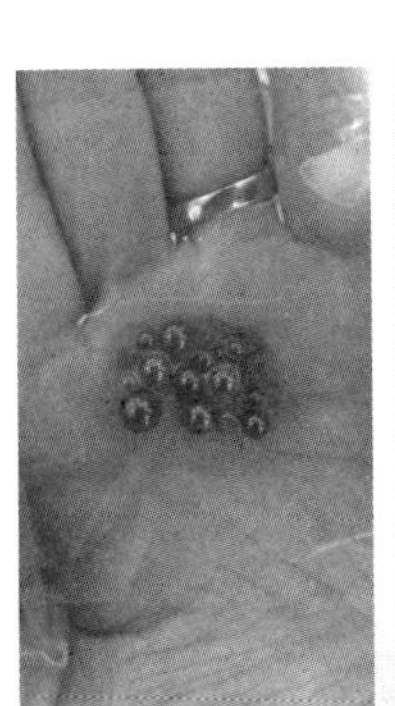

啟動北京祈福之旅，見證五彩與大小舍利子之靈性（翔丰北京拍攝）

【開悟二】

舍利因緣再續

舍利子的形狀千變萬化，有圓形、橢圓形，有成蓮花形，有的成佛或菩薩狀；舍利子的顏色更有白、黑、綠、紅、透明的，也有各種七彩顏色；舍利子有的像珍珠、有的像瑪瑙、有的像水晶；有的透明，有的光明照人，就像鑽石一般，據翔手在北京親眼所見，歸納的分類：白色的舍利子是骨骼的、黑色舍利子是屬於頭髮的、紅色的舍利子是肌肉的，也有綠色或五色斑斕的舍利子。

印度話叫做「馱都」，也叫「設利羅」，又稱「堅固子」，是由梵文發音而來，譯成中文則叫靈骨、身骨、遺身，是佛陀或高僧、大德往生後，再經過火葬後所留下的結晶體。是一個人透過「戒、定、慧」的修持、加上自己的大願力，所得來的，它是十分稀有、珍貴。

回溯西元一九八八年，翔手還是一位電腦家庭教師，固定每週的星期三、五，在一家普洱茶莊教導小朋友使用電腦，因緣際會與茶莊的主人結緣了三顆白舍利子，連結出修行的啟蒙因緣！現在回想起來結緣白舍利子，除了是三次車禍的啟蒙緣分，還因這場因緣也讓翔丰經過歷「道教」瑤池金母的指引，及修行之源頭先從「佛教」因緣的開端，指引了我一條修行方向與先後順序，修行的過程當中，心情與心境的轉換是相當重要的，要陸續展開這條覺醒之旅，必須是一步一腳印的走下去，平時的禪坐靜心、聽經聞法、行善佈施、正念思維、正法起修、如實唸經、圓滿考驗、佛道雙修、禪修精進、靈修開悟、會靈儀式、祈福因緣，都是修行的軌跡。

如今自車禍啟蒙之後，歷經三十多年的學習與精進後，有緣再續舍利緣，從台灣到北京各地進行舍利子之淨化與祈福服務，也再度啟動翔丰前世今生之探索因緣，將修行的軌跡用傳承與正道精神，無私地分享給有緣的讀者，以筆者多年來的心情轉換心得，結緣給正在修行的朋友們，讓您閱讀此書後，能以快樂與喜悅心來學習入門，並以無罣礙心自在地如實修行。

北京祈福之旅，見證舍利子原貌（翔丰拍攝）

【開悟二】

修行心境轉換

舍利子在佛教中受到尊敬和供奉，依據「緣起性空」的義理，在佛教認為，舍利子只是物質元素並無靈異成份，佛教徒尊敬佛陀的舍利和佛弟子的舍利，主要是由於佛陀、高僧、修行大德生前的功德、慈悲與智慧。自從翔手結緣到三顆舍利子後，將其用舍利塔供養，因緣俱足後而連結到的佛緣與修行之路！

再回想西元一九九一年，翔手踏進板橋大佛寺的一剎那，看到寺中供奉的觀音佛祖時，全身毛孔舒張，一陣鼻酸，那種感動與回家的感覺，是我第一次與佛祖印心的感應與寫照。陸陸續續的，翔手除了正常上班與工作外，會利用閒暇的時間，自覺地唸佛經、薰檀香、聽佛歌、收集佛書……等動作，一路上翔手走走停停地，直到西元二〇〇六年之15年後，修行的人生經歷中，完成四次比較大的心境轉換，分別是**「天珠學習、嘉義還因果、風水拜師、江老師結緣」**。這是翔手由「佛道初學者」，進而深入「感應、禪修、淨心、堪輿、引導」的階段，以及幫助更多有緣朋友的開始。

天珠學習

回想當年翔手因公務而出差到台灣省高雄市，執行電腦系統之建置專案，在一次因緣巧遇之下，認識經營天珠店的黃老師，她教我天珠的基本常識、淨化、串法，以及佛學、領悟人生的大道理，也帶領我進入「佛學、藏傳、密宗、能量」的應用，讓我人生與智慧得以開啟，也自此打開磁場與氣場感應的領域。

嘉義還因果

因為翔手學習天珠之應用後，便不斷到處結緣，遍及台灣省各地朋友，如基隆、台北、土城、鶯歌、桃園、湖口、新竹、竹北、竹東、三灣、頭份、苗栗、台中、美國舊金山朋友、香港朋友、上海朋友，都是有我曾互動過的善緣朋友，然而一位湖口的姜師姐，也是天珠愛好者，因結緣一段時間了，便引導我去嘉義「淨慧師父」那兒進行「還因果」，將累世所積欠的宿債還清，與迴向功德給過去世的冤親債主，就在儀式完成時，現場的我是閉眼的，居然能看到地上出現一朵朵盛開的蓮花，令我印象非常的深刻。

風水拜師

雖然翔手接觸風水與五術之應用，已經是行有多年，但都只是膚淺的風水表象，一直沒有登堂入室的機會。也是在因緣際會之下，我先後認識「鐘老師、耿老師」，而「錢老師」是翔丰真正拜師的嫡傳師父，教導翔丰學習正統的三元地理風水之堪輿、易經卜卦應用，使翔丰深入瞭解風水玄學的真訣應用，也讓我有緣並供奉「南無一切一切頂禮佛」之佛號。

江老師結緣

其翔丰一路走來，所修行與修練之過程，都是孤單的一步一腳印，沒有加入宮廟與道場的服務團體，我自己打坐、淨心、持咒、唸佛號，自覺一點也沒有精進與成長，就算想幫助有緣人，也不知如何開始與進行，這也是困擾著我，因為我沒有找到合適的菩薩引導，與開啟未來要走的任務與方向。

正好於二〇〇六年的八月十一日上午，翔丰前往江老師家，為父親的多年病情祈福時，江老師無意間發現我會「打呵」之體質，並進一步請觀音菩薩代翔丰查清楚靈體緣分，釐清了修行的緣分後，讓我能夠順利進入佛道雙修與前世今生引導的領域，也讓禪心常住，不再有任何罣礙與退道心之念頭。

【開悟三】

開經因緣分享

無上甚深微妙法，百千萬劫難遭遇；
我今見聞得受持，願解如來真實義。

翔手非常喜歡這個佛教故事，分享給有緣讀者：傳說於兩千五百多年以前，釋迦牟尼佛傳法的時候，有一天，釋迦牟尼佛帶著弟子托砵外出化齋，看到一群小孩在路上玩堆沙子，其中一位嬌滴滴的女孩子，遠遠看見釋迦牟尼佛帶領弟子們而來，就半戲半真的用雙手從地上捧一捧沙，走到佛陀面前，往佛陀的飯砵內一放，釋迦牟尼佛客氣地接受了她的沙土。

佛陀之弟子大舍利弗看在眼裡，心想這女孩豈有此理，怎麼可以用沙土戲弄我師尊，在路上實在忍不住，就問道：「師尊，剛才那女孩子，把沙土放您飯砵裡，怎麼能讓她這麼胡鬧？」釋迦牟尼佛微笑：「你們不知，此女千百年後，因緣成熟，要在東震旦國為王，這時我如不接受她的沙，她將會試圖去破壞佛法，我接受了她的沙子，這樣讓她結下此善因緣，她將來做王時將會弘揚正道佛法。」

此女孩子就是後來中國歷史上的一代女皇「武則天」。她一出世就有帝王的龍鳳之姿，武則天做皇后之前曾經做了四、五年女尼，她不但虔信佛法，而且精通佛理，她作了一首讚嘆佛法的四句偈言：

「無上甚深微妙法，百千萬劫難遭遇；我今見聞得受持，願解如來真實義。」

成為佛徒誦經的開經偈，一直流傳了千百年，這首偈的由來，是武則天做皇帝的時候，由於武則天是虔誠的佛教徒，她對於《華嚴經》非常地愛好，總覺得晉譯的六十華嚴欠缺太多了，不完整，感覺到非常地遺憾，所以就派了特使到印度去求這部經，看看有沒有完整的本子，在這時候于闐國的三藏法師得到這個本子，她就連法師一起請到中國來，這個法師是實叉難陀，請他來之後，主持翻譯《華嚴經》。

實叉難陀法師在西域是非常有聲望，知名度相當高的一位法師，中國這些大德，乃至於帝王，對他都非常景仰，皇帝親自聘請實叉難陀法師到中國來，實叉難陀法師來的時候，帶來了《華嚴經》也不完整，但是比晉譯的經多出了九千頌，所以一共有四萬五千頌，經典的義趣已經能夠看得出來了，譯場規模也非常大，武則天也常常親自參與。

當《華嚴經》譯成之後，武則天初閱《華嚴經》時，因體會佛法的高妙稀有，非常歡喜，故有感而發，給這部大經典題了一首開經偈，也就是我們現在誦經之前必唸的「開經偈」。

※、開經偈之釋義：

「無上甚深微妙法」

這是讚揚佛法的教理無上甚深。「無上」就是指世間沒有一種學問，可以超越佛教的義理，沒有什麼可以比得上，或高得過那麼深奧不可測及微妙不可思議的佛法。

「百千萬劫難遭遇」

常說「人身難得，佛法難聞」，今世捨了人身，來生是否還能再來做人就難保。一切源於我們現在所造的業，萬一造了惡業，很容易就進入畜生、餓鬼、地獄道，根本沒有機會聞修佛法，得道解脫，所以應好好地珍惜這個人身，來好好去修行。

「我今見聞得受持」

既然人身難得今已得，佛法難聞今已聞，從現在開始要好好地追求與研究佛法，依照佛的教法來奉行與修持。

「願解如來真實義」

學佛者受持佛法的唯一心願，就是希望能徹底瞭解如來的真實教理，信、解、行、證，深解佛陀所教導真實不虛的意義。

可見這首詩偈之精妙，頌流傳至今，並成為眾多修行人誦經之前，必不可少的發願文，千百年後的今天，翔手每天在開始誦經文以前，都要先唸這四句「開經偈」。

【開悟四】

供奉舍利儀軌

佛陀示現舍利子的初衷，也是呈現最原始對我們的教導，就是當我們後世有緣眾生，見到舍利子後，能萌生慈悲心，以慈悲心看待這個世間的萬物，接著也引導我們要去行佈施，分享食物、錢財、善知識、正能量給最需要幫助的弱勢團體。隨時隨地能以歡喜心捨去與分享身上的一切有形與無形的物質，以不貪、不瞋、不癡、不慢疑地修身養性，還須培養出感恩、惜福的心去實踐生活上的點點滴滴。翔丰以慈悲心廣行六度之思維、供養舍利之功德、供奉舍利子之方法，與各位有緣讀者分享。

（一）、慈悲心廣行六度

慈悲，是大乘佛教的精髓，能具體表達了佛法的真實義，及實踐的動力。佛菩薩的精神重在慈悲的流露，而慈悲的具體行動是利他，佛菩薩能以慈悲心去行六度萬行，並從利他中完成自利。慈悲是佛法的根本，佛菩薩本著大悲願力，去救拔一切眾生苦，並以種種善巧方便引導眾生，使有緣朋友頓悟，進而修行自如。

以慈悲心廣行六度（佈施、持戒、忍辱、精進、禪定、般若），落實於日常生活當中：

※、以慈悲心行佈施：

發菩提心，廣集一切功德，成就一切眾生，在日常生活當中的每一時刻，能以無條件的施捨、分享，而當下的內心是不求果報的，也不求佈施的福田是好或是壞，盡可能在能力範圍可及內，常常付諸行動去關懷、幫助、資援需要幫助的友情眾生。

※、以慈悲心行持戒：

我們要確認自身的身、口、意是清淨的，自身能以身作則並嚴持戒律，不隨意傷害眾生（含有生命的小動物、一草一木），並以慈悲心去感化有緣眾生，明示因果之善惡，使令有緣眾生不隨意造惡業；如遇有緣眾生喜好造口業、惡業、惡念頭，我們見了之後，應以善巧方便之法，開導與引渡有緣眾生，令其遠離惡業以避免惡果示現，或累積過多負能量，而影響日常生活的作息。

※、以慈悲心行忍辱：

我們要常思考，傷害過我們的同事、親人、摯友，那些都是教導我們成長與茁壯的過程，當以大悲的念頭出發，要修練忍辱與謙卑之心，虛心受教並反省是否自身有錯，令其身邊的有緣眾生，如此對待與受使其折磨。再以大慈的心念為底，當遭受種種的苦難、逼害時，能不瞋不怨不恨，原諒並祝福傷害我們的有緣眾生，能時時行忍辱，才不至退失我們珍貴的菩提心。

※、以慈悲心行精進：

時時精進與終身學習，是我們行五戒最重要的動力，不論是追求佛道或幫助有緣眾生，都要有精進不懈的信心與勤能補拙的精神。不論是在家居士、出家信徒，如能日常生活中持守五戒，皆可稱為清淨居士，以慈悲心行精進，不用好高騖遠、腳踏實地，從五戒修起，做到不殺、不盜、不淫、不妄語、少飲酒，發願能活到老學到老，能在日常生活當中行精進，便可廣集福慧。

※、以慈悲心行禪定：

我們廣行一切善法，成就利益有緣眾生的種種因緣，能以慈悲心行禪定，每天早晨與睡前而落實禪修，在禪坐的靜思中念念不忘本願，透過禪坐後的感恩與迴向以集結善業，累積正能量、正思維、正智慧，不心懷惡念，內修心外修體，心平氣和地過每一天，以成就一切利他與有緣眾生。

※、以慈悲心行般若：

佛法以智慧為體，慈悲為用，在大智慧中才能生出大慈悲。般若即智慧，如能日常生活當中落實三心為以菩提心、大悲心、般若心而實踐六度萬行，則是佛陀教導我們的具體思維。有緣能深入佛法與經藏，修行六度要在日常生活當中落實，其順序要以「般若」為前導，輔以「佈施、持戒、忍辱、精進、禪定」之循序漸進，才不會有我執及法執產生，內心的那份慈悲心，才是真慈悲。

（二）、供養舍利之功德

從《大般涅盤經》中提到：「若見如來舍利，即是見佛」。又云：「供養舍利即是佛寶，見佛即見法身」。有緣的眾生，當緣分俱足，得見舍利子而能夠真心誠意地供養舍利子，可以成就十五殊勝功德：

1. 常有慚愧。
2. 發淨信心。
3. 其心質直。
4. 親近善友。
5. 入無漏慧。
6. 常見諸佛。
7. 恆持正法。
8. 能如說行。
9. 隨意當生淨佛國土。
10. 若生人中大姓尊貴人所敬奉生歡喜心。
11. 生在人中自然唸佛。
12. 諸魔軍眾不能損惱。

13. 能於末世護持正法。
14. 十方諸佛之所加護。
15. 速得成就五分法身。

舍利子與佛法身之加持能力，是有大福氣的有緣眾生方能見聞，這是需要百劫千劫中積累善法，廣修佛法、行諸善業之行者，才能有此善緣。

（三）、供奉舍利子之方法

根據玄奘法師在《大唐西域記》記載，曾經提到僧伽羅國（即今斯裏蘭卡）的國王，對於國寶佛牙舍利，每天香末煙燻與誦唸祈福，備極恭敬供養之至。翔手歸納並分享供奉舍利子之方法，如下所示：

1. 供奉舍利子可裝於掀蓋的透明舍利塔、舍利盒。
2. 舍利塔中恭敬地鋪上西藏紅花於舍利塔內空間。
3. 舍利塔內再放7粒新米及茶葉少許等吉祥物品。

4. 舍利子應供奉於佛堂或其清淨空間或吉祥地點。

5. 要經常持誦佛號與咒心，焚薰香末、虔敬禮拜。

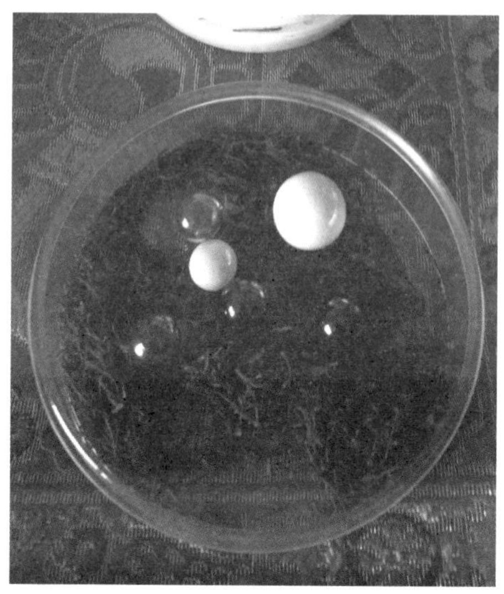

在北京協助開光舍利子與見證地宮出土之舍利子（翔丰拍攝）

【開悟五】修行自如自在

翔手分享給各位讀者，身為現代化的修行者，應該要破除迷思與妄見，以正念及正心來起修，以戒、定、慧來內省，不去向外攀緣，不去追求神通與怪力亂神，應該瞭解修行的真實義，進而修身養性、行功立德、行善佈施，以養成天、地、人，自然之天地浩然正氣。

修行不外乎要「道法自然！」然而時下的修行者，會常常出現，茫然與盲從之現象。不清楚進入道教或是佛教的領域，應該要如何起修？

翔手歸納出八個修行者的迷思及疑惑，以佛道雙修的思維切入解惑，讓有心修行者能瞭解及明白**「修行、懺悔、禪修、訓體、聽經聞法、問事、化解、行善」**等問題之真實義。並以白話且口語化的方式，與有緣修行的先進大德一起探討、分享。

一、修行：

修行是很平常心，很平易的一件事，絕不是追求神通與靈通之境界。一般人將修行講得是莫測高深，以玄之又玄的語句切入修行，這是一個錯誤的導向。修行是很人性化，很平易的一件事，不是追求神通與靈通之境界。

所以，我們可以把修行拆開成兩個字，分別是「修」與「行」。則「修是什麼？」修就是要我們找出錯、研究錯、檢討錯、改正錯，使之不犯錯，知道錯了以後就「知錯能改，善莫大焉」所以先要能知錯。

而「行是什麼？」能知錯的話，就要去改，這就是「行」。行就是改正，改正往昔所造諸罪業，能一一改正而後不去犯錯。將這兩件事合併起來，就叫做「修行」，這是多麼自然、人性化的一件事，每天都要去面對的事，並非修行就是要進入道教、佛教、任何教派，才叫做修行。

我們每個人日常生活，都叫做修行，非一般以玄之又玄的觀念來闡述，這是一個錯誤的思維。如果修行以玄之又玄的角度切入，那門就窄了。我們現在要渡化普羅大眾，人人都要有機緣，才能夠被點化，才能夠被教化，我們每個人活在世間，都活得很痛苦，就是因為不知錯，不知道錯在哪裡？都不明白，所以就必須要先能「知錯」，才能順利去修行，這是最重要的第一要務。

要如何知錯？就是「找出錯、研究錯、檢討錯、改正錯、不犯錯」五大要素，這就是修行，沒有多玄妙，完全是生活化、平常心、很自然的一件事。

二、懺悔：

要真心懺悔，才能夠功過相抵、以身示教，才能得到真正彼岸的第一步。面對懺悔，無論是各宗各派，都會要我們誠心懺悔。就算是進教堂，信奉基督教、信天主教、信回教……也都是懺悔，所以佛教懺悔，道教也要懺悔，這一切都離不開懺悔，為什麼呢？因為我們大家都相信「輪迴、因果」，有種了前因才會有後果。

其前因種了，那麼後果必然要輪迴。當前面或前幾世做錯事了，當然無法圓滿、逍遙，回到我們原來的本位。例如：進天堂、進極樂、進任何大千世界，都必須根據自己的業力輕重，流轉輪迴到四生六道裡，再度受苦受難，除非業力結束，今生圓滿了，則肉身就會幻滅。所以今生的業力支撐我們肉身，使我們在這世間生活，然而一旦業力一消，則肉身就會幻滅，以致我們今生得到肉身，就應該趕快做懺悔的動作，將往昔所造之諸罪業，誠心懺悔。

當有人想藉由出家的方式做懺悔，不是出自真心懺悔，以頓入空門做懺悔，是不夠圓滿，依現代的修行觀念來看，現今的空門是不收罪惡之徒，而是要收乾乾淨淨之人，而且都是學識很高的人去修法與度法，這都是要以身教來示現，以懺悔來接引眾生。而不是說我看破紅塵了，我不理世間世俗了，才剃度而遁入空門，那是一個逃避，不負責任的，不算懺悔。所以，我們要真心懺悔，才能夠功過相抵、以身示教，才能得到真正究竟自在。

三、禪修：

找回本來具有的清淨心，就不會產生貪念，沒有了貪瞋癡，就容易自在修行。如果只有懺悔而不懂得如何去修行？要修向何處？為何要修？然而不修行可以嗎？答案是很清楚明白的，就是「不行」！因為不去修行，就不會生活，其實佛法就是生活；生活就是佛法，連生活都不會，則如何進入佛法中，佛法是如此自然的，如金剛經上所說的，要學習「如何托缽、如何次第乞食、如何回來、如何吃飯、如何收缽、如何洗缽、如何洗腳、如何換脫福田衣、如何掛好福田衣、如何靜坐」，這是多麼自在之生活化、人性化、沒有罣礙，沒有執著，這就是禪修呀！

各位讀者有機會，可以去看金剛經的第一分「法會因由」，就會知道了。而且還要有規矩，必須要懂得「次第乞食」的道理，不能看到這一家是窮人，就超越這一家到別家去托缽，也不可以看到別家有好菜好料，就要轉往別家去托缽，只要一家的托缽裝滿了，就結束不准再往別家托缽去要，要趕快退出托缽行列。然而也不能有分別心，其佛陀有一位弟子，專挑有錢人去托缽，原因是要讓有錢人瞭解，何為慈悲喜捨？要懂得佈施？還有另一位弟子，專門是到窮人家去，給此窮人家種福田，讓此家來生能豐衣足食。然而佛陀將此兩位弟子都罵一頓，則對此兩位弟子說：「你們都有分別心！」如此就起了分別的執著，就是著相而無法修證成果。

所以，我們要禪修就是要實踐生活化的心，實踐之一則要我們「斷滅分別心」，能不起分別心，就能起眾生平等心。故禪修就是要我們去找回我們本來具有的「清淨心」，因為有清淨心自然就不會產生「貪念」，沒有了貪瞋癡，就容易萬事俱足，輕鬆自在的過生活；一旦有貪念怎能進入禪修之境界，還是在七情六慾當中打轉，還是在貪、瞋、癡之間輪迴不斷，沒辦法以「戒、定、慧」，來滅「貪、瞋、癡」的三毒。

我們不見得每人都要去「受戒」，但是心中有戒，這就是「守規矩」。這也就是告訴我們的「教規矩、學規矩、守規矩」，只要找回具有的清淨心，只要我們能守規矩，這樣就能圓滿。

四、訓體：

讓我們練就強健體魄，有強健的體魄，才會充滿精、氣、神，來做我們想做的事。修行是很簡單，訓體練身增強「精、氣、神」，誰不要呢？能練就金剛不壞身，是讓我們有強健的體魄，才會充滿精力、靈氣、神韻，來做我們想做的事。如果每天要到醫院吃藥、打點滴，請問還有什麼事可以做？所以，要以健康為本，才能本固根深，所以訓體是要我們練就「健康的身體」。

有了健康的身體，樣樣都能成就，如果沒有健康的身體，還有什麼是最重要的。平時被工作壓力，壓得喘不過氣來，每天都是鬱鬱悶悶的，雖然事情解決了，但是身體上的筋骨束縛，不見得能迎刃而解，唯有靠訓體的方式，紓解身體的壓力與筋骨的束縛。

然而訓體是大聲吆喝、拳打腳踢、怒目相向的舉止嗎？那可不見得，合宜的訓體是非常「莊嚴、優雅」的，會因人而異，產生不同的表達方式，有的會靜靜地雙手擺動，有的會優雅地舞蹈，有的會莊嚴、自主地參拜禮佛，每一個人的體質不同，呈現出來的訓練也不一樣。唯一相同的是訓體的過程是平和的、嚴肅的、法喜的，絕對不會嘻笑怒罵、跳來跳去與大呼小叫地裝神弄鬼。

其訓體的人，意識是清楚的且不會昏迷。僅是身體會不聽使喚地訓練及動作，也必須要老師及親朋好友在一旁協助，才不會碰撞到桌椅而受傷，也不可用力去抓訓體之人的手臂及身體，這樣會容易傷到訓體的人，應禮貌地用手背去協助或攙扶。此外男女的禮儀也必須兼顧，對於女性的訓體，需由其他女性好友協助，而男性要堅守禮貌，勿以肢體正面碰觸女性身體各部位，真的不得已，則以手背去擋一下訓體者的背部，以保護訓體者使之不跌倒、碰撞到桌椅即可。

五、聽經聞法：

要懂得經典中的真實意義，才能瞭解一切是道法自然、回歸自然。我們切莫隨緣召感，因為一隨緣召感就容易產生「妄想」。而妄想的牽引會使我們認為已得大法，而會有幻聽與幻見的現象產生。因為召感起妄想，而妄想就起幻聽幻見，誤信為真，那在修行之路上，就容易走偏了，所以我們要聽經聞法，如《金剛經》云：「凡所有相，皆是虛妄」，就是教導我們要按照「正法起修」。

所謂「正法」，非常簡單，沒有讓我們偏左，也沒有讓我們偏右，是按照「中道」而行。正如言：「中庸之道，為第一真諦！」按照中道而行，不偏左也不偏右，就是順其自然的意思。所以能順其自然的去做，也就不會產生偏左偏右的思維，才能圓滿。而修行者，如果沒有去聽經聞法，就不會懂真正的道理。

要懂得經典中的真實意義，才能瞭解一切是道法自然，這就是回歸自然，也就一切會「平衡」了。如果沒有依循自然法則，一下偏左一下又偏右，則又不平衡了，所以「自然」就是最平衡的。又如人往高處爬，水往低處流，這是大自然的習性，就是那麼自然，也就是流呀流，就會聚成小溪；再由小溪流呀流就聚成小河；再由數條小河匯流成一片湖泊、江河及大海，那就平了、穩了，沒有激流了。就是這樣子，順其自然。修行者能夠多聽經聞法，就會瞭解如何順其自然。

六、問事：

問事的當下，要使我們明白真理，等明白真理之後，自然就能覺悟。我們在這世間，面臨了種種的疑惑？也因為本身不明瞭，為何有世間？然而世間的種種一切，都是「緣起緣滅」，是因緣假合的，而不是真實的。既然是假的，合在一起的，所以怎麼會是真呢？

有因緣的關係，當「因」幻滅了，而「緣」就消失了。無風不起浪，則有風才會生起浪花，當「風平浪靜」就有無風而無浪的隱喻。若當風平浪靜的時候，我們不能說：「沒有浪」，因為只要一「風起」就會「雲湧」，然後就會有「浪花激起」了。故當風起則緣起，其浪消失的時候，緣就滅了，又回到了風平浪靜，水中無波的境地。

這都是因緣起滅，不是真實的，但它仍然是個現象，不能說它是沒有的，它這個現象只能說不是一個「真實的」；而是一個「假合的」。那又何必在乎、執著一個假合的現象，若我們做人太執著假合所產生的現象，而誤認它是永恆不壞的，而執著不放，也正因為難以掌握，就會產生患得患失、心中苦悶，其想得而得不到，只是徒增煩惱與苦悶。

所以，問事就是解決眾生心中的苦悶與疑惑。因為善智慧不俱足，所有的因緣聚合之假象誤以為真，又沒有一位正法實修者，去導引正確的思維，則會被邪知邪見者時常誤導，而產生了錯誤的觀念。所以問事是「導正錯誤的觀念」，對於一些不明的世間現象，對於人們會產生極度困擾，又無法瞭解，也無處去詢問，所以才以問事的方式，回答眾人的疑惑是由何因而引起的，又會生起何種結果之循環。

當瞭解「事出必有因」，一定會嚐苦果，那就不要去種惡因，自然就沒有苦果。故問事的當下，要使我們明白真理，等明白真理之後，自然就能覺悟，原來都是我們自己在自作自受。如果我們自己沒做，怎麼會有苦難呢？就是因為有苦難我們才會來問，才會明瞭說：「怎麼會這樣呢？」但我們每一個人，還是都要捫心自問，是否有做內心反省？如沒做錯事，就不用擔心會受到責難與受懲罰了。

當做了錯事，又擔心被責難與懲罰，這個觀念一定要導正，要敢做敢當，而現代的人則是「敢做不敢當」，而去求神與求佛來化解災難，絕無此理。所謂：「天理昭彰，不是不報，時候未到？」我們一般人都是「心存僥倖」，想要隱匿不當的原因，希望神佛能化解目前的苦難，這可是行不通的。要讓前來問事的眾生，明白「種因必得果」，唯有多行善因，方能獲得善果。

七、化解：

恢復身、心、靈的平衡，才能去修身養性、行功立德、功過相抵、身心自如。當前來問事之後，會找出原因，然而需要給眾生機緣，才能進行化解。眾生要能真心懺悔、向善，因為以前不明白尚有天理，所做非為而種下了因，以致果業已現。如今已能真心懺悔，需要給予眾生一線生機，使眾生可以功過相抵，行善佈施，以致不再困擾。

如此可以讓眾生恢復「身心靈」的平衡，才能往這條路去「修身養性、行功立德、功過相抵、身心自如」。也不是化解了，就能一了百了，還要繼續的行功立德，而且要無時無刻地懺悔，用一生的時間去行善佈施。其源頭也不能忘記，在那兒進行化解的根源不能斷，同樣是修行與修心的源頭，以心存感恩與惜福的心境，無論您所修行或化解的源頭，是大間或是小間的地方，源頭不能忘，要能飲水思源。

八、行善：

依四無量心「慈、悲、喜、捨」，來普渡眾生，願意去佈施，願意去行善業。所謂的「行善」，不能光說不練。諸佛菩薩都是以大慈大悲的精神，按照四無量心「慈、悲、喜、捨」，來普渡眾生，願意去佈施，願意去行善，而達到今天我們所認知道的果位，所以每一尊菩薩佛在佛經本上都有講到。例如：《金剛經》就提到佛陀的心路歷程，如何做五百世忍辱仙人？如何一階段一階段地修練成佛？需經過三大阿僧祇劫的長時間修持，才達到究竟圓滿的佛果位。

然而佛陀經過三大阿僧祇劫的修持，如果我們能夠受持讀誦此金剛經，所得功德，比於佛陀所供養諸佛功德，都不及受持讀誦此《金剛經》所有功德的百千億萬分之一。所以讀誦金剛經的功德是如此龐大，也就是導引我們一線生機，告訴我們一樣是可以成佛。以致延伸到行善，也就是在累積功德以化解累世的諸罪業。

以一般的果報，可分成「現世報、來世報、後報」，其後報是很多很多世以後，才會出現與報應，以前所做的諸惡業才會現前受報。所以一般人對行善還是有疑惑的，有人說：「我阿嬤一生都在造橋鋪路、捐款無數、捐錢建廟，為什麼她的子孫還是一塌糊塗？為什麼身體一直不好？」好像是上天很不公平。其實是很公平的，我們去看經書就會知道，這就叫做「後報」。

因為累世的善果報會一直出來，還有惡的果報也會一直示現，但是當惡的果報要出來時，一有行善則功過相抵，就抵掉了，則生生世世都給抵掉了，然而生生世世之前有種下惡因，而自己還不自知，雖然目前的抵掉了，過去累世所抵不掉的就於今世所顯現出來，就是這個道理，它也是叫做「後報」。

所以一念之間，惡的果報就會現前。我們要多行善、行功立德，才能抵消我們累世所欠的債，以及化解不小心所種下的惡因。因為我們都是眾生，不明白我們究竟欠多少，只有多行善才能滅罪消業。還有一些人就只會抱怨，而又產生了「怨天、怨地、怨己、怨人」等四大業障，不得不小心。

在行善的當下要特別去注意「後報」的業力，其「現世報、來世報、後報」三大報應之中，我們都是出事在後報上，以為說怎麼會這樣，某人一直在做善事與佈施，怎麼還是不好呢？這就是後報要現示了。所以，凡事只要行善，就默默付出，上天會知曉的，不去宣揚與邀功，不然行善再多都是歸零。

【開悟六】
心靈開悟思維

翔丰是源自科技人，因緣起而轉為修行人，用過來人的思維與邏輯，分享著修行應該明白的八種心靈開悟，進而佛道雙修，以找回俱足本性，讓修行的道心喜悅而不退轉？

我們為何要一佛一拜？是要學會什麼？

我們要如何行事低調？為何需要身段柔軟？

我們要如何不去自尋煩惱？起因為何？

我們要如何要把握當下？為何人生如戲？

我們要如何廣結善緣，才能累積人脈存摺？

我們要如何精益求精，再學專精？

我們要如何找出阻礙我們修行之原因？其內心要如何不轉？

我們要如何佛道雙修，以找回本性？

一佛一拜，學會謙卑

讓我們學會一心投入、不分心，如此才會產生清淨心。誠心禮佛、用心膜拜及懺悔，這就是教我們要學會謙卑。

一般無論是佛教或是道教，對於進入佛門或是道門的信眾，其主持、主事、宮主、堂主⋯，都會說對於其上的神佛形象，要去膜拜。然而只是對於神佛或神像要去膜拜，但都沒有告訴信眾或是弟子，該如何去膜拜？膜拜的意義為何？

其佛家的頂禮是五體投地，所拜的身段非常柔軟，這膜拜是不分其一佛一拜、三跪三拜、三跪十二叩首。但是，為何一進佛門或是道場會需要膜拜呢？這是要我們學會「謙卑」，學會為人做事之「恭敬、禮儀」。

我們在世間做事，經常是「貢高我慢」及自以為是的態度去對待一切，都以自我為中心，這是非常容易產生很重的凡夫「我執四相」。

所以，當我們打開《金剛經》一看，可以看到凡夫就是有我執的存在，於舉世眾生之間，就是我最大，如此會產生很難與人溝通的情形，或是本身無法承認我比你差，再怎麼樣也就有硬拗之情形發生，就會形成「我慢」的積習。而光是「慢」這一個字，就有很多的慢，例如，何為我慢？何為慢上慢？何為增上慢？

而傲慢的型態，其輕重是有所不同的。例如，有人明明知道，對方已念完博士且拿到畢業證書了，但就是不服輸，這是眾生的致命傷，只說對方也沒有什麼嘛？跟我還不是差不多！話語中雖然有承認落差，但是為了面子，還是要跟對方爭，又不肯認輸，這就是我慢而不會謙卑。

無論是拜佛與拜菩薩，都是教導我們要身段柔軟，行事低調並且學會謙卑，自然能天下太平，並能萬年大吉。所以並不是要我們呆呆的去拜，每天就執著要一百二十拜、一千二百拜，而且手上還拿著計數器，邊拜就邊按，每拜一次就按一次，然而那只是一個「計數」，其內心起計數之念，就非自然。我們修行是要修歸「道法自然」，所以當修行於計數之下，是沒有任何功德的。

於觀音菩薩的《普門品》當中，清楚明白地告訴我們「一心稱唸一句，觀世音菩薩聖號，等同百千億萬句。」其同等功德是一樣的，所以當用計數器拼命按，來計數個十萬句聖號，還不如我們誠心誠意、非常虔誠地唸一句「南無大慈大悲 救苦救難 廣大靈感 觀世音菩薩 摩訶薩！」恭恭敬敬地稱唸這一句，與用計數來稱唸聖號及按十萬下計數，其功德是一模一樣的。甚至是會超越用計數器所稱唸的修行者，因為用計數器稱唸會一直擔心，還沒達到十萬，還差好多句呀！怎麼辦？就在這樣的當下，嚴然已經分心了，絕對不會是「一心稱唸」。

這「一佛一拜」也是讓我們學會一心投入，不分心，如此才會產生「清淨心」。其心一清淨怎麼會與人起衝突呢？本來對方就是博士，理當比我厲害，我何必要硬拗呢？還拗對方與我也差不多！越是如此，其人際關係就會越來不好呀！人緣就會變差的。所以我們可以去誠心禮佛、用心膜拜及懺悔，這就是教我們要學會「謙卑」。

一般的佛寺、廟宇，都沒有教我們為何要膜拜之目的？就是要學會謙卑及身段柔軟。只是說：「你要拜喔！這不拜是不行的、沒有保佑的。」其如此的行徑，就只是在呆呆的拜，都沒有開導前來參拜者的心門，使之能真正地開悟。只能稱為「見廟非廟、見佛非佛」，因為主事者本身不懂，而去誤導眾生，讓眾生拜了一輩子，還是沒有好轉，故眾生常會埋怨：「我拜了一輩子，也沒有比較好！」就這樣的一句話，可能眾生就將三十年所累積的功德，一瞬間就抵消了，而且還罪加一條「造口業」的業障。

原本還有一點點的功德累積，沒想到一句話，就將修行者以前所做全部的功德給沒收了。所以眾生的「謹言慎行」也是很重要的，一不小心就會火燒功德林，其功德林是要長期累積，勤種深耕而長出來的一片功德林，其一句話就將功德林燒得乾乾淨淨的。而心念一起的「拜了一輩子，也沒有比較好！」那就會越拜其道心越退轉，沒真正瞭解到一佛一拜的真實義。

行事低調，身段柔軟

行事低調，就容易被人提拔，就會步步高升。
身段柔軟，就容易遇到善知識、碰到貴人的幫助。

身為現代人，通常是內心剛強，難調難伏。正因為無法調伏剛強的內心，總是不服輸，總是起我慢之心，明明是不如人，硬是不服輸，所以無法做到行事低調，也很難達到身段柔軟，就不容易遇到善知識、也碰不到貴人。

一個善知識就在眼前，總無法察覺到。所以說：「三人行必有我師！」只要身段柔軟，能夠不恥下問，其善知識便會願意傾囊相授，如果是貢高我慢的態度，就算學歷與經歷是如此之高，他人亦只會說「如是！如是！」就算是你辛辛苦苦地努力還是無解時，對方也不會一絲一毫地來幫助您。所以我們凡事一定要能夠做到身段柔軟，做到不恥下問的功夫，貴人自然就會顯現出來，幫助您解決一切問題。

於經典上常提到「善財童子，五十三參善知識」之故事。當善財童子每一參學完了，就會禮貌地向善知識告別，再轉往下一個善知識去學習，因為善財童子的求知若渴，每次學完後，都是很恭敬地禮貌告別，就是這麼簡單與禮貌，繼續進修之路，一階段一階段地進修學習，一直達到第五十三參，將五十三位善知識的知識學完之後，就圓滿究竟成佛了。

所以，只要我們能身段柔軟，就會很容易遇到貴人的幫助。能行事低調，就容易被人提拔，就會步步高升。當然不是只有行事低調、身段柔軟，接下來還是要能自我提升、自我學習與成長之累積。

切莫召感，自尋煩惱

只要一召感妄想，就會被控制住心智；

如常常召感妄想，就容易會自尋煩惱。

按照《大佛頂首楞嚴經》上所說：「五陰五十魔相中，尤其是在色陰區的魔相，都是顯化的。」會化出有形與有相的，或是化成一尊菩薩、化成一尊佛、化成一尊神，都化成您所愛看的，只要您心中一起意，祂便會瞭解你的心意，所以說：「天魔很可怕！我們要除魔相？」是什麼魔相，其實就是我們的心魔。

召感妄想是可怕的！原本天魔不知道您在想什麼？當您一起心動念「我想學神通！」啪～就現出影像給你看，並讓您知道「我利害嗎？想學嗎？拜我為師呀！」那就是要進入魔道了。

其魔在色陰區域裡，會飛精附體掌握修行者的心智，這是非常可怕的，猶如我們常常說的：「人中邪了?被卡陰了?」那就是飛精附體的結果。

此人一旦被飛精附體後，就已經不是自己了，被魔給附在身上，掌控此位修行者的心智。當心智已被掌控，就不再是自己，而完全依照天魔的指示及意願去行事，其所作所為並非正常。或許你會認為一切都還很對，今天指示您要去哪裡?明天又要去哪裡?每天都在跑靈山，到處去領旨、領令、領法寶，走得是家破人亡，其所見的、所想的、所領的一切，都是天魔所顯化而指示您去做的，只因為修行者貪慾妄求的念頭，而召感天魔附體。

我們如果真要走這一條修行之路?一定要告訴大家，我們不要去「召感」則天魔就不會與您「對應」。您一召感天魔就會有所對應，當一對應則我們沒辦法與魔的五神通對抗，所以會被飛精附體的天魔掌控住修行者心智，天魔就會被下旨意，當修行者接受其訊號之後，就會依照天魔的旨意及命令去行動。所以我們只要不去召感，天魔就莫您奈何。

只要是常常起心去召感，就容易會自尋煩惱。讓我們好好地做我們自己的主人，當您把門打開了，也就是人們位於胸前的八卦開啟了，平時沒有上鎖就容易被天魔入侵，想趕都趕不走。因為天魔個個都是身強體壯的，而我們卻是很弱小，無法趕走天魔出去。所以平時自己能不去召感，而讓身心大定、信心十足、浩然正氣起，那麼天魔就會自動離開。

故只要一召感，就會自尋煩惱，無窮盡的煩惱會接踵而來，事業上會出事，無心工作，家庭感情方面也會破碎，每天都要去跑靈山，為了跑靈山之車費，並且每個地方都要去佈施錢財，這裡三千那裡需要兩千，經濟就會出狀況，回到家中則生活無著，無米可炊，最後不走上分裂之路，都很困難。

所以，召感妄想是可怕的，我們修行之人，一定要身心大定，不要常常去召感妄想，就不會自尋煩惱了。

人生如戲，把握當下

要把握當下，將累世的諸罪業，去誠心的懺悔，
要去行善佈施、功過相抵，累積未來的好福報。

我們流轉輪迴，身為人間道，不過是百年之身。終究是要走入生死之道路，所以為何不去把握當下，好好地聽經聞法行正道，因為肉身是難得的，要能夠修行正法而去做一些行善佈施的工作，因為我們都是因前世的業力，而流轉輪迴來到這世間受苦與受難。

在《楞嚴經》上也告訴我們：「行陰區域中，由於幽隱妄想，是非常細微而難以發現的

累世積習」，也正好這些累世的積習是難以發現的，才會掛在我們身上，會讓我們一不小心，就觸動了累世的積習，召來業力。

所以漫不經心之業力，會變成「業緣彎流」，就像一條大河一樣那麼多了。這是極微細且無法發現之下，所產生出來的業力，而觸動了我們又再造業，而且絲毫都不會有所感覺到，以一業一業地串起來，而形成了業緣彎流，以此業緣彎流又再成就了受生的原動力，那就很可怕了。

而要如何去瞭解業力之形成，就必須要進入經典去聽經聞法，明白經典的真實義，就能避免業力的再度累積與發生。而不會再去「埋怨天、埋怨地、埋怨人、埋怨己」之四大業障再度累造，其業緣彎流的可怕，都是漫不經心所造成的，所種下的業力，倚仗此業緣彎流又變成再度受生的原動力。

其流轉輪迴的原動力哪來的？是業緣彎流所給的。所以我們要把握當下，將累世的諸罪業，去誠心的懺悔，然後要去普行善功、功過相抵，才能在短暫「戲如人生」的當下，好好把握行功立德的機會，使得來生流轉輪迴之時，可以轉至善行較好的家庭，或是生在佛化家庭，進入積善之家，可以一出生就懂得行善佈施，有可能一世就可以成佛了，所以我們要好好地把握住機緣，當下行善，累積未來的好福報。

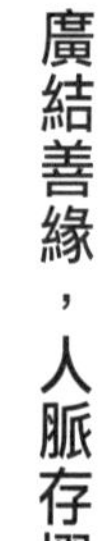

廣結善緣，人脈存摺

人際關係調理得當，累積的人脈就會很多與很好，
自然能經常逢凶化吉，貴人也能在暗中幫你化解。

我們做人是很辛苦的，懂得做人更難，就是因為眾生的「我執」太重了。總是死要面子，明明是家徒四壁，出門還是要拿個仿冒的LV包包；明明口袋裡沒有錢，也要到大的餐廳迴廊走一圈，進出一下讓人看一看，表示我也是從高檔的餐廳，剛走出來。然而為什麼我們不能好好想一想，我們為何會生長在如此的家庭與困苦的環境當中？

就因為前世我們的業力太重所造成，我們的業力重，則自然我們所出生的家庭，生長環境不會太好；業力輕，自然我們所出生的家庭，就會是積善之家或是佛化家庭。其業力重則在下，業力輕則在上，所以我們流轉輪迴都不要太高興，人人平等都是一模一樣的，只是給予一個好的機會，生長在積善之家，能經常去捐善款，經常去行善佈施，我們就能從小耳濡目染的學習，也會啟發我們起行善的心，知道佈施的重要。

我們能從小就開始結善緣，自然成長過程，會一直有貴人暗中相助。有朋友常常會抱歉說：「我都沒有貴人相助！」則應該自我去反省「是否我有常常去幫助別人？常常當別人的貴人嗎？」所以，要有貴人相助，就要先做別人的貴人；才會有貴人，在暗中相助您。如此就能常常逢凶化吉，暗中化解危機。且與人相處，要做到「不爭、不貪、不奪、不計較」，就能很隨緣地與大家結下善緣，人人都願意與您為伍，做您的朋友，自然人際關係就能圓滿。

人際關係調理得當，累積的人脈就會很多與很好，自然能經常逢凶化吉，不用明著講其暗中就有貴人能幫您化解，也不用去求去拜託，人人就會主動拉您一把。所以廣結善緣，就能累積人脈存摺，自然就逢凶化吉，達到生活圓滿。

精益求精，再學專精

精益求精、再學專精、隨時精進，
並自我充實，就不會被時代淘汰。

有一位顧問公司的朋友，要去台大對新生講課。針對一群台灣最高學府之學子，要說明「一群最高學府新生的迷思在哪裡？」要告訴這些年輕的學子，進入台大並不是保證班，而是四年畢業後即是有失業之觀念。因為一山還有一山高，當離開了校園，也許就失業了，因為沒學有專精。當進入台大之最高學府時，已經被學校的名氣沖昏了頭，就不會用功並努力

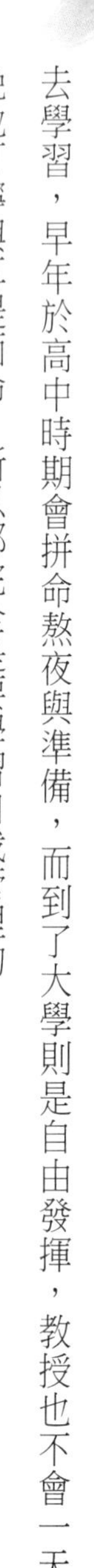

去學習，早年於高中時期會拼命熬夜與準備，而到了大學則是自由發揮，教授也不會一天到晚地叮嚀與耳提面命，所以那完全是要學習自我管理的。

當年輕學子由全壓式的高中環境，來到自我管理的大學環境，自然功課會一落千丈，因為參加社團活動的諸多因素，沒有好好地時間管理及自我規劃。再則是沒有設定自己未來的前途與目標，所以其性向、目標、興趣到底在哪裡？會對未來的人生茫然，也沒有真正接觸到社會，也不真正關心社會，甚至不想瞭解社會，對於未來要去的地方，完全脫離關係，沉醉在最高學府的當下，沒有精益求精的學習精神，當大學四年畢業之後踏出社會，一定會高不成低不就的。

今天我們沒有奠定良好的根基，相信未來要走的路絕對是坎坷的。其古人常常在說的一句「學無止境，要活到老學到老」，等我們年記稍長之後，不用天天讓師長耳提面命，只要一瞭解所學不足，就會用心學習與進修。當我們年輕之時是死背與填鴨式的讀書，等我們出了社會，應該是以理解及活用方式來面對，能用理解的方式，連背都不用背，馬上就能脫口而出，這必須要有人生歷練而轉變出來的知識累積。

所以我們如果是「原地踏步」，而沒有去進步，那年輕後輩就會呼嘯而過，個個爬在我們頭上。此時的心境及心情，可就會很鬱卒及沮喪，為什麼會這樣呢？我已來此公司二十年了，這個位子怎麼不是由我來坐呢？那年輕人才來三年就爬到我的頂上。因為要坐在這個位子上，必須要學有專精，而且要精益求精地進步。

現代的社會是需要「精益求精、再學專精」之人，而且這個世代是「證照」的時代，您沒有半張證照，代表平時沒有在精進與學習，甚至證照是要考越多是越好的，以備不時之需。如果能於求學時期，除了課業之兼顧以外，還能把握空檔時間，多加學習與精進，多參加專業領域的研習，以考取多元化的證照，以及吸收多樣化的知識領域。

除了證照的考取及擁有之外，還要精益求精，不能一知半解，必須要能深解義趣，才能對專業知識清楚明白，且不故步自封，隨時跟著時代的趨勢去學習與精進，吸收更新的知識與經驗。猶如現在是網路時代，知識爆炸的時代，如果不每天跟進，則別人所說的話，可就都聽不懂了。

我們不想被時代給淘汰，就必須要精益求精，再學專精，隨時精進並自我充實，就不會被淘汰，這也是我們現代人所欠缺的一環及思維。我們平時也要能常常更新小知識與專業領域，時時都要能保持勇猛精進的思維，才會推動我們不斷去尋找新的知識與新的領域，並勇於嘗試新的技藝，願意主動去學習新知，以備而不用，當機會一來，就能順水推舟地登上高位。

道心退轉，阻礙修行

開悟的人，懂得在理上拿捏；

迷惑的人，就是在事中打轉；

內心不貪，道心就不會退轉。

當我們一切都順利時，是絕不會想要進入修行。好比我們稍微小咳嗽，別人會勸我們去做一下健康檢查，但是很多人卻會說：「免啦！我還健康得很？」而不願意去做，但是身體已產生變化了，有著隱藏的殺手而不自知。所以好的時候，不願意去行功立德，不去廣結善緣；當壞的時候就病急亂投醫，什麼都去信！什麼都去拜！不管是正的、是偏的，只要一聽到有人說，就會想要去試一試，所以這些人，都是盲目的。

而我們走修行之路，應該要能「道心不退轉」，還要能堅信不移。身為現代人，都是先相信而去修，而當好了之後，就會說「算了」；當「壞了」之後，又會再度前來修行，尋求協助，所以會一直反反覆覆地，時好時壞。當眾生不來走修行之路時，應該是問題與疑難都轉好了；當眾生再度回來時，一定是問題「轉壞了」，而且會比以前更加不好。所以道心絕對不能退轉，該修行的，該行善的，要能持之以恆，事業工作與賺錢之餘，還是要能持續走修行之路。

不能持續走修行之路，總歸一個字，就是「貪」。因為我們都在貪慾當中過日子，為什麼不能吃飽就好了，然而存款簿內的金額，只不過是一堆數字而已，需要那麼專注於金額的多寡嗎？因為那是沒有價值的，其金錢是需要流通，才會有所價值之存在。也正因為我們沒有堅定的信心，才會被金錢、數字所轉，才會去因為貪慾而道心退轉，那不就是阻礙修行。

所以除了「貪」字以外，還有「瞋、癡」二字需要戒除之。將「貪、瞋、癡」應該徹底地戒除掉，其中以「貪」為首要戒除，第一個就要先除去，因它是一切萬惡的根源。好比眾生總覺得「錢不怕多，而是要越多越好！」那就是貪慾在作祟，以阻礙我們修行，讓我們道心退轉，以致沒有起正心及正念地修行，沒有去聽經聞法，所以才不明「事、理」之分。

其「事」是眾生迷惑在一切現象的當下；而「理」是真如實相的，永恆不變的真理。當開悟的人，就懂得理上拿捏；迷惑的人，就是在事的當中打轉。「事」是我們眼前所看到的一切現象，所發生的狀況，將我們所看到的假象，誤信以為真，不斷地打轉，認假為真；如果我們能開悟，就會在「理」上拿捏得宜，就會知道凡所有相，皆是虛妄。所以「理，是開悟的」而「事，是迷惑的」。

我們應當突破事相，進入理相當中，就能真正明白地開悟了。眾生都是因為事理不明，而阻礙其修行，才沒有真正的開悟，以造就我們流轉輪迴的根源，其最重要的是眾生內心不

能被「貪念」所轉，導致我們的「道心退轉」，以「阻礙修行」。

佛道雙修，找回本性

以佛道雙修能真正地發出菩提心、大慈大悲心，
以法喜心能夠真正找回俱足本性、自性與佛心。

現在是末法時代，沒有佛住世，沒有一位真正的導師，可以面對面地教導我們，對我們開示一切宇宙的真理。然而我們都會以人間的事理來做基準，因我們都是在人間事理當中打轉，這些都是一切假象與虛幻所形成的，深陷於緣起緣滅的當中，誤信以為真，皆將這些假象與虛幻握在手中執著不放，無法破除我執與虛妄的觀念，所以必須要「實修佛道」。

我們「修佛」而能了知佛所告訴我們的真實義，進入佛所留下來的文字般若，而起觀照般若，再實證到實相般若，讓我們真正瞭解宇宙的萬有、當體即空，而空又生妙有，這「空有不二」是同時發生，不二而一，又何必去執著呢？如果我們能明白其道裡，我們就能學習「放下」。

然而「修道」是要我們行遍千山萬里路，嚐遍世上眾百苦，才知道世間眾生苦。也才能

有所體悟，願意為眾生無怨無悔地祈福與解苦，真正起大慈大悲之心，否則只會是光說不練。我們修佛之人，每天只會唸佛、持咒、誦經、參加法會，大部分的時間都是花在此處之上，但是沒有親自到第一線，去做現場體驗的行動；反之，修道之人會走出佛寺廟宇及宮堂，然後到現場去義賣，再將義賣所得交給弱勢團體、公益團體、家扶中心……等等，大家都是法喜充滿，歡歡喜喜地去行善與佈施，並且身體力行去落實，絕對不會只是光說不練。

其修佛是要先修「自利」，而修道是再修「利他」，光是修佛或是單獨地修道，都無法很圓滿，所以能夠做到「佛道雙修」才能圓滿，才是「自利利他」的修行。所以修行是必須要身體力行的。我們修佛是要學習懂得道理，而修道則是要能夠身體力行，能將道理落實轉化成為行動，故常見修道之人會經常到佛家道場幫忙，以落實《金剛經》上所說：「眾生平等，無差別相！」能破除我執與法執，再將空執也破了，這就能三空俱泯。

所以能以佛道雙修的思維去落實，就能「找回本性」。能佛道雙修就能真正地發出菩提心，發出大慈大悲心，先自利以後而願意去利他，以法喜充滿的心去做，累積到我們的功過慢慢地相抵，那就能猶如種福田一般地耕耘，再加上能心外不取相，以及心外不求法，到頭來才會了知，原來我們所做的一切，就是「本性」。其本性就是自性，自性就是佛心，這本性是我們原本所俱足的，何必往心外去妄求呢？

如此我們會瞭解，只要能明白道理之後，再加上身體力行，我們就俱足佛心及本性。這些都是應有盡有的，何必捨近求遠，而去心外取相及去心外求法呢？唯有找回本性，才能達到究竟圓滿的境界。我們如果不能向內觀察自心，就永遠無法找回自信及真理。所以能落實「佛道雙修」，就能輕易地「找回本性」，也就是「明心見性」，達到快樂圓滿及喜悅自在了。

【開悟七】正法如實起修

心要清淨，不受外緣　；　尋找明師，導引起修
外相莫執，誤導修心　；　德行俱足，追隨正修

修行之路必要能夠自動自發！翔丰一路走來領悟到，除了要多多聽經聞法之外，落實生活修行才是正修。當起歡喜心進入善門修行，從頭學起，隨心滿願的學習一切，能不挑工作，樣樣都要去做，譬如清潔環境、整理廚廁、前後庭院的整齊，在在都是要發大心願而歡喜的去完成，不需要別人的催促，這是要修行者本身應該領悟的生活修行。

修行路上是要用行動去做，以行動來累積正能量，用一切的行動去懺悔所造諸多罪業，當修行者的罪業能夠銷盡，就會減少在修行路上的魔難阻礙，能多多聽經聞法及落實生活修行，就能夠體悟佛菩薩所遺留下來的修行真實義。

如果不瞭解經典與生活上的真實意義，就無法依教奉行，此時的修行者就容易被外界塵

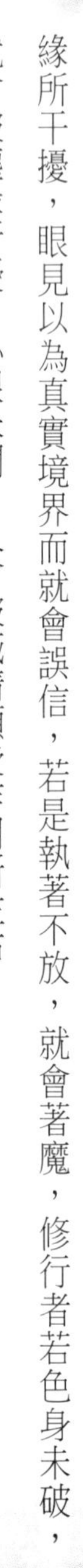

緣所干擾，眼見以為真實境界而就會誤信，若是執著不放，就會著魔，修行者若色身未破，就會被塵緣所擾；心眼未開，又會被感情領受作用所左右。

因為心起妄念，就會召感諸多魑魅魍魎、山精、水怪、木石精怪等干擾，所以修行者一定要使身心安定、不攀外緣、不起造作、不去對應、老神在在、一念不起、依正法起修，落實生活修行及多多聽經聞法，一定可以一心不亂而修證成果。

心要清淨，不受外緣

修行法門縱然有八萬四千種，一切有為法，還是唯心起，當諸菩薩請問佛陀為何住世，此世界乃稱謂娑婆世界，意思為不淨世界之意，佛陀依然還能得大圓滿法相，一切俱足圓滿無礙？

修行者不可以「不清淨心」觀照一切法，若是如此觀照，即是心念起意，無法定淨，善智慧不會彰顯，心魔掌控行者心智，攀附外緣故，心受干擾，難以安住調伏其心，妄心就會常起，諸多煩惱油然而生，行者道心容易退轉。

修行者唯有調伏其心，使妄心不起，心不隨外境轉動，色身當破，通過魔相，不被虛幻假相所困，它只是修行中所顯現的善境界而已，不可執著不放，以免色陰魔趁虛侵入修行者之體，若被掌控而失去心智，就會著魔。

尋找明師，導引起修

修行者於修行之時，切莫獨自狂修，或是追隨非人而修，行者未知心識感情作用，對境時常起對應造作，似是而非，行者亦不明究竟，眼前所顯現諸法是否正法？自身亦無從查考，修者本身經驗不足，亦未深入經藏，不能了知諸佛所傳何義，盲目起修的後果，就容易著魔相而無法自拔。

因為修行者在禪定中，色身未破心眼未開故，仍不明瞭眼前所顯示諸多幻象虛實真假，只是一個境界現前，若是不俱足善智慧，就容易著魔相中，沒有明師的導引及告誡，對境攀緣的後果，妄心就又起，自以為得到大法，又有神通附身，殊不知此乃魔通而非神通。

修行者無法得知真相，以為修成至高無上境界，有時狂妄自大認為等同佛齊，不須再精進修持，誤認佛陀不過如此，狂妄自大之心而起大妄語，就會誤導其修行者。

沒有明師善加導引修行各法，是非常危險，稍不留心，就會著魔相而無法自拔，自已以為得到無上大法，不必再精進修持，得到感應就起狂心妄想，時下一般自稱修行者常會犯此

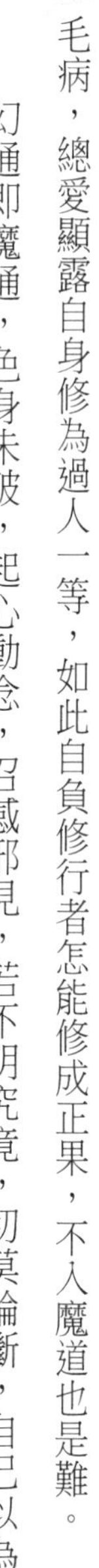

毛病，總愛顯露自身修為過人一等，如此自負修行者怎能修成正果，不入魔道也是難。

幻通即魔通，色身未破，起心動念，召感邪見，若不明究竟，切莫論斷，自己以為是，當問明師才是。

外相莫執，誤導修心

在《金剛經》當中云：「云何應住？云何降服其心？」修行者起修時應先發菩提心，初發心之修行者只知上求佛道，而不知下化眾生之理，仍是一般二乘人之菩提心，仍未達到諸佛境界。

此住是指修者所發之菩提心而言，即是修者的真心，真心所應住之所，只因修行者仍然執著五蘊不空、妄想念起、使心難安住，因初修行者雖發菩提心，但心難以調伏，起伏不定，善智慧不俱足故，無法降服其心，旋信又疑，無法精進往前修。

若修行者略具稍些異能感應，只因天魔飛精入修者心腑，掌控修者心智而不自知，一切行為異狀，皆由心念所成就，一切住心造，若修行者不起心動念，則心即可如如不動。

修行者若不察此心，無法安住於真如，則執著外相虛幻為真，則修者墜入魔境界，所作所為就會有違真理，若以此誤導一般行者修行，則會群居一同導入邪魔境界，要看清此心以免著魔。

德行俱足，追隨正修

自古高僧大德，俱足三藏經律論者皆是一時之選，徹底明白三藏經文及十二部等精妙之處，四威儀德行俱足，才智過人，悟透經中所說一切真如實相之理，得知無上妙義，亦能為人演說經文玄妙，具大智慧者，大悲心者，洞澈諸天諸佛所義之妙義，融會貫通，再來傳布妙理玄義於有緣眾生，悲智雙運。

時下修行者皆喜捷徑之途，快速達成正果，難吃諸苦，以為如此即可修成正果，羅馬絕非一日可造成，需要一步一腳印，按部就班、次第修持、向下紮根，切忌盲目亂修，自己以為可無師自通，修門不對，若不察覺而退，則會修入偏方而淪墜無間。

修行者需要深入經藏，瞭解經文真實意義，依法不依人，如法即是無上正等正覺，依人則是追隨明師起修，明師傳授正法、解惑再受業、啟蒙頓悟後，了知經藏所演諸佛第一義諦，修行者之心自會破迷開悟、破除諸相、妄心不起，真心能住真如之地，明師啟蒙修行者真如自性後，當可得阿耨多羅三藐三菩提。

【開悟八】

融入佛道雙修

綜觀修行的這條道路上，有朋友是站在門外觀望，也有朋友是初入善門，也有是中階、高階、精通，甚至是達到出神入化的境地，無論是修練到達何種境界，一定是要擁有健康的心態與用正見、正念來看待修行的道路。修行之法門可說是有八萬四千之多，我們真能學得完嗎？一定是要取其各自精華與精髓，然後轉化成自己熟悉與能實質幫助到有緣眾生的法門，才是值得學習的善法門。

翔丰將多年來的體悟，分享給各位讀者及修行人，分別是「**佛法修行**、**道法修行**、**佛道雙修**」之三種修行介紹。

佛法修行—介紹：

佛法，是指透過修心與修禪，而印心頓悟的佛教法門。其歸納後不外乎有「禪坐、結印、冥想、觀照、禮佛、供佛、唸經」，這些法門必須一階段一階段地修練與提升，再加上日積月累地精進與運用，才能夠循序漸進地進入佛法領域與精髓。

「禪坐」：以達到「身、心、靈」的能量平衡，與參悟隨緣、不求、平常心的境地。

「結印」：以雙手的指法分「如意印、觀音印、拱手印」之三種基本的結印指法。

「冥想」：以身體打坐及淨心方式，達到意念的純淨與放空，進而讓身體氣脈暢行。

「觀照」：由意識去觀想宇宙、神佛、菩薩的印心回應，進而照亮內心並點燃心中的明燈。

「禮佛」：以身體彎曲並合掌禮拜菩薩形象或是圖像，用謙卑的心來溝通與行禮。

「供佛」：以檀香、鮮花、素果、七寶等莊嚴聖品，來供養與奉獻莊嚴佛菩薩。

「唸經」：一切法門的根源，能多唸經文就能多體悟，仙佛菩薩救苦濟世的善心。

道法修行－介紹：

道法，則是藉由道法與符令，而恭請神佛菩薩，降世救難與化煞的法門。在中國淵遠流傳的應用中，就規屬道教的靈驗與感應最為廣大，藉由道法與符令，來呼請道教之神明仙道，達到降世助人、救難化煞、平安祈福的法門。歸納應用有「練氣、符法、陣法、靈修、通靈、召喚、降駕、化煞、祈福」等法門，這些法門應用，也必須是有形老師的帶領修持與無形仙佛菩薩的教導指點，等學成後會領有旨令或令旗，方能用以普渡眾生，勸人向善之累積功德。

佛道雙修－介紹：

「練氣」：需由有形老師指導，如何感應天地氣場，搭配自身大小周天之氣脈運行。

「符法」：需由仙佛菩薩的授權，將佛令、道法與護法神安於道符上，達消災化煞之用。

「陣法」：以太極、八卦、七星陣、五行應用，形成結界來抑止邪靈入侵與護持。

「靈修」：啟動靈動修持之累積，時機成熟將打開天靈蓋，接收靈界與仙佛菩薩的訊息。

「通靈」：接收靈界與仙佛菩薩的訊息後，傳達給世間的人們瞭解之方法。

「召喚」：藉由佛號與道號之呼請，召請天兵天將、仙佛菩薩降臨處理之方法。

「降駕」：以肉身之軀體，讓仙佛菩薩之元靈進入，以方便處理凡間事務之法門。

「化煞」：用道符、檀香、硃砂、法器，來化解無形與靈界帶來的困擾與不便。

「祈福」：採用和平與吉祥的法門，來祝福與增添平安福報，以帶來好運勢及好福氣。

佛道雙修，又可稱為「人間修行」，是身為凡人的我們，除了普渡眾生之職責外，還應兼顧家庭經濟與身體健康，助人行善之餘，要有一份正職的工作，才能有正當經濟來源，當經濟寬裕時，助人與結緣佈施時，心中才不會有所罣礙與無形的阻礙。

因果輪迴，人身難得！當我們降臨這個世間，是非常難能可貴之事，除了上幾輩子燒好香外，也是累積很多福報與行善而來的，我們應當好好珍惜與善用這個機會多佈施、多勸世、多行善。但是如果您知曉天命與因果，您更當精進與進取，為這世間盡一份心力，用正知正見的人間方法來解渡迷津，這就是「人間修行」的精神所在。然而修行的應用為「平常心、說好話、多佈施、積陰德、勸向善、多讀書」等，需要各位讀者與修行人的齊心協力，以導正這苦難的世間，讓人人都能達到離苦得樂的喜樂境地。

「平常心」：凡事都能用隨緣的心境來看待，不執著、不貪婪、少慾望、不生氣。

「說好話」：開口閉口皆是一念間，成就好事需多說好話、多稱讚、少閒語、少中傷。

「多佈施」：施比受有福，平時能捐小錢，多捐血、多關懷、多付出、多助人，累積福德。

「積陰德」：行善與助人要低調，為善不欲人知，但天地是有眼的，功與過是會清楚記錄。

「勸向善」：除了自己做善事外，也需勸阻殺生、傷害、行惡、歹念之引導人們向善。

「**多讀書**」：平時多讀書充實自己，才能用正知正見的道理及善方法，說服與匡正他人。

所以說，修持佛法在於心；修練道法在於法；而人間修行在於情。真正的要去普渡眾生應當能採行「佛道雙修」，用正念正知正見的「心」去輔佐正義正信正向的「法」，相輔相成以成就人間有情的溫暖，讓世間的人們不再有執著與貪、瞋、癡、慢、疑之著相，如有緣分可再施行「元辰地圖」的探訪與觀看，達到了知自己的因果與業力，藉此匡正人心與散播愛及關懷，讓人世間到處充滿著溫暖與善心。

【開悟九】

禪修靈修介紹

如果您的體質敏感，當時機成熟後，可以有緣尋得一位有德行的老師，瞭解是否帶天命？或是告知您需要進入修行才能圓滿？此時的您要放下身段與矜持，修習此身的精氣神以達啟靈的條件，進入禪修與靈修的境地，以圓滿此生的因果願力。

初期您進入的修練反應，應當是如下，會時有「暈眩、眼花、昏睡、閃光、打呵、手掌發麻、全身發脹、恍神、無意識、耳鳴、身體顫抖、自動閉眼、自主比劃」等現象出現，提供給各位讀者參考，如果您有以下現象與舉止，一定要冷靜去判讀此訊息帶來的意義與指示，不要慌張與病急亂投醫。

再者，當您身邊有此現象的好朋友，也請各位要能體諒與諒解，因為這是初期反應，是神佛菩薩在調節此位朋友的體質，不可當他是患有「幻聽、幻覺、幻視」之人，待有朝一日，此位朋友修練與適應後，未來他（她）可能是能協助您與解渡迷津的人間菩薩。

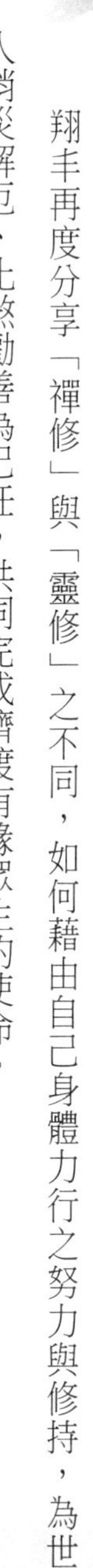

翔手再度分享「禪修」與「靈修」之不同，如何藉由自己身體力行之努力與修持，為世人消災解厄、化煞勸善為己任，共同完成濟渡有緣眾生的使命。

禪修－介紹

學習禪修，是指一般人有心走向「身、心、靈」的能量平衡之境地，發心打坐與調心、調息之修練，學習以佛菩薩的精神與聽經聞法，引領自己走向身心健康，與內心平靜的和諧領域，並藉自己身體力行之毅力與修為，來影響周遭的人、事、物，讓發善心、說好話及行好事之勸善思維，遍及社會各個階層，讓人間充滿愛與離苦得樂的喜悅心。

靈修－介紹

禪修後的精進是靈修，是指得知帶天命與前世願力之人，可追隨有形老師或無形仙佛菩薩之引領，經過印證與重重考驗後，確認是有「任務、使命」之修行朋友，先學習禪修來提升自己的靈性與自覺，再藉由精進的靈修來感應與神佛接觸，以增強自身的濟世眾生之能力，採用「佛、法、僧」之交互應用的模式，刻苦自己並成就他人，為世人消災解厄、化煞勸善為己任，使世人能有所醒悟，可以發心走上向善的道路，讓罪惡與貪、瞋、癡遠離人心，共同解渡這個有情人間的苦難。

靈修過程，必須以佛、法、僧之方式，協助有帶天命、任務或使命的修行者，共同修行以成就功德之累積。

佛：每位修行者，都會有一位有緣的神佛菩薩護持與跟隨，當需辦理靈界之事時，能夠有所依歸與請示做主，當然也是有共同修行，以成就功德之累積，共同完成普渡眾生的使命。

法：當皈依有緣的神佛菩薩，找到護法與跟隨之修行者，都必須再刻苦修練與學習，習得佛法與道術，並以正念及正見來施予有緣人，化解邪魔外靈的陷害與糾纏，讓塵歸塵、土歸土、陰陽不相干擾之天律循環下，維持合乎情理的陰陽和諧。

僧：除了「佛、法」之精進外，每位修行者，都要刻苦耐勞，忍人所不能忍，潛心修練與精進，在這現實的紅塵中，除了執行上天所賦予任務外，還要兼顧這個世間所帶來的考驗，達成這個世間的親情、愛情、友情、經濟上的平衡課題。

不要因為修行者本身帶有「天命、神職」，就自以為清高，不顧人間的情、理、法，該賺錢顧及家庭經濟的，該孝順父母，該愛護妻兒，該與同事間正常相處的，都不能怠忽才是，這也是人間修行的實踐，如此才能符合現代之「帶天命之新新人類」的精神象徵。

※、修練反應說明：

暈眩：每當感應來時，靈與靈之接觸，會讓靈修人的體質受影響，而產生頭昏現象。

眼花：當靈與靈之接觸，從天靈或是眉心進出，會有眼壓上升，而形成眼睛昏花與影像的失焦。

昏睡：啟靈之後的靈體接觸，因靈與靈之對話，正常的頭腦思緒會停擺，會有想睡感覺。

閃光：修行者之靈體守護神，接觸時會有五色之光產生，尤其閉眼時更為明顯。

打呵：當本靈與另一靈體靠近時，與自身氣場感應而有氣脹之感，而會有自主排氣之打嗝聲。

手掌發麻：手掌之勞宮穴是氣場的進出處，靈體靠近時，會有氣場產生，會有發麻感受。

全身發脹：當另一靈體靠近時，會有氣場產生，充滿全身時會身體脹脹的。

恍神：修行者與另一靈體接觸的瞬間，會有失神與思緒中斷之象。

無意識：靈體接觸時，會有思緒中斷之瞬間，腦海會有一段時間的空白，失去思考與記憶。

耳鳴：靈與靈之對話，會因為聽不懂或是溝通頻率未適應，短暫的耳鳴，而嗡嗡作響。

身體顫抖：當靈體接觸的剎那間，會氣動與感應，而造成身體微微抖動之象。

自動閉眼：正當靈體或是神佛靠近時，要進入溝通層次時，修行者會自主閉眼。

自主比劃：靈體或神佛靠近，感應的氣場會帶動身體，也會連動雙手進行訓體，是靈動現象。

修行者的掌心（勞宮穴）是靈敏的，每當與靈性物體（舍利子）感應時，全身發漲並會不自覺地晃動，思緒則是清醒的（翔丰北京拍攝）

第七回 修行考驗的圓滿

第七回：修行考驗的圓滿

【圓滿一】

兩次圓滿考驗

走上修行之路，會有逢「三、六、九」之考驗，翔手也就是自修行開始，走到第三年的時候，會示現有一小考，考驗其道心是否會退轉；走到第六年的時候，會隱現有一中考，其考驗會因人而有不一樣的題目，可能是考貪、瞋、癡之意志力，或許會有意想不到的情關、

財關、婚姻觀或是身體關……等等之考題，這就要各位讀者與修行人自行去體會與領悟；再走到第九年的時候，就會於夢境或現實生活中有一個大考，這個考驗可就耐人尋味，或許題目嚴峻困難，或許考題是能夠輕鬆自在就能過關，這就要看我們修行者，平時是否有勇猛精進、心如止水、如如不動之修持。

兩度九年 修行考驗 皈依三寶 圓滿自在

其翔丰回憶修行之路，到西元二〇一〇年已邁入二十多年了，於過程中有過兩次大考，於第一次的九年大考，翔丰自知沒有考過關，而於第二次的九年大考，則翔丰辛苦地通過試煉，通過無形神佛菩薩的考驗，與完成有形全家人的圓滿皈依三寶「佛、法、僧」。

過程是這樣的發生，於西元一九九七年底翔丰因心經的因緣，與內人締造良緣，當時的翔丰是吃初一與十五的素齋，不吃牛肉以及每天吃早齋，來進行修行之路。就在結婚後的兩年，也就是翔丰的第一個九年大考，當時翔丰應該是忘記九年大考的來臨，現在回想起來，應該是當時沒有遇到明師，沒能真正有善法門而起正修，只是自己懵懵懂懂地自修，才會於第一次的九年大考，沒有過關。

然而沒過關的事件，翔丰很樂意與各位讀者及有緣看此書的朋友分享，回想第一個九年大考，是於西元一九九九年之時，有一天翔丰的老婆，就心血來潮地煮了一鍋很棒的牛肉料理，味道香濃四溢，端上桌與全家一同享用，當初不吃牛肉的翔丰，有聞到牛肉的味道，也主動拒絕食用此道料理，就於此時，老婆大人說話了：「你不吃，就是不愛我了。」當時的翔丰是非常的為難，可是迫於新婚才兩年，且是全家的聚會飯局，能掃興嗎？答案肯定是不行的，其翔丰猶豫了一下後，還是動手夾了塊牛肉吃下肚。

印象當初沒想到那麼多，只覺得是老婆大人的愛心與全家人的飯局，而且是老婆大人的親手料理，能不去品嚐與動筷子食用嗎？當時內心是有些掙扎的，可是一將牛肉吃下肚，內心的抗拒與原則就降低了，也一度忘記九年前母娘的叮嚀，不可以吃牛肉呀！結果翔丰是一塊接一塊吃得還很開心，當時絲毫沒有懺悔之心。

就因為當時吃了牛肉，絲毫都沒有懺悔之心，且一吃就是兩年多之久，只要老婆大人有料理牛肉，或是外出用餐，有牛肉料理的餐點，翔丰都沒有忌口，還是一塊接一塊吃。記得當時的某一天，也不知哪來的訊息及靈感，默默地告訴翔丰不能再食用牛肉了，而且要我好好反省看看，自從西元一九九九年吃了牛肉之後，一直到西元二〇〇一年的兩年期間，換了不少工作，且工作也一直不穩定，連皈依 觀音佛祖的檀香木手鍊之無故不見了。

這時讓翔丰又再度驚醒回來，回過神來的翔丰，真正的覺悟及生起懺悔之心。於西元二〇〇二年開始，就拒絕再吃牛肉，不論是老婆大人的誘惑，或是外出飯局、喜宴……等場合，翔丰就是堅持不再食用牛肉相關料理，且會禮貌地婉謝對方的好意，其翔丰的老婆也不再強迫我吃牛肉，讓我可以自在地過修行日子。

沒想到當翔丰一不再食用牛肉之後，很快地不再換工作了，而且在公司場合，更受老闆器重及同事們的支持，現在回想起來，翔丰只是按部就班地工作及上班，沒有多去進修或是大改變，只是戒掉牛肉不再食用，怎會轉變如此明顯，這應該就是修行人，必須要信守承諾及約定，守住戒律，一切生活步調就回到正常的軌道上。

再來是第二次的九年大考分享，是於西元二〇〇八年那一年，分成兩次的考驗，於七月及十一月的兩場。回想當年是我父親往生的三年後，翔丰見到母親為了這個家忙進忙出的，早年職業傷害且身體都沒有好好地照顧，以致雙腳常常痠痛麻及寸步難行，最後走向雙腳的雙膝，同時更換人工膝蓋。當時的翔丰不忍心母親之受苦與受難，剛好一次機緣，為翔丰父親在法鼓山的農禪寺，登記超渡的法會，無意間看到七月二十日有「皈依典禮」之舉行，當下毫不考慮地幫母親與自己報名。

於「皈依典禮」之當天是週日，翔丰就與母親前往法鼓山的農禪寺，參與皈依的儀式。

很法喜是當年聖嚴法師尚未圓寂，也很榮幸能皈依於此位德行與學識淵博的大法師，就在聖嚴法師開示過程，讓翔手很感恩的是所皈依的佛門道場，就是「觀音道場」，再一次印證到觀音佛祖的慈悲，讓翔手與母親能與觀音佛祖結緣。

因為皈依之後，翔手與母親都非常法喜，能夠有緣「入慈悲門」及「皈依三寶」，真是無比地感恩。然而家中尚還有一位老婆及一位小朋友，應該也讓他們兩人皈依三寶，好讓菩薩庇佑，與凡事能在冥冥之中有神佛的護持，就安排當年的十一月二日，年底的一次「皈依典禮」舉行，當時也是毫不考慮地幫老婆與小孩報名。

直到要去參與皈依典禮之前一週，其翔手的老婆生氣了，說道：「你憑什麼幫我們兩人做主，並報名皈依三寶的儀式，小孩與我都有宗教的自主權，我不會去皈依的！」說得非常斬釘截鐵，且與翔手冷戰好幾天。連十一月一日的前一天晚上，還是生氣且堅持不配合去參與皈依，當時的翔手尚沒有警覺到，這是魔考而且是一項「大考」。

就在皈依三寶的前一天晚上，翔手的老婆很堅決，不去就是不去。其翔手的內心非常煎熬與難過，其煎熬是老婆為何一直與我唱反調，而難過的事有如此莊嚴的佛門道場，可以去皈依與聽經聞法，為何老婆會因緣不俱足呢？不過當時翔手的內心雖然是掙扎的，但是表面還是尊重老婆的決定，不再強迫去參與皈依之儀式，只是於前一晚要入睡前，心中很誠懇地

向 觀音佛祖祈求：「觀音佛祖，如果您與翔手印心的話，請如翔手的願望，讓明天的皈依儀式，我的老婆與小孩，都能順利參與。」祈求完後，翔手就默默地含著淚水睡著了。

應該是觀音佛祖聽到翔手的祈求，大約是隔天一大早約五點多時，翔手的老婆用手臂碰一碰我，並說：「不是要來去皈依，還不起床？」當時的翔手連忙從床上跳起來，心中驚喜萬分，也於心中默默地向 觀音佛祖道謝。就這樣當天翔手帶著老婆與小孩，順利地參與皈依儀式，完成皈依三寶的授證及配掛觀音佛牌，且同樣也是皈依於 聖嚴法師的門下。

事後，翔手的老婆分享著，當天的皈依儀式，一點也不恐怖，在非常莊嚴與隆重的氣氛下完成，且結束之後所品嚐的素油飯與素食，還非常可口好吃。現在回想起來，翔手全家都很有福份，能皈依在 聖嚴法師的門下，且是於同一年，翔手全家四人都皈依三寶。

其翔手於西元二〇〇九年的某一天在打坐時，腦海中傳來訊息與靈感，告訴我說：「第二次的九年大考，你過關了！因為第一次的九年大考，考驗失敗，才會於第二次的大考中，分兩場考驗。」所以翔手非常地感恩天地間的神佛與菩薩，也很感恩觀音佛祖的恩澤與照顧，讓翔手可以一直走修行與行善佈施之路，並能圓滿自在地樂在其中。

【圓滿二】

喜獲喜鵲引渡

工作困境　母娘點破　依教奉行　感應立現

在西元二〇一〇年的國曆七月底，那是一個非常炎熱的下午，熱到地面都要發燙，抬頭一望則天空是一片湛藍且無雲，大大的烈陽高掛著，真是好熱呀！其翔手被喜鵲接引而參拜母娘的因緣，就此展開再續前緣的真實應驗。

記得那天大約是中午一點二十分左右，翔手按照往例，於饒河街用完午餐後，便開著白色轎車往南港路三段，去準備停車，因為當天所停的車子還蠻多的，讓翔手將車子停得蠻遠的位置，當停好車子要回公司上班時，見到烈日當空且快要中暑之際，在眼前見到有一條小巷子是149巷49弄，心想應該會是捷徑，可以少曬些太陽，應該可以盡快繞到大馬路上。

毫不思索就走了巷子進去，當走到巷子中間時，映入眼簾的是一間宮廟大門，寫著大大的八個字「母娘慈悲、歡迎參拜」，當時翔手正趕著上班，就沒想太多，只是急著向前走，剎那間隱約從眼尾處，瞄到一隻黑黑的東西跟在翔手的腳後跟，回頭一看，怎麼會有一隻黑黑的小鳥跟在腳後跟。

翔手就仔細看看這隻黑黑的小鳥，長得還蠻討喜的，然後再一抬頭，則是看到「母娘慈悲、歡迎參拜」八個大字，心想上班來不及了，沒有時間入內參拜。然後再往前走幾步，這隻黑黑的小鳥又跟上來，回頭看一眼小鳥後，再度抬頭一看，是二度看到「母娘慈悲、歡迎參拜」八個大字，心中正在思考的當下，不小心踩到黑黑的小鳥，讓此小鳥張開翅膀，往後跳了一下，翔手心想，這下妳應該要飛走了吧！

然後翔手繼續要趕路去上班，萬萬沒想到，此隻黑黑的小鳥，又三度跟上翔手的後腳跟，走了好幾步後，翔手停下來望一望此隻黑黑的小鳥，再一次抬頭又三度看到「母娘慈悲、歡迎參拜」八個大字。這時翔手就心想：「好吧！進來參拜一炷香，應該無妨。」就推開宮廟的大門，入內參拜。

才一進到廟門大殿，翔手第一眼看到笑瞇瞇母娘，內心就感到好慈祥喔！好像在迎接回家一般。翔手依廟方的師姐引導上香後，才得知這地方是「母娘道場」，是可以問事與辦事的道場。當時翔手回憶著剛好自己所上班的公司，近況不是很安穩，人事問題很不平靜，當下就向道場的師姐登記「問事」，待下午的2：00之後，再前來請示。

到了請示的時間，翔丰準時出現在 母娘道場，由 母娘降駕來開文與解說。於開文單上說明著，目前翔丰的公司的問題，並指示將會有更好的工作機會，只要新的工作機會一出現，不用考慮只要當下決定即可。

原本翔丰還半信半疑 母娘的開文單所說，心想目前任職的公司已工作八年了，應該不會想換工作呀！怎麼會有更好的工作機會呢？翔丰也沒去網路的人力銀行登錄，新的工作機會真的自己會找上門嗎？

大約兩週之後，新的工作機會真的出現了，還連續出現三個工作機會。所以翔丰真的很感恩 母娘，能即時協助新的工作機會之告知，以及事後真的有應驗。

事後翔丰也向道場的師兄確認，那一隻黑黑的小鳥，其實是一隻「野生喜鵲」，因為受傷而來到道場外的角落養傷，平時還蠻怕陌生人的，能有此機緣接引翔丰前來參拜母娘、進入母門修行，真的是很法喜的真實應驗過程。

最後，翔丰思考著，歷經多年的考驗，一直流轉在修行門外，終於被一隻小小的野生喜鵲接引，來認識、參拜最慈祥的 母娘，這也是需要「緣分俱足」才行，不然此野生的喜鵲於西元二〇一〇年的農曆七月一日（國曆八月十日）之後，就飛離開道場，不見蹤影，而翔丰若晚幾天才經過南港路三段的小巷子，可就沒有喜鵲接引的緣分囉！

野生且是受傷的喜鵲接引（當初就是這隻喜鵲，於二〇一〇年母娘堂主拍攝）

【圓滿三】

聽經開啟智慧

點亮光明　開啟智慧　聽經聞法　生實信心

自翔手在外流連及歷練多年之後，因喜鵲的牽引而重回到 母娘的道場，繼續修行之路與學習生涯，因為事隔二十多年之久，其二十多年前的 母娘道場位於台北縣三重「九華佛境」，而二十年多後的母娘道場則是位於台北市南港，兩處都是母娘的修行道場，然二十年多前的道場早已收起來，讓翔手修行之路斷層了很久的時光。

還好有喜鵲的穿針引線，使得二十多年後的西元二〇一〇年七月底，得以再續母娘的緣分。依母娘的指引修行再續，讓翔手的工作與事業之道路，前途一片光明與大好，當然還是需要翔手自己的努力與打拼，才能於工作崗位上，達到「道業共修」的圓滿。

接著是未來的工作及挑戰，需要翔手用智慧、理智、敏覺力、判斷力去落實與打拼才行，所以翔手也開啟智慧，透過 母娘的恩澤，以開啟翔手的善智慧，過濾雜念與妄想妄見，找回到清晰無罣礙的思維，在工作場合及修行之路，都能以正知、正念、正見、正思維去身體力行，期待能嚴謹又自在地於工作崗位上服務公司，達到有績效與有效率的工作能量，使公司老闆能欣賞並器重之，當然還是需要翔手自己的積極進取，任勞任怨的學習及付出才行。

其「道業共修」並不是口號，而是在修行的路上能讓家庭得以圓滿、工作上得以達成使命、提升自我學習素養、行善佈施、接引眾生以協助解決日常生活，這才是道業共修應當實行的真諦，並非只是一味的修行，修自己好而不去兼顧家庭的經濟及工作的使命，也不去行善佈施與接引眾生，協助周遭有苦難的朋友，離苦得樂以轉換成向善及正念的思維，這需要一步一腳印地去做，才會是修行者應盡的義務。

修行者要增加道業共修的能量，最佳、最快的方法就是要「聽經聞法」參加共修。其一位修行者自己看經書學習稱為「自修」，能與自己的先生或老婆一起修行稱為「同修」，然而能於道場上會聚三人以上，進行讀經及聽經習道則稱為「共修」。能於善道場上匯聚多人以上一起共修，以能聽經聞法而生出實信心者，是有無比之功德累積，於《金剛經》上佛陀提到：「能聽經聞法一堂課，其功德是非常大的」。

【圓滿四】

兩尊觀音因緣

楊柳觀音　靈光示現；騎龍觀音　共修天職

第一尊觀音，翔手依稀記得大約是四十多年前，我媽媽的一位泰國華橋朋友送的，當時是母親天母入新居的贈禮，原先是一幅捲軸畫像，我媽媽收到此佛像時，當時因為在台北長春路上開「韓鄉石頭火鍋」餐廳，非常地忙錄，就一直收在家中的佛龕抽屜內，從未向我提起。

經過多年後，就是大約在翔手結緣觀音佛祖之檀香木佛珠後的一個晚上，我做夢中夢到了，我手上的檀香木佛珠上有綁一顆玉石，此玉是仙桃造型的，這個仙桃玉在我的夢境中，一亮一滅的閃光著，像是在打信號一般，然後我在夢境中抬頭一看，看到一尊「站在蓮花上的觀音」，觀音的額頭眉心處，也就是在「觀音兩眉」之處，與我仙桃玉石的頻率一樣，也會一亮一滅的閃光，好奇怪的夢境，我一醒來便趕緊跑去家中的佛堂看，是家中神龕上的觀音像嗎？結果並不是呀！有些失望，並向母親述說夢境之事，我的媽媽還說，就是做夢啦，不要想太多。

再經過一至兩年的時間，我家要將牆上的神龕改成落地的佛桌，並移至客廳位置，我正好在幫忙整理與收拾佛桌抽屜時，看到抽屜內有一幅捲軸，我未打開前詢問過我的母親，這是什麼？媽媽說：「我也忘記是什麼？打開看看囉！不重要的就仍掉，不要留太多雜物。」我不經意地打開此捲軸後，雙眼為之一亮，大聲呼喊：「媽！就是這尊觀音，出現在我的夢境中，與我的仙桃玉石一亮一滅的觀音法像呀！」我們母子都很高興又興奮，我當下就許願說，我與觀音有緣，等哪天我有能力買一間屬於自己的新家時，一定將您裱褙裝框，掛起來供奉。

果真，再經過五年後，我在關渡買了一間屬於自己的房子，因為經濟尚不寬裕，也沒裝潢只有粉刷與添購簡易家具，但我沒有忘記承諾將捲軸內的「觀音大士」裱褙裝框，就在關渡的三年半光陰，我感受到工作的順暢與晉升之快，從一位專員做起，直到當上電訊公司的協理職務，比起同年齡之好友，我是幸運很多呀！這都是我守信諾，將「觀音」裱褙裝框，掛起來供奉之感應所致。

住在關渡約三年半時間，因為我的小孩要升上小學一年級，才考慮搬回台北市居住，沒想到兩週就把關渡的房子賣掉，再經一週就找到合適的台北天母房子，這一切一切安排與造化，感覺真的好順暢，總覺得是上天冥冥之中的安排。在台北天母房子佈置期間，我無意間買著一座古色古香的供桌，也無意間將裱褙裝框的「楊柳觀音」掛在供桌上，正對門口處，守護我們全家的出入平安，我也是天天在供桌上薰檀香，讓楊柳觀音感受到人間的真心供養與感激的回饋，但我一直還不知，此幅「楊柳蓮花觀音」就是「白衣大士」的化身，也就是我的有緣「主宰菩薩」。

在台灣很少看到此立姿法像的觀音大士，她的慈祥與慈悲深深感動我，用楊柳灑法水之佈施心，也是我要學習之處，希望觀音大士能常常給我靈感、感應，讓我學習慈悲的精神來進行濟渡眾生的宏願。

第二尊觀音，是一尊有兩百多年歷史的純銅觀音，形象也是立姿，手持淨瓶與站在龍騎上，非常古樸與有年代長久意義。此尊觀音的由來，是因為我的爺爺於民國三十七年（西元一九四八年）自中國大陸來台灣的基隆探親，經過半年後兩岸的關係緊張並回不去了，還好中國大陸當地的房地契有隨身帶著，就在多年之後，台灣開放到大陸探親，我的爺爺才回到大陸的廣東省揭揚縣老家看看，到了老家後居然房子被鄰居霸佔不還……。

結果，我的爺爺已高齡七十幾歲了，就與此鄰居打了幾年官司，往返大陸三次左右，後來因為握有「房地契」才告勝訴，房子歸還後，我爺爺轉手賣掉，回台灣享清福。回台灣時就將老家的「一尊媽祖」及另外「一尊觀音」帶回台灣，我的小姑原本要向我爺爺要此兩尊菩薩佛像，但我的爺爺很公平，說只能給妳一尊，然後小姑選擇「媽祖」，而爺爺就將「觀音」送給我的爸爸，而我的爸爸沒有特別的宗教信仰，就說等我自行買新家時，送我當傳家寶。

就在翔丰於關渡入新居時，我父親將「騎龍觀音」用金漆噴得好莊嚴，送到我家時好像金身觀音下凡般，全身發出金黃色光芒，但我當時還是不惜福，居然只將亮晶晶的騎龍觀音擺於玻璃櫃中欣賞，也隨我自關渡一直到搬到天母新家，一路默默地護持著我與保護我的家人平安。

現在我知道「白衣大士」是我的有緣菩薩，我會用更恭敬的心來感應與學習，讓自己更成長更精進，等時機成熟後，我會將「騎龍觀音」開光與引「觀音元靈」入定，並供奉於我的佛桌上，共同修練與成就行善佈施的天職。

第八回

修行奇遇妙結緣

電光石火需諸君

水馱太極道德題

丙申小滿後二日楊舒介錄

第八回：修行奇遇妙結緣

當翔丰多年以來的修行與精進之後，從前世今生的探索中，找到兩岸有緣朋友的感人故事，開啟累世隱藏在內心深處的感動，針對前世與今生的恩怨情債，不論是前世的有情故事還是前世的願力償還，都將是今生的因緣與羈絆，這些因緣與願力中的歡笑淚水，皆是有脈絡可依循的。

接下來，翔丰再分享兩岸有情的奇遇妙結緣，有喜、有悲、有歡笑、有淚水⋯⋯，真人真事的重現修行過程中，人情味最濃最溫馨的六段奇遇。

【結緣一】

田子坊初結緣

佛音缽、佛串、佛印，中國祈福之旅的開端

距離上回來到上海的時候，大約是十多年前了，直到二〇一四年的甲午年，再度踏進上海的這塊土地，感覺是特別的熟悉與溫暖。這一年的互動中，翔手自台灣來到中國，走訪了江西、山東、上海、北京、廣東、安徽、湖北、南京等各地，最有感覺的地方、人情味最濃的氛圍，想來想去就屬初次結緣的上海田子坊。

話說在甲午年（西元二〇一四年）的秋天，當年正值四綠文昌年，翔手往返中國江西省兩趟，為對岸的地產公司開盤之儀式祈福，也開啟了幾場風水格局的課程座談會，整個中國互動的重心就在這一年萌芽！無論是風水堪輿、開運課程、居家佈局、地產奠基、開盤祈福、開工儀式及元辰地圖探索，都將台灣的營運，原汁原味地轉移到中國進行祈福服務。

開始到中國服務之初，民情風俗與人文氣息，都是翔手要學習的方向與模式，兩趟江西省的地產開盤服務，雖然是非常圓滿，但是人文素養的融入、地方民情的適應、入鄉隨俗的挑戰，都是翔手的功課與轉捩點！所以在這兩趟的江西服務之後，翔手先陪隨一位企業主之「山東還願」之旅，數天之後，再轉機前往上海三天，然後才回台灣繼續執行未完成的使命。

就在上海三天轉搭飛機之期間，締結了翔手在中國的初次緣分，到現在(西元二〇一八年)已經四年多了，兩岸往返的祈福與服務甚為多次，所認識的朋友與累世有緣之摯友，比翔手二十年來在台灣為朋友祈福的累積更多，是更溫暖更富有人情味的一群朋友，至今還讓翔手是念念不忘。

記得，當天由山東省濟南機場，飛往上海的浦東機場時，已經是下午時刻了。翔手一行2人先前往上海投宿小旅館，登記完成之後，另一位好友則是與其他上海老朋友們有約，先行離開去赴約，告訴翔手說：這裡離田子坊很近，只要搭幾站地鐵及步行就能到達，就帶我一同前往田子坊，讓我自行去逛逛吧！並說這是一個很有文化傳統氛圍的一個小小商圈。

因為晚餐還有一小段時間，翔手就換了輕便的衣裝，輕鬆地換上布鞋，前往「田子坊」探一探究竟吧！真的一走進田子坊的巷弄，我就愛上這個小地方了，前前後後地兩岸走訪與服務，田子坊竟成為我來上海每次必造訪的文化傳統小街坊，令翔手真是愛上這裡的人、事、物！

走進傳統小街坊的巷弄，兩旁的展示與櫥窗，有如懷舊年代一般，坑坑洞洞的步道、斑駁有歲月痕跡的紅磚街牆，展示櫥窗與招牌吊掛，都顯示出年代與歷史軌跡，更有特色是田子坊的牌樓兩旁，文化產品與懷古思幽的小物，很值得玩味與欣賞。

當翔丰正逛得入神時，一聲「嗡～嗡～嗡～」的聲音，傳進耳簾之中，這不是我平時進行元辰地圖探索時，讓探索者專注力提升的聲音嗎?循著聲音找一找嗡～嗡～聲的來源處，找到了一處小小的店門口，擺著大大小小的銅缽，有一位身材不高的男子，站在店門口正用一根桃木棒在磨擦手上的銅缽，發出了嗡～嗡～聲的吉祥聲響，心裡想：好熟悉的響聲、好熟悉的身影。當他一回頭與我四目相對時，我認出他了，他是我累世有師徒之緣分的徒弟小唐。

看到了小唐之後，好奇的我又邁步向前，步入了小小店門口，走進去之後的第一個身影，是一位很誠懇的中年人廣財，我又認出他了，他是我累世的掌印師傅，他在這小街坊從事刻印的工作，任何大小印章與古體字型，都能篆刻，其手工之精巧與純熟，都是累世訓練出來的，連我目前所以用的佛印與田黃石印章，都是與他相認之後，所請他一一篆刻出來，大小佛印與印章，大約有20多顆原石印章與4顆大佛印璽。能與他在田子坊相認真是累世的好福氣，他助我今生今世祈福過程之佛印使用，功勞最大。

另外，徒弟小唐有時候會出差去泰國服務，當他不在田子坊時，會請他的女友鮮花，代為照顧佛音缽攤子，而她也助我完成一些使命，如北京需要六尊釋迦佛像的煙供座，她會協助我自福建省取得，並於短時間內運送給我，順利讓我交付給北京的有緣朋友；也特地幫我設計並穿了藏式的108顆玉菩提子佛串，黑玉與白玉兩條佛串，讓我在中國祈福時，可以護身與完成每一件任務與使命，如今小唐與鮮花，已於二〇一七年順利完成終身大事，目前定居在廣西的桂林。

還有一位護法朋友小顧，也是在這小街坊從事茶壺、茶業與小茶杯的銷售工作，他在我第一次的拜訪田子坊時，因為我的同行朋友耽擱了，無法來接我回住宿處晚餐與休息，而初到田子坊的翔手，根本對上海道路及地鐵的搭乘是不熟的，正當發愁的時候，這位護法朋友挺身而出，自告奮勇地帶我回投宿的小旅館，一路上細心解說與告訴我地鐵如何搭乘？街道要如何行走與認路，陪同我一路回到小旅館住宿處。

就這樣在上海的田子坊，翔手認出元辰地圖之四位累世有緣朋友，師徒之緣分的小唐、專屬串珠緣分的鮮花、掌印篆刻師傅的廣財、帶路護法的小顧，這四位累世朋友，曾在我的元辰地圖中出現過，如今於二〇一四年的秋天時分，翔手初到上海這塊寶地，這四位累世朋友齊聚一堂，出現在田子坊相遇，如此圓滿吉祥的相聚歡，未來在中國的濟世祈福，將形成一股新生力軍的向善力量。

※、正念：

1. 銅缽，能發出了嗡～嗡～聲的吉祥聲響，正如佛音的「嗡」聲，可用來淨化與增強專注力。
2. 佛串，用菩提子108顆珠子所穿串而成，配戴後能產生正能量，形成一道無形的護身屏障。
3. 佛印，用各式石材所篆刻而成，刻上佛號、仙佛稱號、吉祥咒心，可用硃砂蓋印祈福平安。

※、善用：

1. 修行之人的身上，能戴上108顆佛串，或是手上戴吉祥數字之手串，平時持唸佛號咒心之善用。

2. 提升專注力與加速元辰地圖之探訪，可善用銅缽所發出了嗡～嗡～聲的聲響，完成探訪之願。

3. 善用硃砂蓋上佛印，能達到祈福與平安之意念，任何材質都沒關係，最主要是蓋印者是心正且善良。

【結緣二】真香坊妙奇遇

古色古香的訂製手串，開啟了自己為自己許願與祈福

初次結緣在田子坊，第二次結緣則是在真香坊。上回提到古色古香的巷弄街道，曾出現我的四位累世有緣朋友，這次的二次結緣，則是出現三位至情好友，讓翔手在上海的祈福之路得以綻開來，串連出更多未來的好朋友與中國影響我至深的幾位摯友，展開了元辰地圖的探訪與看到有情故事，就在中國這塊土地給拓展開來。

元辰地圖在中國的探索，有上海朋友的溫情故事、有北京朋友的親情故事、有東北朋友的佛緣故事、有雲南朋友的還願故事……等眾多有情故事中，還是因為這三位至情好友之緣分，讓我兩岸的祈福動力，不斷延伸不斷分享，如今二〇一八年的當下，已經四年多了，累積有兩百多位好友都是我常聯繫與濟世祈福的善心朋友。

回到第二次結緣則是在真香坊，所出現的三位至情好友，是這樣開始的：

當我初次到田子坊獨自一人逛街時，先是結緣小街坊的四位有緣朋友，在空檔之初，還是會再到處閒逛，雖是走馬看花的欣賞，我想這也是上天的安排，讓我得以閒逛之餘，找到累世有緣的朋友，締結中國祈福之行程。在小街坊之巷弄往後行走，會聞到一陣一陣的檀香味，這種香味不是化學味道的刺鼻，也沒有嗆辣味，就是淡淡的香氣，撲鼻而來，這種舒服且放鬆的感覺，是修行人常有的空無感受。

循著香氣，翔手尋找著來源，沿著小階梯行走，映入眼裡的是一座座小佛像、一隻隻小石獅、一串串小佛珠，這些擺設與佈置，除了古樸以外還帶著祈福的靈性，這間店面不小喔！它就是我在中國上海第二次結緣的真相坊。興奮與感動之餘，快步走上小石階梯，繞過小佛像與小石獅，進入店門口，又是一大座石佛像與紫晶洞，伴隨著輕柔的佛樂，還有噴霧造景的流水盤，這不都是我在台灣常常安排的佈局場景，太熟悉了！

進入店裡後，幾位仙女般的店員招呼著我，有什麼需求？有什麼喜歡的手串？都可以詢問喔？如此親切又有禮貌的問候，真是很貼心的訓練。接著出現一位年輕女生，帶著黑框眼鏡，盤著頭髮並穿著是荷葉刺繡的絲綢白衣上裝，頸上掛個108顆的大佛串，看得出是已經唸得有些年代與包漿的菩提珠子，兩手所帶的手串有大約有5～6串左右，雖然戴得很多很雜，但是讓人看起來是清爽舒服的，神采奕奕的一位女店長小裘。

這位女店長，看到我裹得緊緊的紫色風衣，可能有瞧見我裡面是穿著白色道服，很快很有禮貌的向前問候我，有什麼想要買的需求嗎？就這麼四年前的一句話，展開了中國的結緣與祈福之旅！也讓我結識了另外兩位累世有緣的好朋友，一位是真香坊的創辦人徐先生；另一位是神祕的田子坊房東吳先生。

就在二〇一四年的秋天，第二次的奇遇就在真香坊，這是一間中國風的串珠店，它店裡的陳設很古樸也具又特色，以串手珠、佛珠、菩提子、天珠、水晶、能量礦石與檀香沉香的產品，每位客人進來後挑選自己喜歡的珠子與礦石後，由工作人員協助串珠與量身訂製，完成後再拿到佛像與唐卡前面，進行祈福與淨化的儀式，然後配戴的主人，再自行到佛像前方，拿著自己的佛串許願，自己為自己祈福，然後戴上手串或是佛串，形成平安、喜悅、祈福的好意念，滿心歡喜地挑選並戴上平安佛串，這就是真香坊的特別營運模式，讓前來選購的朋友們，都是開開心心地滿載而歸。

就連翔手也不例外，看到古樸又能量滿滿的菩提子、能量礦石，眼睛絕對是為之一亮，立刻為自己選購了一串108顆的佛串（小玫瑰紫檀），另外再串了一串27顆的提珠（大玫瑰紫檀加千眼菩提子鐘擺），唸佛號持咒之用。也選了一個純銅佛音缽，一整組帶回台灣，為有緣的朋友祈福與持唸之使用。就在重新為我量身訂製的串珠後，裘店長要求我可否與佛串一起拍照，留個店裡的紀念，來自台灣的朋友之採買照片，也建議我卸下緊包身上的紫色風衣，以純白的道服搭配佛串、提珠及佛音缽，用手機一起合拍吉祥的照片。

拍完合照之後，裘店長向我說明一件事，這個店裡不乏各地高僧與高人，來店裡淘寶與串珠，就屬我的氣場純正及與眾不同，很高興有緣分結識我這位朋友，有一個不請之求就是……最近一位朋友的公司正在裝潢，格局與位置尚未定案，可否請我前往指點一二，給一些格局上的建議與指導，因為裘店長的眼神誠懇，又會親自帶我前往朋友公司的佈局現場，我也爽快地答應了，沒想到這一位朋友公司的高階主管，就是神祕的田子坊朋友 - 吳先生，日後也曾多次單獨見面，一起敘餐與祈福互動，四年多過去了，也都還常常保持聯繫。

接下來是另一位有緣朋友，就是真香坊的創辦人 - 徐先生，這位朋友更有意思了！他與裘店長是大學的同班同學，共同創辦了真香坊，以串珠及祈福為出發；以量身訂製及許願為過程；以正能量及向善心為目標，是一間有理想有未來的善心之連鎖店面，因為幫吳先生建議了公司格局與佈置，也幫吳先生以靈氣調解身心，而引起徐先生的關注，進而由裘店長的引薦，兩人約了時間，見上一面。

見面之後，我又相認到這位徐先生，亦是我累世的好朋友，幾次交談與會晤之後，他決定進行一次元辰地圖的探訪之旅，多次約見面要探索進行，都是因為瑣事而取消，直到某一次的會晤之後，決定排除萬難要體驗元辰地圖的探訪，未料所約的地點是他的辦公室會處所，在探索之際，同事間有太多協調之事，要他簽核，也有電話之討論要他接聽，接踵而來之事不間斷，讓他分身乏術，以致當天元辰地圖之旅，沒有順利進入，但是閉目的短短半小時之間，雖然沒有進入地庫與天庫探訪，卻讓他飽睡了30分鐘之多，是他創業以來，睡得最飽的一回。

所以，中國結緣的第二次的奇遇是真香坊，讓翔丰喜獲一串108顆的佛串、一串27顆的提珠及一個純銅佛音缽。也找回了元辰地圖中的累世三位有緣好朋友，真香坊店長小裘、真香坊創辦人徐先生、田子坊朋友吳先生，這三位朋友讓我在上海立足並啟動了中國祈福的一系列行程。

※、正念：

1. 探訪元辰地圖的專注力，是關鍵所在，初在上海朋友的探索過程，有人一次便能進入探訪？也有人達三次才順利進入探訪？

2. 檀香味，是安定精神與身心的放鬆香氣，從古代到現代的生活應用中，有淨化、放鬆、陶冶、提升的身心靈層次。

3. 菩提子、能量礦石，都是佛串與手串的串珠元素，另外還有27顆串成提珠，可以用來唸經、護身與身口意之平靜。

※、善用：

1. 提升專注力，可以採用熏檀香、佛音缽、唸佛號、持咒心、冥想、聽佛樂、打坐、聞精油、呼吸法，強化心靈力量。
2. 配戴菩提子，可以達到身心寧靜、意念提升、氣脈運行、能量匯聚、與佛同在、靈氣醞釀、平常心，強化意念力量。
3. 每餐七分飽，可以保持身材且不會造成胃脹氣，腦中思緒可集中，精神力可以自由發揮，進入元辰地圖能順利輕鬆。

【結緣三】
臻太極之傳奇

太極女俠創立會館，傳遞強身健體的新概念

回憶著二〇一四年之甲午年的秋天，翔丰與友人自內地轉機到上海三天短暫停留，拜訪了田子坊與真香坊，開啟了中國祈福之旅，然而在上海的第二天拜訪行程，結識了一位太極女俠-魚姥姥（化名，臻太極創辦人，本家姓于），讓翔丰對太極世界的認識，更上一層樓，也打開禪坐與練氣時需要強身健體的新概念。

一陰一陽、一柔一剛；剛柔互運、四兩撥千斤，本著纏絲勁的動靜相生，以及綿綿不絕的自然變化之法則，詮釋化剛為柔，練柔為剛，剛柔得中，方見陰陽，這是習太極之拳意境運行。早年的翔丰曾學習過太極導引的簡單功法，瞭解纏絲勁與以柔克剛的巧妙道理，本是運用於活絡筋骨與氣脈運行的練習，當我拜訪了上海臻太極的創辦人與參觀會館環境之後，真是由心感動與佩服之至，就讓我一一道來。

上海第二天的拜訪行程，翔手有早起的習慣，一大早仍是走訪一趟田子坊的真香坊，與裘店長討論串珠的想法與祈福活動的配合後，中午時分便趕往位於上海星河灣的臻太極會館，走進會館之前，吸引翔手目光的是「臻太極」三個字，由王羲之的第五十五代孫所寫的筆墨，字形磅礡字意渾然，鏗鏘有力運筆如行雲流水般的墨寶，讓我站在這三個字的門框下，真是與有榮焉。

步入會館後，無孔不入的穿透力，貫穿於至堅物體之間，眼前的木藤造景，有一股以柔克剛、以靜待動、以圓化直、以弱勝強的動靜感觸。從入門的黑暗混沌感官，慢慢放大了幾點白光，光明的世界豁然出現，亦像人生之道，心清與意靜，自然的力量如四季變換，描述宇宙最原始狀態的運動規律。來自於無極的混沌，延伸到黑和白，構成了太極空間的顏色，蘊藏著宇宙自然的循環與流動，周而復始的空間穿梭，一眼望去這些空間中隱藏著微觀見世界的感動。

會館的空間設計，引用自然的力量，駕馭生命之美是它所呈現的視覺感受，巧妙地運用火山岩石砌成的石牆，形成了寬窄不一的間隙，入門後翔手第一個走入的空間，是自然之聲的洗禮，像時光迴廊般，頓時讓我心沉靜了，步伐也放緩慢了。室內的黑白兩色，原木原石均是天然構成，呼應其室外綠樹娑婆的光影，自然搖曳之下，整個會館的氣場，散發出清淨自然，無處不體現出太極渾然之天成。

迎面而來的創辦人魚姥姥，綁著長長的馬尾，燦爛的笑容與俐落的身段，向前迎接著我的造訪，初次見面先禮貌性的拱手作揖，寒暄地幾句問候之後，場面就熱絡起來了，平易近人的魚姥姥，引導翔手與友人一同參觀著臻太極的空間與原始設計風格。

先是經過「八音盒」空間的洗禮，其空間不大，四面白壁空無一物，能聽見那些細微的聲響，由八種自然的聲音在小空間內循環播放，讓入門的朋友能夠放鬆意念，使躁動的心平靜下來，對於專注心神，有一股駐足凝神的神祕感。通過之後，踏著古意盎然的青石板，接著進入「劍山」的火山岩石屋，原本設計是用來存放太極劍的空間，讓寶劍能高低錯落地插在一個巨大的火山岩上，意境是石源自於火，而劍也淬於火，石與劍，形成天然的絕配。而魚姥姥的巧思安排之下，此石室也是練完太極拳之後，調理身心與活絡筋骨之恢復能量的場所。

太極女俠 - 魚姥姥在練功房照片（上海臻太極提供）

第三個來到了「茶室」空間，一幅高懸掛在牆上的《雪景寒林圖》，氣勢磅礴的古畫襯托出千丘萬壑，山水畫境的自在悠閒，同時這個空間也是喝茶談心之處，其室內桌椅均為原木質感，伴隨陣陣普洱茶香，將太極柔和的氣場，提升到一個新的意境。運用抽象的山水與遠處的宋代古畫相融在一起，人穿越時間和空間並進入畫風境界，悠閒的自在，油然而生。左邊的第四個空間是「書寫與閱讀」室，陳列著故古書籍與拳譜寶劍，是一處可以談拳論劍之修身養性之空間。

最後走到了最大的空間「練功房」，第五個空間以抽象的山水風景圖像，無限延伸至無際處，四周層次交錯的山巒綿延，極具場景感，一踏入此空間的翔手，變得豁然開朗，看著牆面上貼滿全幅的山巒疊峰，頂上設置大面積的光膜，如同大自然之光影般明亮溫和。彷彿在山林間與雲霧繚繞的平台處，汲取著山水精神和自然的能量，能清澈地體悟到太極的真諦。如同太極講求的呼吸與吐納，能擷取天地間靈氣，以成就道法自然的靈性，這樣的意境與呈現，映入翔手的眼簾中，分分秒秒的感動，在內心深處不斷地湧現。

參觀了五個空間的感動後，翔手與友人一同到茶室空間，坐下來喝著普洱茶，沉澱一下多日以來的舟車勞頓。而坐在茶室掌茶的主人，亦是與翔手往後中國祈福之旅，有著深厚影響的一位有緣朋友-英子（化名，本家姓張，茶音慧谷之谷主，雲南哈尼族），看她熟練的沏茶手法，優雅的倒茶韻味，讓翔手想起了電影-笑傲江湖的「藍鳳凰」角色，刁蠻好勝的討喜演技，眼前這一位雲南姑娘正是道道地地的山寨主女兒（雲南的南糯山），年輕時期自雲南到上海打拼，愛茶的個性讓她開設了茶音慧谷的品牌，經營道地雲南的普洱茶，分享著品茗與喝茶的樂趣。

為何這位愛茶的雲南姑娘-英子，會在臻太極的茶室空間掌茶呢?魚姥姥分享著，就是她的一個太極起手式，就把英子給吸引進臻太極，跟著打拳與練拳，也分享著道地普洱茶的芬芳，讓練拳後的汗水化成歡笑與快樂，就在茶室空間裡，品茗著普洱茶以洗滌全身的筋絡，活化全身的經脈，讓普洱茶的香氣與甘甜，滋潤心靈與調和身心的靈性，達到心清與意靜之修身養性的交融。

緊接著出現的一位有緣朋友，是臻太極的靈魂人物-戴老師（海燈法師再傳弟子，臻太極創始人，四川人），其戴老師自幼習武，36年武術生涯和15年太極拳教學經驗，是臻太極創始人。戴老師為範應蓮高徒，曾深造於北京體育大學。擁有41年武術生涯，中國武術七段，是國家武術全能一級武士、一級裁判，近十年來多次囊獲世界傳統武術錦標賽太極拳、劍冠軍，全國武術太極拳錦標賽冠軍，全國武術運動大會太極拳、劍冠軍。相當優秀的太極拳老師，能讓魚姥姥遠赴四川聘請到上海教學，將強身健體的新觀念帶給有緣的上海朋友們。

話說，魚姥姥如何聘請這位重量級的太極拳大師，自四川前往繁華的上海市，教導有緣朋友強身健體，學習太極的精神與體會拳術運動家精神，這一段故事是這樣的……

在未設立臻太極會館之前，魚姥姥是一家高端企業公司的高階領導，企業公司的業務繁忙，讓魚姥姥的身體狀況慢慢地走下坡，筋骨問題與身心的疲憊，不得不請長假回四川的姨奶奶家休養，回憶著當時在四川的姨奶奶家，最初想跟姨奶奶學拳，姨奶奶說推薦最好的老師給魚姥姥，才得以見到戴老師，不然當時的戴老師只教教練員，一般學員只能向教練員學習入門的招式拳法，而魚姥姥這一身絲綢的米白色太極拳服，也是姨奶奶親自贈予魚姥姥，希望能學一學正宗太極拳，強身健體並改善身體筋絡與活絡身心，對於健康會有幫助。

就這樣魚姥姥穿上米白色太極拳服，透過姨奶奶引薦而見到戴老師，也跟著教練員學習入門的簡單拳法，沒想到……慢慢地脊椎與身體筋骨的問題，有著明顯的改善，回到上海後還能繼續繁忙的工作，不再有筋骨的痠麻問題。此時的魚姥姥心中暗自規劃著，有這麼優秀的好老師，這麼好的強身健體之太極拳運動，如能推廣到上海市，肯定能造福更多的上海朋友，以及能帶給來自全球世界的有緣朋友，健康與放鬆身心的運動，並能推廣太極拳的運動到世界各地，讓太極拳可以發光發熱，發揚中華文化與國粹。

因為魚姥姥的誠心邀請，如願地聘請到戴老師來上海，推廣太極拳並創辦了臻太極，讓有心來學習太極拳的朋友，有一所強身健體的學習好去處，便設立在上海星河灣的一處會館，讓上海朋友與全國各地朋友，前來學習太極拳，來自海內外的有緣朋友，都齊聚一堂，有緣能夠親自向戴老師學習正規的太極拳。而魚姥姥也希望能照顧好每一位來學習太極拳的朋友，每月戴老師自四川來上海教學，都是親自接送與安排，因為教學模式與業務已經成形，魚姥姥便辭去高端企業公司的工作，專心經營臻太極會館的大小細節，事必躬親地悉心照顧臻太極的教學業務。歲月如梭，如今二〇一八年了，經過四年的營運與努力，臻太極會館的強身健體運動，已經受到海內外朋友的極度肯定與高度的讚賞。

臻太極的女俠傳奇，仍在上演中，而且是越來越精彩！四年過去了，新的會館也即將設立，期待強身健體的新觀念，能一直深植國人心中。所以，中國結緣之第三次的機緣，翔丰來到臻太極會館，結識了這位女俠暨臻太極創辦人魚姥姥、臻太極創始人戴老師、茶音慧谷之谷主英子，這三位有緣朋友令我在上海的眼界大開，體會上海設立品牌與會館的用心，更進一步領悟強健的身體，需要筋骨的活絡與身心靈的沉澱，透過環境與氛圍能營造出學習的動力，以及好老師與好的思維，才能帶動好的心靈成長，讓接下來翔丰在中國的祈福之旅，走得更健康、更加穩固與更加紮實。

※、正念：

1. 纏絲勁，是太極導引的精隨，運用在禪坐與吐納上，有如氣脈的流動，一點一滴的累積與綿密的意念之匯聚。
2. 普洱茶，是來自雲南的大葉普洱，陳年甘甜且韻味十足，適合練拳與禪坐之後，溫潤喉韻與溫暖腸胃之運用。
3. 太極拳，本是以柔克剛的巧妙互運，能運用於活絡筋骨與氣脈運行的學習，實有助於打坐與冥想之相輔相成。

※、善用：

1. 心要靜才能專注；心專注才能順利探訪元辰地圖，善用在禪坐與吐納的技巧，提升專注力。
2. 要溫潤喉嚨與溫暖腸胃，可以多喝普洱茶，善用道地雲南普洱茶，甘甜、清香、身心舒暢。
3. 平時有緣分的話，可以多練習太極拳，多多活絡筋骨，讓探訪元辰地圖，可以長時間持續。

【結緣四】普洱茶女鳳凰

火鳳凰般的燃燒自己，不斷地照亮他人

因為拜訪了臻太極，而結識了坐在茶室裡掌茶的主人，她是翔手在中國祈福之旅當中，第五個進行元辰地圖探訪的有緣朋友，深深地影響了翔手在中國服務新模式，她是茶音慧谷之谷主，化名英子（本家姓張，哈尼族，故鄉在雲南的南糯山半坡老寨），這一位雲南姑娘是道道地地的雲南山寨主女兒，熱愛普洱茶的韌性，讓她開設了茶音慧谷的多元化品牌，經營道地雲南的著名普洱茶及手工製茶，在上海繁華的

翔丰與茶音慧谷之谷主合影
（翔丰於上海拍攝）

都市裡，分享著品茶與採茶、製茶的樂趣，她就像是火鳳凰般的燃燒自己，不斷地照亮他人，帶給身邊朋友歡笑與快樂。

同樣是二〇一四年的時空背景，就在臻太極的茶室中品著普洱茶的當下，聊起了英子自己故鄉所釀的野生大黃蜂酒，非常地鎮熱解毒，已經是歷經多年的純釀，喝了可以祛風除濕、增強體質，能夠改善類風濕性關節炎、調節身體免疫系統，有著明顯的消炎效果。才分享大黃蜂酒的好處後，英子便立馬拿起手機，請家裡的阿姨到茶音慧谷的波特營處所，撈一壺大黃蜂酒，臨時用寶特瓶裝了一壺，帶來給翔手與友人大開眼界，看著如食指長度大的野生大黃蜂，翔手不禁還是倒吞了一口水，電影情節的雲南女所釀的五毒酒，活生生地上演在眼前。

因為英子的熱情與好客，加上翔手也喜愛普洱茶的棗香甘甜，經過幾番的討論與分享後，上海的第三天行程，就是前往位於浦東新區陸家嘴的茶音慧谷處所，品茗道地的老普洱茶、金花普洱、棗香普洱、邦威普洱及茶磚、陀茶等罕見的雲南普洱茶。當天早到了波特營商場，走上二樓的茶音慧谷，陣陣的茶香與濃濃的陶甕香，讓現在的翔手還是無法忘懷，在這小小的茶室裡，也是上天緣分的牽引，也讓翔手又遇到元辰地圖中的兩位有緣朋友，一位是陳老師（海派書畫篆刻藝術家，福建省福州人，現定居上海）；另一位是大林老師（書法國畫家，善彈古琴與吹長蕭），此兩位老師與翔手的緣分極深，容後將一一道來與這兩位老師的因緣。

回憶著茶音慧谷的品茗處所，英子純熟的泡茶技巧與優雅的斟茶動作，讓翔手喝著古樹普洱的香甜，片刻無法忘懷那股甘甜與蜜香，接著英子分享了手工大葉普洱茶的製程工法，每一個製程都是採用大葉普洱葉，烙印而成的工法介紹，清楚又詳盡，彷彿是製茶仙子的介紹流程，一道又一道的工序，清楚又明白，就在茶過幾巡之後，英子無意間道出了，人生的際遇為何會有不一樣的過程，述說著她小時候在雲南困苦的日子，長大後到都市奮鬥打拼，一關又一關、一層又一層地度過難關，好像浴火鳳凰般的燃燒自己，不斷地照亮他人，才有今天的茶音慧谷分享著快樂與歡笑。

英子的個性開朗活潑，喜歡結交五湖四海的朋友，連來自台灣的我也不例外，很快地就融入茶音慧谷的快樂生活圈了，在茶音慧谷的朋友圈中，另外出現兩位我元辰地圖中的有緣朋友，讓翔手每次造訪上海時，一定會與兩位老師相見歡，討論著中華文化的國粹，也享受著戰國古琴所帶來的鏗鏘琴音，可所謂「琴棋書畫茶」樣樣來，我們每回相聚都一邊喝著茶、一邊彈著笑傲江湖的蒼海一聲笑、一邊寫書法、一邊畫著荷葉蓮花，真的是快樂又逍遙，茶音慧谷真的是我連續三年以來，每次造訪上海時，必經拜訪的好地方。

結緣茶音會谷之初，總會出現一位朋友，默默地在窗邊畫著荷葉與蓮花，這位有緣的朋友是陳老師，他是韓天衡（江蘇蘇州人，一級美術師，中國書法家協會理事、篆刻藝術家）的高徒，當時陳老師的話並不多，翔丰每當教授茶音慧谷的朋友禪坐與練氣時，他就只會默默地在旁觀賞與揣摩，平時畫畫國畫與寫寫書法之外，也喜好配戴天珠項鍊與檀木手珠，就在一次緣分之下，陳老師開車送我去機場搭機轉往北京，因感謝陳老師的辛勞，翔丰將隨身的九眼天珠佛串，結緣給陳老師，讓平安的祈福能量，助陳老師的藝術之路，一帆風順。

因為結緣天珠佛串之因緣，翔丰與陳老師熱絡了，每當我自台灣去上海祈福時，陳老師都會與英子來接機，也會一同在茶音慧谷的好處所，一同品普洱茶及寫書法與畫畫國畫，也在一次緣分之下，陳老師親自贈予翔丰一幅蓮花荷葉的長幅作品，讓翔丰收藏到台灣的家中，真是前世緣分的好朋友，今世上海來相會。

翔丰與陳老師歡喜合影

另外一位大林老師，與他的結識更為有趣。記得當時是秋冬的午後，他風塵僕僕地來到茶音慧谷，立馬為我們在座的一群人，彈奏蒼海一聲笑的古琴，氣氛歡樂也悠閒，因眾人都是隨興而自在的品茶談心，突然英子建議說，幫大林老師排一排九宮格能力分析，看看大林老師的專長與能力在哪？翔丰就花了15分鐘的時間，排了大林老師的九宮格特質分析，回應給大林老師的答案是「藝術天份、獨特見解」之專業人士，不喜歡受人指使，只做自己有興趣的事，樂天開朗並喜好分享，就這麼一次分析，與大林老師的緣分更緊密地拴在一起，互動更密切，我們兩人也成為有緣分的好哥兒們。

就在三年後的一次上海祈福過程，翔丰在清晨打坐時，腦海中的影像，浮現出三幅詩詞，並告知翔丰要用瘦金體來書寫，待腦海的三幅詩詞，完全呈現之後，翔丰趕緊回神並下坐，拿了紙筆先將三幅詩詞記下，等待時機成熟，再用書法將其寫下，裱框護貝在翔丰台灣的祈福會館。沒想到……這瘦金體竟是大林老師的擅長書法，他不但會彈古琴、吹長蕭，也會畫國畫與寫書法，更善長書寫瘦金體（據說是皇帝宋徽宗批改奏摺之專用字體），如此上天安排的緣分，翔丰無意間發現瘦金體是大林老師的專長書法，便恭敬地請大林老師來執筆，為翔丰的台灣祈福會館書寫這三幅詩詞，可以祈福前來學習禪坐與練氣場能量的有緣朋友。

翔丰與大林老師歡喜合影

自二〇一四年的上海結緣，到目前也已經四年多了，這一群有緣朋友依舊快樂的互動與歡笑，這都歸功於火鳳凰般的谷主－英子，她創立茶音慧谷而聚集這麼多有緣分的好朋友，她就像是浴火鳳凰的姿態一般地燃燒自己，不斷地提供熱能來照亮他人，帶給身邊朋友歡笑與快樂。在茶音慧谷這個好處所，翔手結識了三位前世有緣的摯友，英子、陳老師與大林老師，不斷地互動與締結善緣，相信未來會有更多的有緣朋友，會陸陸續續再出現的。

※、正念：

1. 透過元辰地圖所探訪的貴人朋友，何時會出現？都是考驗今生朋友的耐心與持續心，只要有心則一定會相逢的。
2. 因緣會一個牽引著一個，自田子坊到真香坊；從臻太極到茶音慧谷；未來還有唐卡會館、禪文化、沉香協會……，都是因果緣分與業力牽引，有緣的、有恩的、有債的……都是會陸陸續續在今生出現的。
3. 善待今生所相遇的緣分，前世的恩情要償還，來世的善果要營造，前世、今生、來世，都端看現在的你，如何去行善心與開善果、播種下善因緣，來世便嚐盡善果業，這是天地間不變的真理，有緣的話，來一趟元辰地圖的探訪，可以讓您圓夢。

※、善用：

1. 今生辛勞與困苦，肯定是前世的因緣而成；善用今生的佈施與善心，會換取來世的安逸與富足，但要您不貪不求地付出才行。
2. 多聽音樂、多學畫畫、多喝好茶、多說好話；善用今生的好緣分，多與有緣的朋友互動，日子會逍遙又自在，能無欲無求的付出，展現光與熱的活力，照亮生命的每一天，相信今生的你（妳）會多彩多姿，來世的你（妳）也將會富足美滿。
3. 學習禪坐與練氣場能量，能平衡身體的免疫力；活化身體的抵抗力；強化生命的抗壓力；提升自我的心靈層次，也能讓元辰地圖的探訪，具有專注力的養成，對於前世今生的探索，更能平常心看待與接受之。

【結緣五】

泰山會老君堂

山東還願之旅，會靈太上老君，恩賜古桃木劍

將時間再拉回二〇一四年的「山東還願」之旅，翔手在一次江西地產開盤服務之後，陪隨一位企業主之一行10人的山東泰山玉皇頂之行，回憶當年之台北女企業主，因為前一年的山東旅遊，無意間捐了泰山頂峰一間小廟之小善款，廟裡的住持師父回贈一尊武聖關公給這位女企業主，回到台灣後的一年之間，生意與公司的業務興隆，陸陸續續都接到大案子也都能順利結案與驗收，感恩這一年武聖關公帶給女企業主，這麼豐盛的一年業務量，決定於隔年的二〇一四甲午年，再度返回山東之泰山玉皇頂還願，並感謝住持師父所贈予武財神關公，能讓一年來公司的業務興盛與平安順遂。

在未出發之前，翔手有緣能到台北女企業主的公司，一探武聖關公的神像。記得當時是夏末要秋天之際轉，我穿著輕便的白衣圓領短袖服，到了南京東路的公司，與友人一行2人搭上五樓電梯，上樓後一陣暖暖的氣場，迎面而來讓翔丰感受到雙鬢有些微微冒汗，步入公司的一剎那間，感受到一陣威嚴不可擋的銳氣，四周一看，正於入門口之會客轉角處，站著一尊全身金光閃閃的神像，左手摸著鬍子而右手偃後，其右手偃後持關刀，關刀面向大門入口處，好不威風地注視著前來探視的翔丰。

就這一股正義凜然之氣，讓翔丰與武聖關公再度會靈了。意識中，武聖關公表明了祂來自山東的玉皇頂，等待有緣人將祂請下山，護持有緣之人能平安、順遂、旺財、正氣，此一會靈的溝通是繼上次龍潭南天宮的關聖帝君會靈，是第二次的震撼與如此真實，當下翔丰取下身上的包袱，拿出檀香爐與藏草，點燃後薰一薰武聖關公的四周，再用紅檜木精油，淨化一下武聖關公的青龍偃月刀，讓平安與旺財之氣能繼續散發，護持女企業主的公司，繼續業務興盛及財運滾滾。

接著進入公司的總經理室，與女企業主一行人討論著，江西開盤之作業程序，另外當江西行程結束之後，還有一趟山東還願之旅要進行，希望翔丰能一路陪隨到山東的五嶽泰山，找到昔日的住持師父，感謝他贈予武聖關公之恩情。討論之後大約是一週左右才要出發，翔丰就先回竹北準備行程要攜帶的物品與風水課程之教材，就在臨行的前三晚，在夢中有一位老者，告訴翔丰說要帶著一百支棒棒糖去山東，到時候你就知道用途了，隔天翔丰如期去買了一百支棒棒糖，裝在行李中到山東去一探究竟。

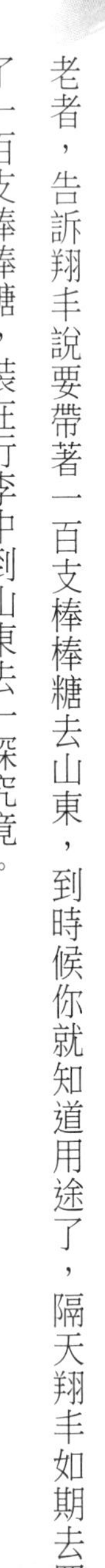

江西泰和地產開盤，締結三億業績銷售，奠基零正神方位奏功

江西開盤之祈福行程，翔丰與女企業公司一行工作人員，大約是四十多人左右，一早自桃園機場要前往江西的吉安機場，當天到達吉安井岡山機場已經是下午了，先到現場確認開盤的環境與地點，並指導奠基的方位，調成八運的零正神方位，面向順水順財的東南方之催財正水位，然後觀看周邊環境之後，準備明天的風水課程之講解，將開盤方位與江西泰和縣之地形地勢整合說明。隔天一到，上午十點多進行兩場開盤風水課程，並回答現場貴賓的提問，結束前再贈予現場與會之貴賓五行轉運手串，依照美位貴賓的姓名，一一祈福與結緣，進行了2個多小時，沒想到結緣了200多串的五行轉運手鍊，讓翔丰見證到江西的人民真是熱情與踴躍呀！

就在隔天，當地泰和縣的地產公司，開出了紅盤，沒想到昨天下午的風水課程與開盤儀式之後，買屋的人潮踴躍，竟賣出三億多的捷報，又一次見證中國江西人的購買實力。當天下午的小插曲，是一位中學校長，看到當天上午早報，介紹了江西省吉安市泰和縣的地產開盤，邀請台灣的風水老師，前來祈福與開設兩場風水講座，便拿著報紙指名要我前往一所中學，進行勘輿及協助已安座的菩薩調整方位，以及看一看學校是否有位置上的問題存在？這場小插曲，也看出台灣的風水實力是中國人民所看重的，因為行程已排定之緣故，無法撥空前往職業中學之學校進行勘輿協助，深深地感到抱歉！希望未來有緣的話，翔丰在中國祈福之際，還能巧遇此位校長，以完成他的宿願。

江西的奠基、佈局、風水課程、開盤儀式之後，其他工作人員陸陸續續返回台灣，近留下10位朋友包含翔丰，準備前往山東的還願之旅。印象中，我們分了幾趟搭休旅車，一早由江西出發，要前往南昌搭國內飛機前往山東濟南機場，沿路上風光明媚，因為是週一之緣故，路上沒什麼車潮，自吉安市搭車到南昌市大約是4小時左右，再由南昌機場往濟南遙牆機場，不到2小時就到了，到達濟南機場，再搭車到山東泰山的山腳下飯店入宿，也已經是傍晚了。

感受封禪大典之震撼，登泰山直達玉皇頂，體悟氣勢磅礴拔地通天

一路上的行程是搭車、搭飛機再搭車，中國之大讓翔丰見識了，一整天行程只能做一件

事，就是用平常心換取空間的移動，只能做到達目的地的事。另外，當天晚上有一個很棒的體驗要分享，那就是「封禪大典」之觀賞，這部大型實景演出之舞台劇，實景就在泰山的半山腰之登山古道，是由著名文化大師梅帥元先生，在泰山自然遺產的天然造景處，呈現出古代帝王對泰山封禪、祈福活動的藝術演出，打造了秦、漢、唐、宋、清五朝六帝封禪泰山時的祈福場景，是一部氣勢磅礴具有稟天報地之祈福、賜福之藝術演出，看了之後，整個景象在翔手腦海中迴盪不已，好幾個影像都是元辰地圖中，曾經出現的場景與時代背景。

所謂封禪的「封」是泰山上「築圓壇祭天」，報答上天的恩德；「禪」就是「築方壇祭地」，感謝大地的恩賜。天圓地方之稟天報地，據文獻所示，公元前二一九年，秦始皇封禪泰山時從天燭峰到玉皇頂登山的秦御道，便是以現今所看封禪大典之劇場處的登山古道起點。封禪大典在天燭峰演出以來，其演出總佔地面積為八六〇〇平方米，舞台依泰山山勢而建，自然天成的泰山雄偉險秀之山水實景，讓坐在劇場內的我們仰望，四面是隱隱青山、右側是溪水潺潺、花香蟲鳴、月夜星空下拂面而來是山風徐徐。感受到登泰山必看封禪，真是祈福旺運與文化藝術的完美融合，也讓翔手此行的山東之旅，開啟非常圓滿的祈福遂願之行。

隔天是週二了，依照行程一大早要登泰山，前往玉皇頂行還願之旅。在中國所著名的道教聖地為「三山五嶽」之中，泰山則有五嶽獨尊及天下名山第一的美譽。古時期的泰山稱岱山，至春秋時期改為泰山，因地處中國東部，稱東嶽，其風景以壯麗著稱，山體氣勢磅礴，拔地通天，蒼松巨石雄踞山中，相傳東嶽泰山是盤古開天闢地時其頭部所變成的，所以稱為「五嶽之首」。登上泰山還有四大奇觀可欣賞，為旭日東升、晚霞夕照、黃河金帶和雲海玉盤等，海拔高約一五〇〇餘米，其山頂有日觀峰、月觀峰、丈人峰、象鼻峰、玉皇頂，亦有玉皇廟等建築。

這次主要的還願之旅，目的地就是「玉皇頂」，這地方又名天柱峰，是泰山主峰之巔，為泰山絕頂，因峰頂有玉皇廟而得名。廟內大殿供著玉皇大帝的銅像。神龕上匾額題有「柴望遺風」，意為古時帝王曾於此燔柴祭天，望祀山川諸神。大殿前的極頂石標誌著這裡是泰山的至高點；極頂石西北有古登封台碑刻，是歷代帝王登封泰山時的設壇祭天之處。今天特地要登泰山至玉皇頂的玉皇廟，其住持師父就是在此地贈予武聖關公給女企業主，一年過去了要特別感謝這位住持師父。

我們一大早之一行10人，離開泰山之山腳下飯店，先步行前往泰山入口，在天外村廣場站搭中巴，20分鐘後下車依循指示步行至索道站，搭乘中天門索道約20分鐘到達山上。走出了索道站直走便會到達「南天門」，這讓想起翔手在元辰地圖的探訪中，就是從南天門領旨今而下凡投胎，心中不免覺得有些似曾相似的感觸。接著讓人期待門後的天街道路，除了可以遍覽泰山全境之外，這段步行的路上，有著大小林立的廟宇建築，一路步行走道將孔子廟、碧霞祠、玉皇廟依序串連，感覺是踏上了帝王封禪之路。從天街道路沿著西神門走到玉皇廟，大約是半小時左右。當翔手站在玉皇廟之「勒修玉皇頂」之牌匾之下，有一股高處不勝寒之感受，再步入玉皇廟之後，有一處小石碑寫著「泰山極頂－一五四五米」，伴隨著一顆光禿禿大石頭及鎖著一堆大大小小的祈福銅鎖頭，我想歷代帝王與天界賜予的靈氣，都被這觀光的氣氛給沖散了吧！

最主要的任務，還是要找到這位住持師父，據女企業主的描述，這位住持師父年紀很大了，非常慈悲與慈祥的。而我們一行人前前後後地尋找，就是找不到這位師父，經過一誦經處，詢問一位小道士才方知，這位老師父因為玉皇廟的整修要一段時間才能完成，去年他將自己祭拜的關公贈予有緣人之後，就下山去雲遊了，沒人知道他的去處。真是好巧的際遇，行善捐款的女企業主，在默默行善之際，巧得武聖關老爺的神像，請回台灣後的公司生意興隆並業務蒸蒸日上，正所謂「默默行善之人，必得善果報」！雖然女企業主有點小失望，沒能見著住持師父一面，但也親身回到玉皇頂之玉皇廟，算是了結一樁心繫之事，算是圓滿。

接著，我們一行十人就緩緩地走下山，因為翔丰感嘆到泰山靈氣之巔，到處都是觀光、拍照或許願投幣之舉止行為，看不到仙山靈氣之處所，正當翔丰元神轉換之時，忽見一處幽然小徑，我與友人想說一探究竟，路又小且也些難行，我們還是克服了小路的崎嶇，走進去後正是小溪潺潺，巨石聳立於眼前，巨石上用紅色的毛筆字寫著「氣象萬千」四個大字，這不正是翔丰所要尋找的靈氣之處嗎？眼前難得的仙氣處所，翔丰的元神牽引著身體的氣脈，當下立馬盤腿而坐，立坐於氣象萬千的大巨石之下，感受著五嶽泰山千年以來的仙山靈氣，以提升元神的靈修能力，大約是十五分鐘的冥想與內觀入定，當要下坐回神時，腦海中浮現出一位老者，告訴翔丰下山後，去找他會再告訴我一些事情。

由玉皇頂沿著天界老街之步道，緩緩走下山，也是搭中天門索道下山，搭中巴到了山腳下的天外村廣場。此時，因為才五點多且天色尚早，翔丰詢問司機師傅，這附近有靈驗的廟宇嗎？三、四位司機交頭接耳之後，告訴翔丰這附近有兩處廟是「王母池、老君堂」，其王母廟是較遠的位置，估計開車過去應該是關門了，如此之思考後，眾人決定前往老君堂走走，一探泰山靈驗之廟宇或是道觀的形貌。

拜訪泰山老君堂，會靈老君考驗誠心，牆壁畫像方為元靈本尊

到了「老君堂」的位置，一看是一所道觀，我們一行人下車前往，正巧遇到道士師兄們，正準備關門之際，而我們表明了是來自台灣的朋友，明天就要回台灣了，希望有機會參拜一下老君堂，眾道士師兄們討論後，禮貌性的將門再度打門，讓我們入內參拜，能一探山東泰山之老君堂道觀，是有何靈驗之處？剛步入老君堂時，翔丰起了一陣疙瘩，強烈的氣場讓我暖了心頭與眉心輪脈，好似一九九〇年翔丰初踏入大佛寺一般，內心所激起的悸動油然而生，全身一陣陣的氣場，不斷地在全身充電，走進了道觀的中間庭院，看到一隻全身銅製的金牛，牛角上掛了一串紅色的祈福布字條，我想這應該是老君的坐騎，翔丰請友人幫我與金牛合影一張，然後正步入正殿處，尚未站穩時，一股氣場引領我雙腳向前的紅色墊子跪拜，雙膝一跪在紅色墊子上，雙眼自主地闔眼，我的意識是清楚的，只是身體不聽使喚，當跪在紅色墊子上一會兒之後，腦海中的老者出現了，開口說了一句：「你來了！」

真不知是過了多久，我一直跪拜在紅色墊子上，老者說著：「泰山的仙山靈氣，你已感受到了，該是走出來行善與濟世的時候到了，今晚我會再去找你，向你說明這一切，你可以回去了。」此時感受到從很高很高的天界直墜而下，頓時的我，雙眼的眼淚直流而下，頻頻

向老者行三鞠躬後，回神了。翔丰問一問旁邊隨行的友人，我跪了多久時間，友人竟說大約是三十分鐘左右。當我要站起來之際，老者又在我耳邊說：「你帶的一百支棒棒糖，去我的中爐過一過氣場與加持，晚上分享給前來的10位有緣好朋友吧！說完後，老者又給我一個訊息，將我拍個照片回去台灣供奉，不是坐堂上的那個神像，而是牆壁上的畫像，這才是我的元靈本尊。回到了飯店，晚上安排農家樂吃晚飯，翔手在大夥茶餘飯飽後，分享了這一百支棒棒糖，說明這是老君（太上老君）的善意，現場一人一支棒棒糖現吃，可以帶來好運勢，其餘九十支則帶回台灣，分享夥伴或是其他員工們。大夥與高采烈吃著山東道地的農家菜，也品著山東精釀的青島啤酒，當然飯後各來一支棒棒糖，真是快樂似神仙呀！

牆壁上的畫像，是老君的元靈本尊（翔丰於泰山老君堂拍攝）

深更喚起打坐練元神，太清聖境體會虛無飄渺，提點濟世善用佛道雙修

晚上到了，大約是凌晨三點半左右，翔丰在睡夢中，有一股聲音叫著我，起來了！起來了！有事要跟你說明。翔丰當天是與另一位男性友人住同房間，深怕吵到他睡眠，也不敢開燈，只憑著月光昏昏的微光，就起身坐在床上打坐，盤起雙腿，止觀雙運地微微呼吸，就在入定之後，老者講話了：

吾乃太上老君，前些日子得知你要前往泰山三日還願之行，特地先到台灣與你會靈，囑咐你要準備的一百支糖果，要考驗你的誠心，另外引導你到「氣象萬千」處打坐是幫你灌頂與調氣脈，下山後引領你到「老君堂」是泰山唯一的一座供奉太上老君的道觀，這個道觀始建於唐初，已有一千四百多年的歷史，也曾是歷代皇帝舉行祭祀泰山的場所，這是你在台灣無法見到的靈山仙氣之場所。

明天你就回台灣了，行善與濟世的任務不能忘！你在正殿的會靈儀式，我將你送上去天外天的太清聖境，讓你體會「一氣化三清」及「登太清境玄氣所成」之虛無飄渺感受，正式收你為徒，盼你能及時覺知醒悟，行佛道的你要有道教的術式輔助，善用佛道雙修的元神意

識，方能渡世與協助有緣人士，化煞解厄及道德長存，發善心以平息人間的憎恨思想，完善自我和兼善他人。

老君說道：「你知道山東最有名的是什麼？」

我回答：「弟子來自台灣，並不知情？」

老君笑答：「是桃木！」

接著說：「你們飯店旁邊所賣的桃木，都是假的，要去肥城才是真正產桃木之地點。」

老君再接著說道：「此行，你就帶一把桃木劍回去台灣，另外再帶一百把桃木梳，回到台灣你就知道用途！」

翔丰正思考著……此行是女企業主帶隊，明天行程緊迫，能有機會去買「桃木劍」及「桃木梳」嗎？

正在此時，與翔丰同住一房的友人，突然放了一個很響的屁聲，又散發出濃濃的味道……

老君再度說話：「好了！我會引領你取得桃木劍，今天就提點到此為止，接下來就看你的造化了。」

當翔丰一回神之後，已經是凌晨五點多了，也無心再去睡回籠覺，思索著如何去完成「桃木劍」及「桃木梳」的購買，起身盥洗一番之後，很早就去用早餐，等待著女企業主的到來，好說明著任務的達成？沒想到，女企業主聽完後，便爽快地答應了，並指揮司機安排購買路線，要求大家提早出發，才能趕上飛機行程。待司機回報之後，明白去機場的路上，會有一間十年的賣桃木劍老字號店鋪，就這樣順利地一行人整裝行程，出發購買桃木劍及前往機場，備準回台灣行程。

到了老字號店鋪，在店門口的收銀處我先詢問老闆，是否有一百把桃木梳？老闆回答我：「有的！有的！」我就安心的進入店鋪內，尋找合適的桃木劍，找呀找呀！牆上所掛的桃木劍，沒有一把是上眼的，也沒有合適的款式。正當我灰心之際，就在牆角的暗暗角落，有著一把長度到我腰間左右的黑褐色桃木劍，再看第二眼居然微微發光，一閃一閃地吸引我的目光，心中暗想著，就是它了。

我去前方櫃檯處請老闆過來詢問：「這把劍怎麼賣？」

老闆居然回答我：「客倌，這把是店裡的第一把桃木劍，完全手工雕刻的，不賣的，抱歉呀！」

我當時還真是不放棄，挑明向老闆說明：「我來自台灣，有任務指示，要帶一把特別的桃木劍回去呀！」

老闆眼看拗不過我，隨口一說：「客倌，你牆上多買一支，地上這支手工老桃木劍就賣你！」

哇！可開心了，順心如意地買到桃木劍了。

走出門口處要結帳時，又有難題了……

老闆又說：「客倌，桃木梳只有76把，現在那麼早，調不到其他家店鋪的貨？」

我心想：「好吧！既然桃木劍買到了，桃木梳就隨緣囉！」

結了帳之後，步出店鋪大門，壓在心中的那個石頭，頓時輕鬆多了。

來到了機場之後，翔丰非常輕鬆愉快地閒逛著，等著登機的時間來臨。就在此時，女企業主的隨行員工當中，有幾位未婚女生，每人都拿著5~6把桃木梳，要請翔丰協助開光與淨化，希望帶回去台灣梳頭髮，可以帶來好姻緣，就這樣的一位接著一位拿給我開光祈福，整個儀式結束之後，居然一數是24把桃木梳，正好是打坐裡太上老君囑咐的一百把桃木梳，後來我也清楚明白地瞭解，桃木梳可以「帶來好姻緣及斬斷爛桃花」之祈福好意念。

啟動避邪降魔的古桃木劍，處理三位外靈之因緣，人間的有情與來世的羈絆

事件還沒終了，回到了台灣，翔丰先將桃木劍按照儀式進行開光與淨化，在菩薩與仙佛的見證之下，進行化煞與避邪降魔的啟動，每天也都會思索著，桃木劍何時能派上用場呢？一週過去了，正好在一次的南港之祈福行程，翔丰在車上接到一則簡訊，寫著：「老師，我妹妹出問題了，請老師回電給我，謝謝。」簡短的幾段話，讓翔丰聯想到詐騙集團的手法？趁等紅路燈的空檔，將簡訊遞給隔壁開車的朋友看，朋友說道：「詐騙啦！不要理她！」

大約過了半小時之後，翔丰想著也不妥，就用簡訊回撥了訊息：「請問您是哪位？找我有事嗎？」大約5秒鐘左右，我的電話響了，是新竹的一位黃小姐來電，很緊張地述說著：「翔丰，我是黃小姐啦！六年前你協助我一位朋友的先生，解決卡靈的問題，如今我妹妹也遇到了相同的問題，想請你協助與化解。」我聽完後，就看一看行事曆的排程，約在當週的星期六進行瞭解與處理。

當時的翔丰在新竹城隍廟附近，有一處小祈福道場，空間小小的，但是該有的祈福與化煞器具，應有盡有，新增的手工古桃木劍，更是如虎添翼的安座在新竹的祈福小道場。就在

週六的中午11點左右，黃小姐之姐妹依約前來祈福道場，當黃小姐之妹妹走進來時，一切正常並無異樣，笑瞇瞇地向我問候，當兩位坐下來訪談後，黃小姐之妹妹開始有異樣，一下笑一下哭一下又大叫，男聲與女聲交替著，伴隨著眼淚與鼻水也跟著宣洩而下。

在祈福道場上，是供奉著「南無一切一切頂禮佛」及「手工古桃木劍」，當黃小姐之妹妹開始有異樣時，翔手先稟告頂禮佛做主之後，順手取下佛桌上的古桃木劍，當拔出劍鞘之際，黃小姐之妹妹順勢癱坐到地上，有一位卡在身上的男靈立刻抽身而走，受不了古桃木劍的降魔氣場，離開了黃小姐之妹妹身上。但是還沒結束，黃小姐之妹妹身上還附著另外兩位女性的靈體，用客家話訴說著，她們都很痛苦，沒人祭拜與照顧，孤家寡人地沒有處身之地，就在處理這兩位女靈體時，翔手心中不斷默念「南無一切一切頂禮佛」加持護頂，請這兩位女性外靈能離開，不要干擾這位黃小姐之妹妹。

大約是處理了一個多小時左右，這兩位女性外靈的心情比較穩定了，但還是不肯離開這位黃小姐之妹妹身體。當這兩位女性外靈比較平息怒氣後，用客家話說明了，它們分別是黃家的「姑婆、姨婆」，因為早年沒有結婚之緣故，無法安葬在祖墳之中，一位安葬在祖墳附近的一個小墳墓，沒有人記得要祭拜與清理雜草。而另一位則過繼給黃小姐的大叔叔，其骨灰安奉在尼姑庵的靈骨塔中，因為黃小姐的大叔叔已過世了，兒孫不清楚有這一位姨婆，長年來都疏於祭拜與超渡誦經。

就因為黃小姐之妹妹，靈體過輕，才會被家族的祖先「姑婆、姨婆」所附身，希望討回應有的照顧與按時祭拜，而另外那一位男外靈，則是趁機卡油，與黃小姐之妹妹沒有任何血緣關係，趁虛而入附在黃小姐之妹妹身上，希望是討功德與擾亂黃小姐之妹妹的身心。事件過後，因為泰山請回的古桃木劍，化煞與避邪降魔的開光啟動後，劍鞘一拔，立馬趁機卡油的男外靈，受不了靈氣就趁勢離開了，真是感恩太上老君的恩賜，如此神器必能輔佐翔手日後行善之路，順暢與如虎添翼。

另外，附在黃小姐之妹妹身上的兩位女外靈處理，安排了一天的上午，翔手前往黃小姐的娘家，與黃爸爸討論「姑婆、姨婆」所附身的排解，當天我們在樓下閒聊，黃爸爸也回憶著，不知道有「姑婆、姨婆」這兩位家族親人，討論到一階段後，決定上三樓的祖先牌位，問一問清楚，這兩位女外靈是何許人也。

步上了三樓的神桌前，翔手首先向堂上的觀音菩薩行禮，以示尊重之意，接著向黃家祖先牌位合掌稟告，說明今天前來的目的，希望瞭解這兩位女外靈是何許人也？就在當下，附在黃小姐之妹妹身上的兩位女外靈講話了，同樣是用客家語來訴說，邊說邊哭，讓一旁的黃爸爸與黃小姐，不知所措！還好經過安撫之後，她們兩位女外靈才慢慢訴說，希望能前往小墳墓及尼姑庵一趟，幫她們除除草與祭拜，也請尼姑庵的靈骨塔位，能按時誦經與祭拜。翔丰也撥空安排兩次的陪同，前後去了一趟新竹黃家祖墳之旁邊的小墳墓，真的是雜草叢生，荒亂無比，經過簡單的除雜草及水果餅乾的祭拜，了結一樁心事。在擇一日前往姨婆指引的尼姑庵，看一看靈骨塔位上的姨婆，經過與廟方溝通後，捐了一點善款，請廟方能按時超渡與誦經，就這樣兩位女外靈的附身事件，終告了結。

事後，翔丰慢慢地回想，人間的有情是建立在親情與互動之上，任何前世的因緣，都會在今世呈現，今生所做的一切善因，會等到來世才能知曉，正所謂：前人種樹，後人乘涼；不是不報，時候未到。也已經四年過去了，黃小姐之妹妹也都正常了，祖先的外靈也都未曾再度尋找與傳話。陰陽兩界的空間，本來就是互相尊重與互相成長，種善因得善果，如同探索元辰地圖之意義，探知前世之因，了結今生之果，並為來世鋪上一條順遂的康莊道路。

※、三山五嶽：

三山：安徽黃山、江西廬山、浙江雁盪山。

五嶽：東嶽泰山之雄、西嶽華山之險、南嶽衡山之秀、北嶽恆山之奇、中嶽嵩山之峻。

※、正念：

1. 用平常心所捐的善款，不分多少，只要誠心誠意，就會得到回應與互動。
2. 三元八運的零正神方位，面向是**「東南方的坤方」**，催發年是二〇〇四～二〇二三年。
3. 啟動桃木劍進行化煞與避邪降魔的儀式，能輔佐佛道雙修的應用。

※、善用：

1. 善用檀香爐與藏草，煙燻環境四周，輔佐檜木精油，淨化器具，能平安與旺財。
2. 善用靈山仙氣之處所，打坐、深呼吸、冥想或是放空，都是有益身心靈之平衡。
3. 善用桃木劍能趨吉避凶，鎮宅吉祥；善用桃木梳，能帶來好姻緣及斬斷爛桃花。

【結緣六】

遇善緣贈良言

北京舍利結善緣，巧遇元辰四貴人，趙師贈四句言受益良多

大約是二〇一四年底左右，因為舍利子的因緣，讓翔丰再度走一趟北京，行舍利子祈福之旅。連續三年的北京祈福之行，讓翔丰除了親眼目睹到不在少數的大大小小舍利子原貌，也結緣到北京的有緣朋友「京城大廈－趙總、韓總」以及「禪文化酒店-王總」和「沉香協會之會長－孫總」四位元辰地圖中的貴人朋友。也因為趙總的大力協助，讓翔丰更有緣認識她的母親，是北大的業餘書法家，運筆之渾厚及磅礴氣勢，無人人及；最後在二〇一六年時結識一位當代奇人，說唱俱佳，文字與思想都是頂尖的一位智慧高人「趙老先生」。因緣巧合之下，與他結為忘年之交，也送了他最後一程路，在離別前夕，曾贈予翔丰四句言「廣交友、不樹敵、高效率、講原則」，還提到來世有緣，肯定收我為徒，再續前緣。

將場景先拉回台灣的信義區，就在象山捷運站的一個星巴克咖啡裡面，翔手由一位友人自新竹邀請我來信義區，與一位北京重量級人物見面，她是匿名趙先生的一位高雅女士－趙總。當天是中午時分，翔手依約前來與趙總見面，當天已是過了大雪節氣的12月份，天氣稍稍有些涼意，身穿大衣的高雅女士－趙總，緩緩地自咖啡店外走進來，讓先來到咖啡店的我們兩人，立刻起身站起來，迎接她的到來。幾句的問候之後，一口北京腔調的趙總，慢慢地與我們熱絡起來，想來……今天見面的目的，是要考驗一下翔手的占卜能力及祈福之功力吧！

一開場就是，來吧！先來打兩個卦吧！沒想到，北京朋友的開始，是如此乾淨俐落。台灣的占卜米卦，在她們口中叫做「打卦」，簡單口語也道出趙總的個性，做事是不會拖泥帶水的，就這樣我們一個下午打了米卦，我也祈福幾串五行手鍊，給趙總、趙總先生、兩位子女，大約是3～4個小時的互動後，就雙方約了一個時間，走一趟北京，會有一趟任務要進行，那就是北京有一批地宮的舍利子，因緣之下出土了，需要有人協助鑑定與辨識，順帶淨化長久深埋在地宮的陰沉之穢氣。

就在兩週之後，有另一趟江西（瑞昌市）的祈福之旅，完成之後轉機飛往北京，前往趙總辦公室之京城大廈。到了北京已經是一群人等候我們兩人的光臨，一字排開大約是8人左右，其中有北京四人幫（趙總、韓總、學軍、蘭潔）及幾位好朋友，其中就藍潔收藏的地宮寶物，最為多樣化，當翔手坐下來一一淨化與祈福時，花了約4小時之久，有些寶貝也已是換了好幾任主人，有些寶貝則是歷代埋在地宮中，第一次出土讓大家欣賞。接下來的重頭戲是韓總的收藏－舍利子，此行北京最主要就是見一見這批出土的舍利子，為它們淨化與祈福。

地宮出土舍利緣，祈福淨化能量足，結識元辰貴人來世福

首先，將桌子淨空，閒雜人等都要禁語，內心虔誠與心無雜念，先燃薰檀香後翔手用黑邊紅底色龍紋之絹布巾，鋪在桌上後也淨化我自己的雙手及心口意，恭恭敬敬地打開包在舍利塔上的紅色絹布，打開後再謹慎地開啟舍利塔之上蓋，所露出來的舍利子，不像佛經所說的有萬丈光芒，看到的剎那間的光芒會令眼睛張不開……真的沒有這回事。

翔丰為地宮出土之舍利子祈福（翔丰於北京拍攝）

眼前的舍利子，它就像是深埋在地宮的寶貝一般，也會暗沉也會污濁，唯一不變的是「圓滾滾」的，有如堅固子的稱號，長期深埋自地宮而不減靈氣能量，當翔手用淨化過的勞宮穴感應時，能量之大，不輸給一個靈修人的丹田能量，才一眨眼時間，翔手的眉心輪及頂輪就發漲起來，像是氣球般的不斷膨脹，將意識一轉換，馬上自頂輪、眉心輪、喉輪、心輪、太陽輪、臍輪，再直達海底輪，如此之快速能量流動，翔手真的是見證了舍利子靈氣能量之莫大威力。

將大大小小舍利塔一一排列在桌上，翔手隨身都會攜帶一部佛經《妙法蓮華經》，此經被稱為成佛的妙法，經中又稱此經為「經中第一」。以此經為主擺在最上方，後方擺放六字真言的小摺頁佛經之攤開本，底部鋪上紅邊黃底的龍紋絹布墊，將十二座舍利塔繞著佛經成圓弧形展開，再恭請出土於隋朝之三尊小佛像於佛經前方，於佛經之中間方的小舍利塔上，套上一只地宮出土的清朝之黃色玉班指戒，增加靈性與皇宮貴族之瑞氣。緊接著翔手持咒誦經於眼前的舍利塔及舍利子，並用檀香爐煙燻每一座之舍利塔之後，便恭請 南無本師釋迦牟尼佛以及虛空界眾菩薩之寂光佛力加持，會合現場總共10位善心弟子，一切恭敬、一心頂禮，懇切至誠，眾等及法界一切有情眾生，恭迎舍利塔及舍利子之開光祈福儀式，逐一將舍利塔之上蓋開啟，展露出深埋於舍利塔之舍利子，緊接著翔手持誦舍利禮及舍利咒，二十一遍的重複持頌之後，觀想舍利應化無量無邊，猶如一座座廣大舍利山，大放光明，佛光普照，受持者暨法界一切有情眾生，齊受於舍利廣大勝妙功德海佛光之中，舍利咒誦畢之後，再誦「南無本師釋迦摩尼佛」三稱之後合掌禮拜，圓滿完成舍利子之祈福儀式。

持誦舍利禮及舍利咒之祈福儀式（翔丰於北京拍攝）

就在這場妙勝的祈福儀式中，翔手結識了元辰地圖中的兩位貴人朋友，一位是趙總，另一位是韓總。第一位趙總由於因緣成熟之際，先後探訪了二次元辰地圖，探索過程中趙總曾是唐朝的貴妃，歷經奔波與曲折的因果，由趙總的往生爺爺一直保護著，至今心中的謎團只有趙總自己最明白。另外是韓總，翔手在京城大廈與韓總一見如故，說道咱們是一生的好朋友，每逢翔手前往北京數十趟，一定會拜訪韓總，每次都是相見歡，無論是討論工作、居家閒聊、業務往來及親人互動，翔手都會在場協助與給予建議，我想前世與今生是如此緣分深厚，來世也肯定還會是好兄弟來著。

石景山禪文化緣，開光佛像贈書緣，沉香禪淨佛子緣

再來是北京石景山的緣分，因為造訪北京的次數多了，每當翔手前往京城大廈，總會出現一些新朋友。就再某一次的緣分，有一位朋友引領王總前來占卦，而且連續三次都來占不一樣的內容，翔手正好奇之際，這位王總提出了建議，可否到石景山的一處會所，他的合夥人也要占卦，就這麼一約定，隔了幾天後，王總依約請他公司的司機，前來京城大廈接翔手，一路上都是霧霾現象，當時的北京空氣品質還未改善，只要有車來車往之處，總是濛濛的一

片，大約是一個多小時後，忽然地空氣變清新了，從車窗往外望去，好似台灣的陽明山附近山區環境，其人文歷史至少在二二〇〇年以上，在殷商時期，此地隸屬幽州，石景山自古就是軍事要地，古代皇帝的衛戍軍都駐紮在此地。

到達了王總的石景山會所，出來迎接的是甘總，他是王總的好朋友暨合夥人，體型粗獷左手戴佛珠，著裝簡單又非常客氣，引領著我前往他們的工作會所，步上三樓後是一處小佛堂，裡面的兩側恭奉著十八羅漢，中間只掛著觀音菩薩的長型佛像，桌上有香案及香爐，播放著輕柔的佛教音樂，角落旁邊再播放著淨空法師的錄音演講影片，很肅靜清香的小佛堂中，因為中間沒有主神入住，顯得祥瑞之氣不足。緊接著在前往隔壁房間，是甘總辦公的地方，我們坐下來先飲一杯清茶後，開始今天占卦的儀式。

在石景山會所，幫甘總占兩個米卦，一個是問身體，另一個則是問女兒的狀況。問事結束後，方知甘總也是虔誠的佛弟子，長年禮佛與誦經，連家中的佛堂也是天天做早課與齋戒。另外，因為王總引領我來他的工作會所，最主要是三天後，有一位朋友要贈予他四尊大佛像，尚未開光與裝藏的大佛像，如果運到他的會所後，還真不知如何開光與膜拜？所以先讓翔丰看看會所環境，如何擺設這四尊佛菩薩與開光裝藏之事宜。

我想是因緣成熟吧！這四尊純青銅所鑄之大佛像，有「釋迦牟尼佛、千手觀音、白度母、綠度母」四尊，王總特地請翔丰自台灣來到北京，為這四尊大佛像開光及裝藏，擺設於合適的佛堂位置，進行參拜與祈福全公司員工。記得當時是二〇一六年的一月份左右，翔丰規劃了三天的北京開光行程，自台灣帶了開光硃砂、開光筆、檀香爐、除藏草粉、佛經與翔丰的第四本書《自在般若禪》起身前往北京石景山，出發的前一晚，翔丰還恭請 南無一切一切頂禮佛，協同前往開光，藉由無形的加持力護持翔丰完成任務，當晚是農曆臘月（農曆十二月初一），再過八天即是臘八節（釋迦牟尼佛成道日），希望讓王總與甘總的公司同仁，可以感受到佛光加披、妙勝吉祥的祈福感受。

到了隔天，依計畫搭機前往北京機場，因為是四尊佛像，翔丰特別囑咐石景山的王總，要準備八盒裝藏經文，可前往北京雍和宮的佛教店購買，這八盒裝藏經文與翔丰台灣所攜帶的祈福器具，應該就圓滿了。到了開光的小佛堂現場，出乎翔丰的意料之外，居然前來圍觀與幫忙之員工朋友，將近二十多位朋友齊聚協助。

原因就是純青銅所鑄之大佛像，實在太重了，四尊大佛像皆有半人高，沒有四位大漢是搬不動這大佛像的。裝藏時刻到了，翔丰雙手戴上白手套，邊持佛心真咒邊薰除藏草香，淨化佛像之後開始進行裝藏儀式，過程之中禁語持真言並裝入經文、中脈、陀羅尼、七寶、三帛以及五行甘露丸等等，每一尊大菩薩要裝兩大盒經文，裝藏完畢要封藏口並蓋上頂禮佛之加持佛印。

其次是持硃砂筆依頭部、喉部、雙肩、心部、胸部、臍處、四肢、蓮座等逐一開光點眼儀式。大致是兩個多小時的時間，完成了四尊大佛菩薩的吉祥儀式，擺放的位置是，三尊佛菩薩（千手觀音、白度母、綠度母）擺在三樓後室小佛堂供奉，而另一尊釋迦牟尼佛則是安奉於二樓食堂的後面空間，此空間未來也是規劃打坐禪修的清淨空間。

結束了四尊佛菩薩的開光裝藏儀式，王總提到在石景山附近有個西山八大處，裡面的靈光寺有恭奉佛牙舍利塔，請一位工作員工帶我去看一看。據說，釋迦牟尼佛涅槃火化之後，留下四顆佛牙舍利，其中一顆傳至錫蘭（今斯里蘭卡），一顆傳至烏萇國（今巴基斯坦境內），後又由該國傳到于闐（今中國新疆和闐縣）。

於五世紀中葉，中國南朝高僧法顯遊至于闐，將此顆佛牙舍利帶至南齊首都建康（今南京）。隋朝建立後，佛牙舍利被送至首都長安，於五代時期，佛牙舍利傳到燕京（今北京），由北漢僧人釋善慧保存。西元一〇七一年遼道宗咸雍七年時期招仙塔（今靈光寺）建成後，遼道宗親自將佛牙舍利放在塔基內。靈光寺內原有招仙塔，於西元一九〇〇年毀於八國聯軍的砲火，一位僧人從該塔遺址發現了佛牙舍利，妥善地收藏佛牙舍利，而於西元一九六四年於招仙塔之塔基北側新建了「佛牙舍利塔」，才迎請佛牙舍利入塔並為開光。此處為翔丰即將前往的靈光寺北側之新塔，自西元二〇一一年五月起才開放給一般民眾參觀與朝拜，如今在西元二〇一六年翔丰有緣朝聖釋迦牟尼佛的佛牙舍利，並在舍利塔前留影紀念，真是福份圓滿。

翔丰朝聖靈光寺之佛牙舍利塔
（翔丰於北京西山八大處拍攝）

這三天北京開光與裝藏行程，王總安排翔丰在石景山會所旁的禪文化酒店入宿，這二天晚上住在8888-VIP房號，真是備受禮遇之至，後來才發現這家酒店（中國稱酒店即是台灣稱飯店住宿之意）是王總投資建設的，兩晚住下來感覺到有禪意但無禪境之空虛感。經過與王總討論之後，提出一個很棒的創意模式，目前的禪文化酒店有66間客房，每間客房的看電視休息區，如能加上案桌、薰香爐、打坐墊，可以增加禪境的氛圍，每位入住的客人，可以先在二樓食堂的後面空間，安奉釋迦牟尼佛的清淨空間，先學習半小時的基礎打坐與呼吸吐納之禪定，回到客房後，可以早上與晚上之時段，自行在房間打坐與靜心，如此的討論可以增加禪文化酒店的禪境氛圍，更增酒店新創意，肯定是全中國唯一的禪文化之禪境酒店，此規劃一直擺在王總與翔手心中，兩年過去了，尚未實現與付諸行動，翔手心想……時機尚未成熟吧！

回到三天北京行程結束前一晚，王總帶著翔手去參加一個飯局，在聚會當中認識一位北京沉香協會之會長－孫總。這位會長是北京雍和宮附近一家三香三佛具店的老闆，這家佛具店賣著高檔的佛像與佛桌器具，大部分的精緻原木佛像都是來自台灣藝術家之手，讓翔手備受親切感。在這飯局聚會當中，大家不免要翔手為來賓占個卦，以及祈個好福氣。就這樣的互動中，翔手認出來孫總也是我元辰地圖中的貴人之一，連同王總這兩位有緣朋友，是翔手在北京祈福中，前世的貴人朋友，今世才會在有緣的場合中，台灣到北京行千里來相會（台北到北京的直線距離是一六九六公里）。在飯局結束後，回到三香三佛具店暫作休息，利用空檔之際，翔手親手簽名兩本書《自在般若禪》，分別贈予王總及孫總兩位在我元辰地圖中的貴人朋友。

上海求字，三幅瘦金詩詞；北京贈字，運筆渾厚磅礴；忘年之交，贈翔丰四句言；親送彼岸，再續師徒前緣。

大約經過四個多月，翔丰心有所感，想到上海求字，念念不忘大林老師的瘦金體字。因為某天清晨翔丰在打坐時，腦海中的影像，浮現出三幅詩詞，並告知翔丰要用瘦金體來書寫，待腦海的三幅詩詞待定後，翔丰將這三幅詩詞憑記憶寫下，準備前往上海向大林老師求字。臨行的前夕，得知北京的趙總父親身體病重，決定先前往上海之後，在轉往北京探望趙總父親的身體狀況。

安排了七天的中國行程（二〇一六年五月十九日～五月二十五日），於丙申年的小滿節氣前一天出發，當天抵達上海的浦東機場，茶音慧谷的谷主英子和陳老師，已經在機場等候翔丰，讓我很感動很窩心，三年以來每趟來到上海，都是谷主親自接送與招待，搭上陳老師的白色休旅車，一路前往茶音慧谷喝普洱茶，到了波特營園區後，步上了二樓的工作室，就聞到濃濃的普洱香，紅棗桂圓的香氣，撲鼻而來，陣陣的香甜韻感讓翔丰想趕快喝上一口呀！待行李放妥後，緩緩地喝下一口暖茶，從口中到舌尖，從舌尖到舌根，再從舌根到喉韻，一個接一個的甘甜感受，讓久未造訪茶音慧谷的我，內心好感動、好感恩呀！非常珍惜眼前這一切氛圍、場景與每個人，中國上海的人情味，保育中華文化傳統的這份心，真的是又甘又甜又溫暖。

到了第二天就見到大林老師來了，他暖暖身子後，就開始為翔手書寫三幅詩詞內容，才不到一會兒的時間，就已經完成了瘦金體的書寫，真的是「行家一出手，便知有沒有」，振筆疾書的飛快，恭整的瘦金體書法文字，在大林老師的巧手之下，如此飛快地完成，令翔手刮目相看。接著是書寫者的落款與蓋印章，看著大林老師與陳老師一起合作，一個蓋印章一個幫忙蔭乾，好似一個和諧的團隊，互助合作地幫翔手完成瘦金體的三幅詩詞任務，太感謝谷主英子提供的好場所，讓中華文化得以在此發揮，有茶道、香道、花道、琴道、書道，再加上翔手的易經與風水堪輿之傳承，未來中國祈福之旅，將會更加擴大範圍，不會只侷限於台灣、上海、北京等地點，能走得動哪裡？翔手就會到哪裡？只要有翔手可以服務祈福之處，我都會盡心盡力協助，發揮老祖先的智慧並傳承中華文化的美德，繼續努力不懈。

很快地在上海已經過了第五天，翔手準備啟程前往北京，探望趙總父親的身體狀況。回想翔手的父親也是在醫院住了66天之後，就離開人世間了，趙總的父親也是非常慈祥，與我父親一樣是琴棋書畫，樣樣精通，寫著一手好毛筆與彈琴音符都難不倒他，平時喜歡聽京劇之外，動不動也會哼上幾句，真是一位說唱俱佳的智慧奇人。當翔手抵達北京機場之後，由趙總的二妹前來接機，個性活潑開朗的趙總二妹，也是絕頂聰明的一位女士，獨立自主又思緒清晰，股市上打滾都難不了她，在北京這複雜的街道上，她開起車來是獨來獨往，絲毫是巾幗不讓鬚眉的堅強女士，又敢直言且富正義感。

採用瘦金體來書寫之三幅詩詞（翔丰於茶音慧谷拍攝）

一路上夜色已低沉，抵達趙總父親的醫院時，剛剛下過一陣雨，翔丰看到彩雲晚霞間透出了微微的陽光，以感恩祈福的心情前來探望這位智慧奇人。步入醫院病房時，看到他老人家的身影，躺坐在病床上，彷彿見到翔丰自己的父親一般，消瘦的身影與憔悴的臉頰，已經不是兩年前翔丰所看到趙老先生的精神挺拔之形態，還記得兩年前的一場飯局，趙總與韓總安排了趙總父親、趙總母親、趙總二妹、趙總姪女等八位齊聚一堂，有說有笑地吃飯與聊天，飯局中場還贈送趙總母親親自書寫的**「佛道玄藏」**四個字與**「精氣神」**給予翔丰，當下與趙總母親（翔丰稱她為阿姨）及趙總父親（翔丰稱他為叔叔）一起合影留念，留下了美好的回憶。

坐在病床前與叔叔聊起過往，翔丰帶來了台灣南投的蜜香紅茶，現泡給叔叔品嚐，沒想到他老人家竟然舉起大拇指說「讚」！香甜好喝又不苦不澀，真是給足了台灣蜜香紅茶的面子，還不忘說下次來看我時，要帶一把台灣茶壺來讓我欣賞欣賞。接著，我們聊到了國家社

趙總母親贈予翔丰 - 精氣神

會、經濟與用人哲學，這位智慧奇人令翔丰佩服之至，身體病重但是腦袋靈光，長篇大論與用人經營哲學，一上口就滔滔不絕，順帶請一旁的趙總二妹，拿了紙與筆，寫下了**「廣交友、不樹敵、高效率、講原則」**四句良言，說這是他一生的人生哲學，要傳承給我且讓我帶回台灣，將來一定會派上用場。順道用輕鬆的口吻跟翔丰說道：「今天要是我沒有生病，肯定收你為徒，將畢生的絕學，傳授於你！」就這樣的一句話，打動了翔丰的心，來生有緣一定會再續師徒之緣分。因為叔叔要休息了，翔丰也先告退離開，再離開之前，慈祥的阿姨又贈送翔丰一幅「善緣」字畫，讓翔丰異常地感動。

而當翔丰離開病房要回去旅館時，回頭望一望北京醫院的天空，可能是因為下過雨後，晚霞

翔丰探望趙總父親後，天空出現半圓形的大彩虹（翔丰於北京醫院之戶外拍攝）

與夕陽相互輝映，出現了一道半圓形的大彩虹，翔手頓時心中浮出一段偈言：**「彩雲晚霞顯真禪，虹光半圓照本心，吉相佛子尋城北，祥瑞菩提遍北京」**。

就這樣大約再經過了兩個月左右，翔手接到趙總二妹的微信來電，叔叔仙逝了！希望翔手能給個意見與協助，當下的翔手二話不說，立馬就訂了機票飛往北京協助佛事的處理。這個過程像一齣連續劇一般，翔手皆是全程參與，連挑選墓園位置坐向當天，狂風大雨的景象，當令人畢生難忘，主要是整件佛事都能順利圓滿，算是了結翔手心中掛念之事。因為心繫來世再續師徒之承諾，內心再度浮現了：**「拜會因緣潛真龍，見賢思齊躍飛俊，名揚傳承北京趙，師出名門真傳師，嫡授真言十二字，傳承心法推背文」**。我想翔手的元辰地圖上將再增添一筆事件，今世無緣師徒情，來世再續師徒緣。

※、四句良言十二字：

廣交友、不樹敵、高效率、講原則

※、來世再續師徒緣：

拜會因緣潛真龍
見賢思齊躍飛俊
名揚傳承北京趙
師出名門真傳師
嫡授真言十二字
傳承心法推背文

※、正念：

1. 透過北京的舍利祈福之旅，巧遇元辰中的四位貴人（趙總、韓總、王總、孫總）朋友，能互動這麼久這麼頻繁，就是前世註定並約定好的有緣朋友。
2. 舍利子的靈氣能快速流動蘊釀，開光時一定要持誦舍利禮及舍利咒，恭敬地見證舍利子靈氣能量之莫大感應。
3. 推廣中華文化傳統的初心，如茶道、香道、花道、琴道、書道、易經、風水堪輿等，要能傳承與無私的分享。

※、善用：

1. 今生今世中，當與您互動長久及非常頻繁的身邊朋友，就是前世有約定或留下好緣分的，一定要多珍惜與維繫。

2. 今生今世有緣分見證舍利子，是累世修來的好福份，善用此書中分享的舍利子原貌，分享給有善緣與正在修行的您。

3. 今世無緣之任何因緣，希望能在來世再續之果業，一定要善用誠心、真心、善心去互動，來世能如願您的緣分。

真心分享

感恩遇見，美好相隨

四年前臻太極會館開業不久，臺灣朋友帶朋友來玩，特意介紹是研究佛學、玄學的風水大師翔手居士，居士謙謙君子、溫潤如玉，言自己從事電腦行業工作，偶然結緣佛法，從此癡迷多年，後發願專注於此。

我沒有宗教信仰，也是道家的外行，偶爾開玩笑說，就算走進佛系我也是個武僧。聽過太多言詞，反倒欣賞踐行者，居士能踐行理想令人心生佩服。

午餐時發現居士手上戴一款太極戒，衝口而出：「這是我的戒指嘛！」居士笑著摘下來說：「妳能戴上就送給妳！」我大剌剌拿過來戴在了大拇指上說：「你看我戴正好！」朋友笑我是打劫的，我也覺得奇怪，從小受的教育從未做過這

類事，最好的朋友都沒討過禮物，不用說素昧平生從人家手上硬取。或許，是居士修行至深，虛懷若谷，讓人自然地心生信賴和安全感。居士說回臺灣去再找師父諮詢，看是否有合適我手指尺寸的戒指送我。我說這一款足夠緣分，不要麻煩。

誰知道，一個月後我收到臺灣郵寄來的包裹，裡面是同款不同尺寸的太極戒，一共28枚，附上居士說明：這款戒指是恩師設計並打造的一批，數量不多，所有存貨悉數贈給我，分享給真心喜愛太極拳的朋友。那一刻我有點擔心自己有一天會跟隨居士信些什麼。

聽聞居士有新作，本是恭賀，無知為有知作序，聞所未聞，居士不吝賜教，循循善誘，也是以此為橋度化我的吧！感恩遇見，美好相隨，開始相信就算今世的素昧平生，也是往世的久別重逢。祝居士高岸深谷之義，得償普渡眾生之願。

上海　于海芳（魚姥姥）

心美，看什麼都順眼

與翔丰兄相識是在哈尼族英子妹子的茶音慧谷茶空間。當時介紹是易學研習者、修行人。相由心生，其儒雅外表及同為理工男的經歷，讓我們言談融洽，很快成為好友。

我相信我們每個人來到這世界上都是有其各自的使命的，任何來到我們身邊的人都不是無緣無故的，是為因果。人的很多潛能是可以透過修行激發出來的。這也是翔丰兄這本新書要告訴大家的，所謂的奇遇亦是修行的結果。

翔丰兄是以親身的經歷（實證），來讓大家分享修行的快樂和所得。滿心歡喜者方能皆大歡喜。初心對了，什麼都好了。

其實我們每個人的生命何嘗不是一場場的修行。就看你的初心對不對。心美，看什麼都順眼。

上海　林格鋒（大林老師）

心快樂了，活著才值了

居士著書我並不意外，他修行若干年所得所悟訴諸筆端也是一種大迴向，很替他開心。可是我這個不通透的人若是表錯了意，豈非辜負了居士！

在我兒時的記憶裡玉皇大帝和齊天大聖留下過濃重的一筆；而我奶奶是個虔誠的佛教徒，初一十五齋戒，天天誦經供佛；長大後我學德語，接觸更多的是西化的宗教形態。於是乎這世間各種形而上學的所謂信仰的意向，都在主動被動間加注在我這個個體。

二○一四年因為親歷發生在親近的一個朋友身上的神奇種種，對困惑懵懂的因果業力生出了強烈的好奇心和探索慾。初識翔手居士便是經由好友介紹，帶著目的心主動去的。此後幾次交集，幾次解惑都頗有收穫，於是這種海峽兩岸的互動便成了亦師亦友的交往。

居士和我接觸過的其他師傅頗有些不同之處，工科男，練氣功，通佛教、道教、玄學、能解卦、懂風水，還能帶人去到前世今生，常常分享所遇所得，很讓人願意親近。佛說：萬法皆生，皆系緣分。感恩這份遇見，感恩在居士大陸之行中有過和我的因緣際遇。他常說要修回快樂心，他在修，也在渡，我在學，也在悟，因果之間有流轉，心快樂了，活著才值了！

上海　瑛子 (Adele Wang)

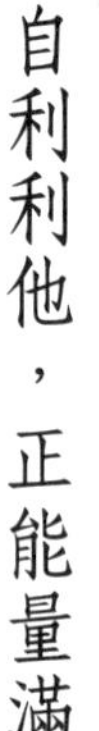

自利利他，正能量滿滿

翔手居士，是我尊敬的一位老師！我們相聚的時刻亦師亦友，當緣分俱足時，我有幸成為老師的學生並學習禪修，如何運用快速入定的要訣，讓我能靜心及放空，融入於繁忙的世間修行中，是很平常心的學習。

第一次見到老師是在上海田子坊，彼此完全是陌生人，很奇怪的感覺是似乎認識老師很久了，一點陌生感都沒有。老師是特別讓人樂意接近的人，從他身上能感受到滿滿的正能量，是我一直想成為的那種人，見賢思齊嘛！

迄今為此，最讓我感恩佛陀並堅定學佛的信念，是與老師的一個夢境有關！這件事的緣由，是我與老師一起在上海精心挑選一尊佛像，而老師將佛像帶回臺灣後，在一次打坐的夢境中，由佛陀指引要將上海的這尊佛像進行裝藏與開光，並從臺灣帶回上海給我，真的是感恩佛陀的指引，讓我學佛之心，堅定而不動搖！

暇滿人身實為難得！我們應該好好珍惜此生的學佛機會，去修正自己的行為，調伏心性，對治習氣，生起歡喜心，為今生後世積累資糧。而「習禪」是一個極好的途徑，期待更多的讀者邁進修行的大門！同修亦可透過翔手老師的這本修行書，分享並檢視自己的修行次第！

桂林　唐本紅

道就在這裡，當下即是

我與翔丰兄的結識，緣起於二〇一六年的一次茶友聚會，那是坐落於上海浦東八佰伴商圈的茶音慧谷，是一位叫英子的哈尼族姐姐創辦的一處以茶會友、談天論道的好地方。翔丰兄的彬彬有禮，謙虛博學讓我印象深刻，彼此一見如故，共同探討了有關靈性修行的話題，深感受益良多。之後也有過幾次相聚，每次都能感受到翔丰兄發自內心的大愛傳播。

拜讀了新書，深深感受到翔丰兄的用心傳善，由淺到深用自身知行合一的修行體悟來引導生命喜樂，傳道正知正念；修行對每一個生命而言，都是每一世從始至終，把握由時空串聯起來的瞬間，無論是有意識的還是無意識的，道就在這裡，當下即是。真心祝福翔丰兄在修行的大道上證得福果圓滿；同樣也祝願讀得此書的有緣人一生平安喜樂。

另摘錄《天道》語錄共勉：在路上修行⋯

悟到休言天命，修行勿取真經，一悲一喜一枯榮，哪個前生註定，袈裟本無清淨，紅塵不染性空，幽幽古剎千年鐘，都是癡人說夢。

（悟道方知天命，修行必取真經，一生一滅一枯榮、前生因緣註定）

上海　哲一

修行是靜心、喜悅的當下

我與翔手是在上海在茶音慧谷認識，大約是四年多前，當初翔手在朋友的品茶會上與我結緣，翔手歷經多次到上海祈福時，都會來茶音慧谷與我及幾位好朋友聚一聚，我們的朋友緣分很深，翔手居士還會教我們禪坐靜心與吐納呼吸，運用快速入定的要訣，讓我們學習如何放空與減壓，當每天工作壓力很大很繁忙時，可以靜心地坐下來放鬆與減壓，對於提升工作效率與專注思考，有相當大的幫助。拜讀了翔手的新書後，明白了修行的次第，是可以融入佛教、道教、玄學、密宗的運行，運用平常心的思維，慢慢培養出不貪、不求的無罣礙心。因為緣分俱足了吧！翔手遠從臺灣來到上海與我們這群有緣的朋友，一起互動與分享，在紅塵俗世的人世間，一步一腳印地修行，面對前世今生的緣分，翔手也分享了許多他經歷過的人生哲理故事，提點忙碌當下的我們，也要好好愛自己。

翔手的這本新書，分享給有緣分的我們，還有當你也正在修行時，可以翻開此書看一看，任何平凡人都能輕易地進入修行之路，修行過程是一個靜心、放空、無我、喜悅的當下，只要你給自己一個機會，用心慢活在當下，快樂的喜悅心會一生一世陪伴你。

上海　張海華

修行需要淡定的心、堅定的意志

大約是四年多前，翔丰與我相識是透過小蘇的引薦，在北京的一場開業活動之後，透過打卦的過程相互瞭解，進而引領翔丰到我的石景山之禪文化酒店協助開業前的環境勘輿，並協助四尊大佛像的開光與佛經裝藏儀式，而結下極深的忘年好緣分。

翔丰多次到北京祈福時，都會來石景山與我及幾位好朋友聚一聚，在北京相聚的時刻，我們討論佛學與禪坐，希望透過靜心及放空學習，規劃如何以平常心與生活化的方式，讓北京有緣朋友可以在忙碌的工作中，能夠以打坐方式進而達到減壓的身心。

欣聞翔丰的第五本新書即將出版，明瞭居士學習是從佛教開始，透過皈依後的緣分俱足，慢慢走出風水、易學、祈福儀軌的善心服務，多年來在上海與北京祈福有緣的企業專案與朋友住家格局，面對世局的動盪與不景氣，翔丰依然歡喜地與我們分享淡定的心、堅定的意志，才能成就並穩住當下的不安與戰勝不景氣氛圍。

希望翔丰的這本新書，推薦給有緣分的朋友，看一看居士的修行過程當成借鏡，分享他多年來的修行思維，進入他修行的生活點滴，能不斷地勇往直前才是人生的奮鬥動力，穩住當下的不安及培養堅定的信念，人生的每一場修行都將是完美的格局。

北京　王長江

穩住內心，才能因應所有未知的變化

「你們最近好嗎？」每次參加翔手老師的聚會時，一見面總是笑著問候大家。擁有ISO資安稽核師、C&G國際咖啡師、靈氣輪脈點化師……等等多樣證照，在資訊業、電商業、網路業、稽核業等企業工作過的翔手老師，很像是在城市中的隱藏版居士，雖和我們一樣有份正常平凡的工作，但也同時在走修行的路。

能認識到翔手老師，也算是我的奇遇記。因為一個不預期的拜訪，正巧翔手老師在那家公司才結束會議，而因我們對於他手上的天珠相當好奇，開口聊了一會兒，十五年前就開啓了與翔手老師的緣分。聚氣團朋友們聊的內容，除了近況開心事的分享和所遇問題之外，偶爾也會跟翔手老師請教天珠、水晶、風水擺設化煞的事，而翔手老師總是不吝地說明，還會與我們分享他的近況，佛緣極深與樂觀正氣的他，總能時時結交到特別的朋友。世事唯一不變的，就是不斷在變。推薦這本好書給各位讀者，我們可以試著學習以平常心來看待所有的順境和逆境，內修外化，穩住內心的自己，才能因應並面對所有未知的變化，尋求真我。

台北　黃艾立

莫忘初心，才能明心見性

跟翔丰居士結緣始於對於水晶能量的共同喜好，因為自己配戴的水晶受到翔丰居士的注意，進而開始對於水晶能量的交流分享，並從翔丰居士贈書進而充實獲得許多知識。在一般人的眼中，科技業是較為冰冷的高專業產業，但是在翔丰居士身上，我看到了不一樣的科技人。他總是笑臉迎人、熱心分享，感覺像是親切的鄰家大哥，永遠用溫暖的笑容，傳遞給周遭的有緣人，使之有滿滿的正能量。

在宗教信仰方面，自己一直認為無論東西方或是各門派，無非是勸人為善，以此為出發點則是萬教歸一；至於信奉哪個教派，則端看個人的緣分與喜好，並無優劣先後之分。人生是靈魂來地球修練的一場旅程，能否透過這趟旅程獲得精進，則看個人的緣分造化，莫忘初心才能明心見性。後來隨著生活經驗的累積，漸漸發現原來讓心平靜下來，是如此不易。但在香火鼎旺或寧靜山間的廟宇，亦或是走進寧靜的教堂中，頓時間自己的內心彷彿與喧囂吵雜的外界進入了隔絕的狀態，是那麼的平靜祥和。但是在平常的日常生活中，要如何讓自己的心時時保持這份平靜，不被外界所干擾，就是所謂的修行了。在這本書中，翔丰居士分享他個人一路走來的經驗，淺顯易懂地推薦給正在尋找心中一片淨土的你。

台北　櫻

修行之人，要能不忮不求

我與翔丰兄相識至今已逾十七年，從我回國後做的第一份工作，他就是我的導師和朋友，在工作上他雖然懂得很多卻不會驕矜自傲，對於任何同事的問題，從來不會不耐煩，總是耐心教導。

在生活上，他淵博的知識，以「上知天文，下通地理」來形容他，一點也不誇張；他能夠一個人寫出整個公司的網頁系統與頁面，也常常受邀到全國各地幫朋友看居家與公司風水。

翔丰兄是一個修行的人，在這個俗世當中，能大隱隱於市而不忮不求，且能虛懷若谷。很多次當我碰到人生和事業上的難題，他總能夠開導及引導我迷惘的心，讓我受益良多，人生能得此一好友，一壺酒長夜漫漫，促膝相談，夫復何求？

這本新書的修行之路，希望用快樂的心情與喜悅的念頭，來面對這世間的困惑與迷惘，推薦這本修行好書，讓大家都能借鏡翔丰兄的學習歷程，以平常心面對順逆境、以感恩心來善待身邊的每一個人。

台北　張為軍

平常心，會讓自己愈來愈好

認識翔丰已有十年之久，當初因緣際會透過朋友介紹，而跟翔丰有天珠結緣的機會，之後也成為很好的朋友，更是在翔丰修行帶領之下，有了修行的緣分，當然自己談不上是真正的修行人，但也因為有翔丰定期的和大家分享自己的修行點滴，潛移默化之下也讓自己愈來愈好。回想第一次和翔丰的天珠結緣，是希望自己在工作上能更順利與進步，因而開始配戴天珠手串。或許是天珠磁場的加持，也或許是自己努力不懈的追求表現，亦或許是職場上有貴人的幫助等，在相輔相成之下，只覺得自己的職場生涯還算順利，經常得到上司的認可，也陸續獲得一些升遷的機會。

自己平常忙於工作與家庭的照顧，所幸翔丰會三不五時的聚會，而參與了行善列車等活動，透過行善列車的佛經助印、製作開運環保袋等，不僅和一些好友有了聚氣的時刻，進而分享彼此的好運磁場，也很高興能夠盡自己一份微薄心力，回饋分享給其他更多人結善緣。

很開心翔丰願意將他的修行之路撰寫成書分享給大家，不論是否真的想邁向修行之路，相信只要以平常心來閱讀這本書，就能輕鬆的從中收穫不少，如果願意身體力行去實施，將可讓自己獲得更多善業與果報。

台北　李家萱

修行不在廟裡不在山上，而是在自己心裡

與翔丰是十多年前在某公司任職時認識的，一開始對這位同事的印象就是博學多聞，整天笑瞇瞇，待人又和氣，後來機緣巧合之下有幸與之成為飯友，也組了一團到現在都還會定期聚會的飯友團，能維持十年不變的飯友情誼是多麼難能可貴的緣分。遙想當時愜意的午後，偶爾會經過水晶店逛逛，聽聽他對修行的見解，潛移默化間，似乎就跟著提升了內在涵養及對宗教的認識，當然其開拓的胸襟及對修行的獨到見解讓我難望其項背，說句誇張的話，就是老感覺他是個背後有光芒的朋友。

子曰：「視其所以，觀其所由，察其所安。人焉廋哉？人焉廋哉？」孔子這句話在與翔丰做同事變飯友團的期間，充分可以形容其人，聽其言觀其行，看著他做的事，聽他說的話，他的所作所為及言行總是一致的，其內心也總是展現心安理得的模樣，試問他還有什麼可隱藏的呢？翩翩君子之風最適合形容他了。

或許是上輩子積好緣而得以認識翔丰，所謂種善因得善果，前世有緣今生再相逢，也感恩得此朋友的善向影響，讓我時時保持善心、時時感恩及惜福。如今有此機緣為翔丰寫序，實乃榮幸之至。

翔丰透過其真實的人生，在書中陳述了修行的緣起、歷程，最後達至圓滿的學習故事，修行不在廟裡不在山上，而是在自己心裡，就如翔丰所言：「您自己才是修行真正的主人」。期盼有緣朋友看此書時能獲得正向的啟發，修正自己的身、心、言、行，多為世間多注入正能量，讓我們透過這本書跟著翔丰一起自在修行吧！

台北　翁子淳

找尋自我的方向，啟動快樂的泉源

雖與翔丰居士共事不久，但曾在午餐休息時間學習磁場及水晶收藏等知識，從此書可更加瞭解翔丰居士修行的過程，能和其為人可相呼應。

修行是一條路，而路的學習過程都是智慧。我們可透過交好朋友、閱讀好書等方式提升自己，給予自己正面能量，排除不好事物或障礙。正所謂「戲如人生，人生如戲」，我們每個人既是自己人生的導演，也是人生故事的主角，如何以自己為主角，導演一部精彩的人生之劇，關鍵在於各自的修行。

此書為居士修行三十年來經歷的心得感想，從啟蒙、摸索、修行、能量、因果、風水的實修應用，以及其拜師潛修的過程。修行的關鍵完全在於自己的心念與意志，能透過觀摩亦讓我們也找尋自我的方向，啟動快樂的泉源！

台北　仁

修行是生活化的自在與喜悅

人來世間的這一生，不只是為了要經歷生老病死的過程，更重要的事，是在這個過程中你學到了什麼？成長並昇華了什麼？

翔手老師從年少時開始修行迄今，已經持續地修行超過三十年。他在這最近的十年中，回憶過往的學習與修正不如法的應用，寫下這本紀實性的修行書。希望翔手老師這本書中所分享的修行過程及實證法則，能讓各位讀者們明白何謂修行？修行的目的在哪裡？我們為什麼要修行？

並期盼此書的修行分享，能為尚未開始修行的你，以及將踏入修行中的你，還有正處於修行中徬徨的你，提供一個實際且簡明易懂的參考與指引。

而對已經長期修行的讀者們來說，推薦這本書能讓你檢視修行過程的思維想法，協助你印證修行是生活化的自在與喜悅，內心的覺醒與開悟是修行的一環。如何認真地善待自己，用感恩的心邁向真我的每一天，才是修行人應有的如實態度。

台北　陳傑克

後記：

當平凡的人，走入紅塵俗世當中，首先要學會看清自我，清楚明白修行的目的為何？不論您的因緣如何？是一帆風順地度過一生，還是辛辛苦苦地走這一遭，您只要能秉持一個信念或是一個堅持，本著良心道德來做人，憑著誠心誠意來做事，平常心不求回報地進行修練與學習，相信！您此生的每一階段都會是重要的轉捩點，都是一個個您可以滿願的因緣，我的故事、你的傳奇、他的緣分，都將是最棒的奇遇。

此書中的八回章節，歷經十年的撰稿與回憶，在二〇〇八年之時，翔手僅完成20年來的修行19則奇遇，自三次車禍的點醒到印心，將近三年的摸索與探究；再來是四次因緣的精進學習，從能量、修行、因果、風水的實修應用，拜師且深入經藏的潛心研究，小小心得的收穫，讓我感恩這些累世有緣老師的引導，也讓翔手了知累世願力與行善佈施的目的為何？在二〇一八年的當下，才能以無罣礙心的態度，看透陰陽變動及中庸之道才是真正修行。

走修行的目的，是讓我們的心不再受到累世因緣所障礙，當開啟修行後，每個人的體內會出現一股能量，容易在體內亂竄，必須透過打坐與禪定，才能匯聚能量與收攝心性，此書中分享的禪心、正念、觀止的入定心法，是簡易又方便的快速入定學習，讓有緣的各位讀者，都能輕鬆禪修與歡喜入定，進入禪心的如如不動境地，可以安定心與念的清淨，讓我們的心不再受到累世業力或願力的困擾。

修行是加速因緣轉動的呈現，越能夠認清自己心性的讀者，越是能真正領悟到修行之路，完全是您自己的心念與意志，一定要學會忍耐心、喜悅心及無所求的心，不然在修行的路上必定處處充滿魔考與困境，希望翔手分享的修行奇遇能讓正在修行的您，有所借鏡與參考，指引您調整步伐與心態，用正見、正念、正知的思維去看待修行這條快樂的道路，祝福各位讀者能在修行的過程當中，找到自己的方向與修行的真正目的，啟動喜悅的初心與快樂的念頭。

最後，分享給各位讀者一個思維：**「修行之路，端看您自己想要過怎樣的生活，凡事掌握在你手中，您自己才是修行的真正主人」**。

國家圖書館出版品預行編目資料

尋找內在的真我：我的修行奇遇記／翔丰著.
－－第一版－－臺北市：宇河文化 出版；
紅螞蟻圖書發行，2019.01
面 ； 公分－－(靈度空間；22)
ISBN 978-986-456-310-4（平裝）

1.靈修

192.1 107022245

靈度空間 22

尋找內在的真我：我的修行奇遇記

作　　者／翔丰
發 行 人／賴秀珍
總 編 輯／何南輝
校　　對／周英嬌、翔丰
美術構成／Chris' office
出　　版／宇河文化出版有限公司
發　　行／紅螞蟻圖書有限公司
地　　址／台北市內湖區舊宗路二段121巷19號(紅螞蟻資訊大樓)
網　　站／www.e-redant.com
郵撥帳號／1604621-1　紅螞蟻圖書有限公司
電　　話／(02)2795-3656（代表號）
傳　　真／(02)2795-4100
登 記 證／局版北市業字第1446號
法律顧問／許晏賓律師
印 刷 廠／卡樂彩色製版印刷有限公司
出版日期／2019年 1 月　第一版第一刷

定價 350 元　港幣 117 元

ISBN 978-986-456-310-4　　Printed in Taiwan